国家出版基金项目

"十四五"国家重点图书出版规划项目
国家出版基金资助项目

左停 等 ◇著

乡村振兴与民生保障

中国乡村振兴
前沿问题研究
丛书

丛书主编 ◇ 李小云
执行主编 ◇ 左 停

湖南人民出版社 · 长沙

本作品中文简体版权由湖南人民出版社所有。
未经许可，不得翻印。

图书在版编目（CIP）数据

乡村振兴与民生保障 / 左停等著． --长沙：湖南人民出版社，2023.10
（中国乡村振兴前沿问题研究丛书 / 李小云主编）
ISBN 978-7-5561-2882-2

Ⅰ．①乡… Ⅱ．①左… Ⅲ．①农村—社会主义建设—关系—社会保障—研究—中国 Ⅳ．①F320.3 ②D632.1

中国国家版本馆CIP数据核字（2023）第163091号

XIANGCUN ZHENXING YU MINSHENG BAOZHANG
乡村振兴与民生保障

丛书主编	李小云
执行主编	左　停
本册著者	左　停　等
策划编辑	黎红霞　欧阳臻莹
责任编辑	黎红霞　夏文欢
装帧设计	许婷怡
责任校对	黄梦帆

出版发行	湖南人民出版社　[http://www.hnppp.com]
地　　址	长沙市营盘东路3号
电　　话	0731-82683346
邮　　编	410005
印　　刷	长沙鸿发印务实业有限公司
版　　次	2023年10月第1版
印　　次	2023年10月第1次印刷
开　　本	710 mm×1000 mm　1/16
印　　张	16.75
字　　数	265千字
书　　号	ISBN 978-7-5561-2882-2
定　　价	70.00元

营销电话：0731-82221529（如发现印装质量问题请与出版社调换）

总序

在中国式现代化进程中
全面推进乡村振兴理论与实践创新研究

  党的十九大明确提出实施乡村振兴战略，并将其作为构建社会主义市场经济体系的六大方面之一。2018年，《中共中央 国务院关于实施乡村振兴战略的意见》明确了实施乡村振兴战略的指导思想、目标任务和基本原则，进一步明确了乡村振兴战略实施路线图。乡村振兴战略是中国乡村发展实践总结出来的新思想、新模式、新路径，是党的农业农村工作的总抓手，是针对我国农业、农村、农民的特点提出的具有中国特色的乡村发展道路。

  习近平总书记强调："从中华民族伟大复兴战略全局看，民族要复兴，乡村必振兴。"我们已经实现从解决温饱、摆脱贫困到全面小康的历史性跨越，但城乡发展不平衡、农村发展不充分仍然是社会主要矛盾的突出体现。农业农村这个短板能不能补上，是现代化进程中必须处理好的重大问题，关系到社会主义现代化建设的成效，也关系到共同富裕的成效，迫切需要坚持农业现代化与农村现代化一体设计、一并推进，走中国特色乡村振兴道路。

  全面推进乡村振兴是新发展阶段乡村发展工作重心的历史性转移。乡村振兴是全域、全员、全方位的振兴，涉及乡村产业、人才、文化、生态、组织振兴诸多方面，对象更广、范围更宽、要求更高、难度更大，是一项中长期的任务，最终目标是全面实现农业农村现代化，实现农业强、农民富、农村美，"全面实施乡村振兴战略的深度、广度、难度都不亚于脱贫攻坚"，需要系统谋划、有序推进。

全面推进乡村振兴也是构建新发展格局的需要。随着经济社会的发展，农业多种功能、乡村多元价值越来越得以彰显，全面推进乡村振兴也是挖掘农村内需潜力、畅通城乡大循环、构建新发展格局的重要举措。扩大内需，培育完整内需体系，农村有着广阔的增量空间。农民收入水平提升、农村社会事业发展，会释放出巨量的投资和消费需求。加快拓展和畅通国内大循环，就需要充分挖掘农村内需潜力，推动乡村振兴和城市更新"双轮驱动"，进一步增强产业链供应链韧性。

全面推进乡村振兴还是应变局、开新局的关键之举。习近平总书记强调："从世界百年未有之大变局看，稳住农业基本盘、守好'三农'基础是应变局、开新局的'压舱石'。"改革开放以来，我们创造出的经济快速发展、社会长期稳定这"两个奇迹"，一个很重要的因素就是保持"三农"的稳定发展。2020年以来，应对新冠疫情和部分地区严重自然灾害冲击，我国粮食和重要农副产品供给充裕，农村社会保持和谐安定，对保持经济社会稳定发展功不可没。当前，外部形势复杂变化，不稳定性不确定性日益增加，需要通过乡村振兴实现农业农村稳定发展，赢得应对风险挑战的战略主动和回旋余地。

全面推进乡村振兴更是中国式现代化进程的一个部分，面临很多理论、政策和实践问题。当前的乡村振兴战略，一方面是全球现代化特别是新中国以来国家农业农村现代化战略和实践的一个部分，另一方面又有鲜明的时代特征，面临其他国家、其他时期所没有的问题和挑战。乡村振兴战略需要随着实践的深化而加大研究总结力度。比如，不同类型地区的乡村振兴类型是否有差别；在城镇化大背景下，农村的人口尤其是年轻人还在继续减少，乡村振兴如何实现；在推进乡村振兴产业发展过程中，如何兼顾产业发展的规模集聚效益；如何推进乡村治理体系的创新，有效地保证乡村振兴战略的实施；如何在保证国家生态安全和粮食安全前提下，通过乡村振兴实现农民生活富裕的目标；等等。这些来自实践中的诸多疑问要求我们更加科学、准确地回答关于乡村振兴的实质或内涵到底是什么，需要在更深的层次从多维视角对我国乡村振兴研究的现状、热点和前沿进行更深入的思考和研究。

为此，三年前，湖南人民出版社和中国农业大学国家乡村振兴研究院商量，计划联合学术同仁对当前全面推进乡村振兴所面临的一些迫切需要思考的理论实践问题开展研究，并撰写出版这套《中国乡村振兴前沿问题研究丛书》，以期为更深入开展乡村振兴研究提供重要参考和建议。经过几个方面的努力，现在这套丛书终于付梓。

《中国乡村振兴前沿问题研究丛书》坚持问题导向、国际视野和前沿性，强化实地调查、案例研究和统计分析，在中外乡村发展理论大视野下，力求对当前的乡村振兴理论进行深刻理解和阐释，致力于回应乡村振兴战略和政策实践的现实需要。《中国乡村振兴前沿问题研究丛书》也对代表性的乡村振兴案例进行生动呈现。丛书共七卷，主要的内容包括国家现代化进程与乡村振兴战略、巩固拓展脱贫攻坚成果与乡村振兴有效衔接、乡村产业振兴与乡村功能拓展、乡村振兴与乡村人才建设、乡村振兴与民生保障、乡村组织振兴与新时代乡村治理、乡村振兴与城乡融合发展。丛书各卷编撰都由相关领域的一线专家担纲，这些专家对相关问题有充分的研究积累。

我们需要从全球现代化进程和中国农业农村发展的大历史的视角理解中国乡村振兴战略提出的必然性，理解中国乡村振兴的本质属性，并在此基础上构思解决中国农业、农村、农民发展各类问题的路径框架。《国家现代化进程与乡村振兴战略》系统地分析和阐释乡村振兴战略提出与形成的国际国内背景、基本内涵、重要内容、实施体系和重大意义；针对农村改革与发展中迫切需要解决的问题，诸如农村土地流转、农村组织与制度、农产品生产与流通、乡村建设与发展、城镇化、农村金融、贫困与脱贫攻坚、农村社会、农村法治、乡村治理等进行论述，聚焦"三农"领域的新做法、新经验；总结评估乡村振兴战略从顶层设计到基层落实的实践现状、主要做法、经验和模式。

脱贫攻坚和乡村振兴既是局部和全局的关系，也是不同发展阶段的关系。脱贫攻坚为乡村振兴提供了现实基础；乡村振兴也能为减贫创造长期的有利的政策氛围，为减贫发挥经济上的牵引作用，可以提升社会托底的水平，为减贫建立新的标杆，也为长期的反贫困提供新的治理和发展的资源和力量。巩固拓展脱贫攻坚成果与乡村振兴相衔接既是当下的问题，也是一个长期问题，涉及实现包容性、益贫性的社会经济发展模式和公共政策体系。《巩固拓展脱贫攻坚成果与乡村振兴有效衔接》就做好脱贫攻坚与乡村振兴有效衔接需要把握和厘清的二者的深刻内涵和内在逻辑关系，两大战略协同推进、平稳过渡的政策着力点、关键路径、机制构建以及实施重点、难点等做了分析阐释，对脱贫攻坚已形成的经验和项目如何主流化、常态化、机制化嵌入到乡村振兴战略进行了展望和讨论。

乡村振兴战略不仅应重视传统农业的发展，还应拓展乡村产业发展的新的方向，也就是对乡村新的产业功能的拓展。《乡村产业振兴与乡村功能拓展》从夯实农业生产能力基础、加快农业转型升级、提高粮食等农产品质量安全、建立现代农业经营体系、强化农业科技支撑、完善农业支持保护制度、推动农村产业深度融合、完善紧密型利益联结机制、激发农村创新创业活力等方面进行了阐释；同时，本卷还着眼于未来乡村产业发展，探讨了深化改革、拓展农村的新功能，通过构建新的乡村产业体系和新农业，为实现"农业强""农民富"创造前提。

乡村振兴离不开乡村人才振兴，乡村振兴需要一批新农人。《乡村振兴与乡村人才建设》从城乡融合的视角，对乡村人才队伍建设，特别是农业经营管理人才（农业职业经理人）、新型职业农民、农业科技人才、农村电商人才、乡村人才挖掘、乡村教育体系、乡村人才培养机制等方面作了详细阐释，就如何创新人才培育、引进、使用、激励体制进行分析和论证，旨在为激励各类人才在农村广阔天地大施所能、大展才华、大显身手，打造一支懂农业、爱农村、爱农民的强大的乡村振兴人才队伍提供具体指导。

乡村振兴战略的出发点和立足点都是人的发展、人民福祉的改善，特别是生活在乡村中的农民。农民的生活富裕是乡村振兴的最重要目标，也是中国现代化的特色和本色。《乡村振兴与民生保障》从政治、社会和经济维度对乡村振兴民生保障的目标、重点、意义和基本框架进行了系统性的阐释。乡村振兴应该为农民提供生态宜居的家园，提供基本的民生保障。乡村是一个人类生态系统，乡村振兴的过程应该包括人类生态系统的优化、功能化。乡村系统不仅能够传承乡村传统文化，更重要的要为乡村文化文明的新发展提供沃土。要把乡村文化和乡村生态系统融合起来，打造乡村居民生态宜居的家园。要加强改善乡村福利、加强乡村社会服务体系建设，发展乡村养老等服务功能。

组织振兴是乡村振兴的核心，《乡村组织振兴与新时代乡村治理》紧紧抓住组织振兴这一乡村振兴的"牛鼻子"，从组织振兴的意义、乡村治理的历史演变与时代要求以及如何构建新时代乡村治理体系等方面进行深入阐述，剖析了构建新时代乡村治理体系所面临的难题和困境，提供了打造服务型政府、建设村民自治组织、推进乡村法治建设、提升乡村德治水平、壮大乡村集体经济组织等措施和方法，为实现乡村各类组织的全面振兴提出相应的政策路径。组织振兴还要积极考虑数字治理技术在乡村的推进应用，打破数字鸿沟、实现数字超车，提升乡村组织治理能力和水平。

乡村振兴需要在城乡融合发展的大格局下予以推进。作为面向2050年国家现代化进程一部分的乡村振兴战略，也需要嵌入到国家社会经济发展的宏大框架中，与城镇化等"四化"统筹的战略相配合。城乡融合是推进乡村振兴战略的重要路径之一，只有通过城乡融合，才能实现资源在城乡之间的优化配置。城乡基本公共服务均等化是推进城乡融合的目标和主要指标，基本服务均等化也是提升乡村能力、改善乡村居民福利的重要方面，也是乡村产业发展的平台。《乡村振兴与城乡融合发展》力图从理论上建构新型工农城乡关系的框架，从实践层面回应城乡融合的政策和措施手段。

丛书尽可能针对乡村振兴需要思考的理论与实践问题进行系统的梳理和研究，提出了很多有建设性的意见和建议，为我国乡村振兴的学术研究提供了前沿观点与资料储备，也提出了需要学界和业界进一步探索的问题。我们希望丛书的出版有利于乡村振兴研究和实践工作的开展。

习近平总书记强调，全面建设社会主义现代化国家，既要有城市现代化，也要有农业农村现代化。要在推动乡村全面振兴上下更大功夫，推动乡村经济、乡村法治、乡村文化、乡村治理、乡村生态、乡村党建全面强起来，让乡亲们的生活芝麻开花节节高。乡村振兴涉及的领域十分丰富，需要研究探索的问题也很繁杂。本丛书的研究编写历经了三年的时间，其间，国内外的形势发生变化，乡村振兴战略的推进也在不断深化，丛书可能没有完全反映相关领域的最新进展，也希望得到各界的批评指教。

李小云
2023年8月

目 录

第一章
民生保障的发展脉络与基本框架

003 · 一、中国民生保障思想理念的历史演变
019 · 二、民生保障的重要性
027 · 三、中国民生保障的基本内涵与框架体系

第二章
中国乡村民生保障中普惠性社会事业的探索与发展

051 · 一、乡村义务教育保障
059 · 二、乡村基本公共卫生保障
069 · 三、农村养老事业
078 · 四、农村儿童福利事业

第三章
中国针对特殊困难群体的兜底性民生保障

- 091 · 一、中国农村反贫困的历史性成就
- 099 · 二、乡村振兴背景下社会救助面临的新形势和新要求
- 112 · 三、面向困难群众的社会救助事业的发展
- 126 · 四、中国乡村特惠性保障体系发展展望和建议

第四章
中国保障民生的住有所居、生态宜居家园建设

- 135 · 一、乡村生态宜居：保障民生的新内容
- 140 · 二、生态宜居乡村建设
- 152 · 三、易地扶贫搬迁重建生态宜居家园
- 158 · 四、生态宜居乡村建设的发展方向

第五章
中国保障民生的乡村基本公共服务

- 167 · 一、乡村基本公共服务及其重要作用
- 184 · 二、需求导向的基本公共服务措施的多样化与优化
- 193 · 三、实现城乡基本公共服务均等化发展

第六章
中国乡村社区民生互助保障

203 · 一、文化与社会网络对民生保障的重要性
209 · 二、传统家庭与集体经济保障的作用
220 · 三、农村集体民生保障的新社会文化

第七章
民生保障：中国乡村振兴战略的出发点和落脚点

235 · 一、始终将民生保障置于乡村振兴战略的核心
240 · 二、构建分类分层次多元民生发展保障格局
247 · 三、国家现代化新征程与共同富裕愿景下的民生保障

252 · **后记**

第一章

民生保障的发展脉络与基本框架

民生保障是乡村振兴的出发点和落脚地，是乡村振兴的价值取向；民生保障还是国家治理的根基，实现民生保障既是社会主义制度优越性的具体体现、中国共产党人民性与执政党的内在要求；更是习近平新时代中国特色社会主义思想的重要组成部分，是国家责任的主要内容与核心指标。新时代推动民生保障事业的高质量发展，是满足人民对美好生活需要的重要表现，也是国家向人民群众作出的庄严承诺。

保障与改善民生没有终点，只有连续不断的新起点。全面推进乡村振兴战略作为"十四五"时期经济社会发展的重要目标，在民生保障维度的落脚点是实现乡村生活富裕、生态宜居，因此在加快推进城镇化的基础上，必须致力于缩小城乡之间、地区之间、职业之间和人群之间民生保障待遇的不平衡不充分差距，这要求农村民生保障体系建设更多地服务于乡村振兴的战略目标。

从权利角度，民生是社会权利的现实表达，因而民生保障则具有公共性、社会性、普遍性、公平性等特征，涵盖如何保障和实现民生等内容，即保障民生是保证权利层面的"拥有"，实现民生是保证现实层面的"获得"。民生保障具有很强的现实性与实践性，与国家的发展阶段和发展战略有关，因此，民生保障是一项包含政策顶层设计与重点民生项目等在内的系统性工程，涉及住房、教育、就业、健康、社会保障和公共服务等多个方面，彰显了中国特色社会主义制度"以人民为中心"的价值取向。本章分为三个部分：首先梳理了中国民生保障思想理念的历史演变，进而论述了民生保障的重要性，最后详细阐述了中国民生保障的基本内涵与框架体系，并对本书结构和重点章节安排进行说明。

一、中国民生保障思想理念的历史演变

向满载经验的历史深处探赜，既是夯实民生保障的必由之路，亦是实现民族复兴的必经之路。新民主主义时期，中国共产党提出"关注民生、为民谋利是解决革命根据地民生问题的宗旨"[①]，将民生改善作为赢民心、夺胜利的关键武器，强调"一切空话都是无用的，必须给人民以看得见的物质福利"[②]，实施以解决土地问题为中心的生存性民生政策。新中国成立后，民生因诸如发展不足、效率缺乏等历史局限性而改善缓慢，为此，以毛泽东同志为核心的党的第一代中央领导集体坚持以"全心全意为人民服务"的惠民理念作为改善民生的价值依归[③]，实施以解决人民群众生活实际困难为核心的国家统揽型保障性民生政策。改革开放以来，以邓小平同志为核心的党的第二代中央领导集体在解决大多数人温饱问题的基础上，提出坚持以经济建设为中心，大力发展社会主义生产力，最终实现共同富裕的为民思想，强调"没有贫穷的社会主义。社会主义的特点不是穷，而是富，但这种富是人民共同富裕"[④]，由此推动市场主导型的改善性民生政策日渐形成。在此基础上，以江泽民同志为核心的党的第三代中央领导集体提出"三个代表"重要思想，形成始终代表人民群众根本利益的爱民理想，强调"提高人民生活水平，是改革开放和发展经济的根本目的"[⑤]。并将民生改善从经济领域拓展至民生制度建设，促进市场主导型的改善

[①] 单孝虹. 中国共产党民生观的发展与实践 [J]. 中共中央党校学报, 2013,17(03):37-42.
[②] 毛泽东. 毛泽东文集（第二卷）[M]. 北京：人民出版社.1993.
[③] 殷俊, 张邹. 马克思民生思想中国化的理论创新与实践价值 [J]. 经济纵横, 2019(11):10-16.
[④] 邓小平. 邓小平文选（第三卷）[M]. 北京：人民出版社.1993.
[⑤] 江泽民. 江泽民文选（第二卷）[M]. 北京：人民出版社.2006.

性民生政策渐趋完善。以胡锦涛同志为总书记的党中央形成科学发展观的利民思想，坚持在共建中共享、在共享中共建，强调我们要"做到发展为了人民，发展依靠人民，发展成果由人民共享"，最终是为了"促进人的全面发展"[①]。特别是在党的十六届四中全会中提出以保障和改善民生为重点的"社会建设"概念，并在大力发展社会事业的过程中推进国家主导型的发展性民生政策，民生改善与民生保障由此作为一项公共政策上升至国家战略层面[②]。党的十八大以来，以习近平同志为核心的党中央提出习近平新时代中国特色社会主义思想，形成以脱贫攻坚与乡村振兴为代表的富民思想，强调"保障和改善民生没有终点，只有连续不断的新起点"[③]。并将提高民生保障水平、补齐民生发展短板、促进社会公平正义作为民生事业的重中之重，特别是在党的十九届四中全会提出"民生保障制度"概念，进一步推动实施国家主导型富裕性民生政策。

中国共产党领导下的民生保障历经"工具理性"至"制度理性"的政策流变，从食难果腹到丰衣足食，从保障基本到重视个体发展，既有国家统揽时代"大同"社会政策的实践尝试，亦有市场主导时代"效率优先"民生政策的实践探索，更有国家主导时代"兼顾公平"民生政策的完善与发展[④]，但不变的是始终坚持在发展中保障和改善民生，在增进福祉中带领人民不断向美好生活迈进。

（一）民主主义革命时期的民生理念

1840年的鸦片战争拉开了中国近代史的序幕，中国逐渐沦为半殖民地半

---

① 胡锦涛. 高举中国特色社会主义伟大旗帜 为夺取全面建设小康社会新胜利而奋斗 [M]. 北京：人民出版社, 2007:15.
② 高和荣. 民生国家的出场：中国保障和改善民生的实践与逻辑 [J]. 江海学刊, 2019(03):94-100, 254-255.
③ 习近平. 习近平谈治国理政（第二卷 2 版）[M]. 北京：外文出版社. 2018.
④ 李迎生，刘庆帅. 生命历程理论视野下我国社会政策的创新发展——围绕民生建设"七有"目标的分析 [J]. 江苏行政学院学报, 2021(01):61-71.

封建社会，中华大地呈现一派战乱频仍、经济凋敝、民生维艰的萧条景象。在各界仁人志士发起的救亡图存运动中，尤以旧民主主义革命与新民主主义革命最具代表性。两次革命不仅致力于实现政治层面的民族独立、人民解放，更着力于解决经济与社会层面的民生问题。面对风雨飘摇的旧中国，孙中山提出涵盖民族主义、民权主义与民生主义的"三民主义"，并将民生主义作为民族主义的起点和民权主义的归宿，毕生为实现民生主义而奋斗。民生作为一切活动的源动力，主要有"平均地权、节制资本、铁路国有、教育普及"等"四大纲"[①]，其中尤以"平均地权""节制资本"最为突出。新民主主义革命时期的民生理念随着革命路线方针的变化而延展调整，民生保障实践亦逐步深化拓展。既广泛开展军民大生产运动开辟财源，也推行"精兵简政"节约民力，开源与节流同步实施。在此基础上发展教育、医疗卫生保障和灾荒救济事业，发展中医药事业、建立医药合作社以回应民生关切，不仅拓展了农村民生保障群体，也部分拓展城市民生保障覆盖面。总体而言，新民主主义革命时期中国共产党完成了民族独立与民生建设双重历史任务，民生保障逐步优化完善，为新中国的成立以及民生事业发展奠定重要基础。

（二）新中国成立初期的民生探索与实践

新中国的成立，标志着中国共产党领导的新民主主义革命的胜利，中国人民从此站起来了。与此同时，新中国诞生于旧世界的废墟之上，连年的征战导致国民经济发展严重受限，随着民族独立、人民解放目标的实现，民生改善与民生保障成为新中国面临的首要任务。为此，以毛泽东同志为核心的党的第一代中央领导集体及时调整工作重心，在着力解决事关人民群众生存问题的基础上解放和发展生产力，不断提高人民群众生活水平，依托生产力水平的提高构建国家统揽型保障性民生政策。

---

① 陶士和.民国初年资产阶级革命派近代经济观简论[J].史林，2003(02):117-122,124.

毛泽东在党的七大指出"全心全意地为人民服务，一刻也不脱离群众；一切从人民的利益出发……就是我们的出发点"①。"人民是最好的鉴定人"，以人民利益的实现程度作为检验民生实现的价值指标与最终标准，以"全心全意为人民服务"的惠民理念作为中国共产党改善民生的价值依归。随着新中国的成立，大量农村贫困人口向城市流动，使城市就业压力空前严峻。毛泽东在七届三中全会提出"必须认真地进行对于失业工人和失业知识分子的救济工作，有步骤地帮助失业者就业"。同时，毛泽东主张实施按劳分配的方式进行生产资料配置，从而将收入差距控制在合理范围内，即"使农民群众共同富裕起来，穷的要富裕，所有农民都要富裕"②。其次，教育水平关乎国民整体素质高低，事关民生发展的核心要素，毛泽东为此在《人民教育》创刊号题词"恢复和发展人民教育是当前重要任务之一"。此外，社会保障制度作为维系民生安全网的重要工具，亦被中国共产党所重视，建立社会保障制度以保障基本民生成为普遍共识。

中国共产党经过新中国初期民生思想的探索，在民生实践层面进行了积极尝试。首先，通过《中华人民共和国土地改革法》实施农民土地所有制，彻底废除封建剥削的土地制度，解决民生发展的生产资料问题，有力促进农村经济与生计发展。其次，恢复经济秩序，整顿物价，通过打击金融投机与商业投机，资本强化对金融市场管理能力，破解物价飞涨对民生的剧烈扰动。再次，出台诸如《中华人民共和国土地改革法》《中华人民共和国工会法》等多项民生法律，依托法律制度改善民生。此外，积极发展科教文卫事业，通过改革学校教育制度、创办人民大学和速成中学以扫除文盲，提升人民群众文化水平。最后，对社会保障制度进行系统性构建，建立单位福利制度，将城市职工及其家属的住房、托幼、食堂、交通、取暖、生育等民生需要全部囊括在内；依托《国家机关工作人员退休处理暂行办法》和《关于工人、职员退休处理的暂行

---

① 毛泽东.毛泽东选集（第三卷）[M].北京：人民出版社,1991.
② 中共中央文献研究室.建国以来重要文献选编（第七册）[M].北京：中央文献出版社,1993.

规定》建立起全国推广的城镇职工养老保障体系；依托《中华人民共和国劳动保险条例》建立劳保制度和公费医疗制度；建立五保制度和民政福利制度，为城乡困难群体提供食品、衣物、住宿、取暖、教育和安葬保障[①]。

综上所述，新中国成立后通过发展经济、改革土地所有制、发展科教文卫事业、建立社会保障制度等一系列国家统揽型保障性民生政策，为民生需要提供全面的基本性保障，彰显出中国共产党对民生保障的强烈责任感与使命感。

（三）改革开放后至党的十七大时期的民生实践的发展

改善民生是最大的政绩，也是中国道路的本质要求。由于"大跃进"与"文化大革命"使中国经济发展与民生建设遭受严重影响，民生诉求难以得到有效满足。同期世界社会主义运动因为忽视民生建设面临严重瓶颈。在此背景下，以邓小平同志为核心的党的第二代中央领导集体认识到民生建设的重要性，民生改善成为改革开放和中国特色社会主义建设的重要突破口。邓小平的民生思想经历萌芽期、初步形成期、成熟期与完善期四个阶段，其中实现共同富裕的民生思想贯穿于各阶段。改革开放是对中国社会产生重大影响的革命性变革，中国共产党的工作重心从阶级斗争转移到经济建设上来，在快速提升经济发展速度和水平的同时，也带来原有单位福利制度取消等转型的阵痛，因此在改革开放过程中邓小平非常重视民生建设工作，强调要以最大限度地满足人民的物质、文化需要作为民生的直接目标[②]，"各项工作都要有助于建设有中国特色的社会主义，都要以是否有助于人民的富裕幸福，是否有助于国家的兴旺发达，作为衡量做得对或不对的标准"[③]。

---

① 万国威."以人为中心" 70 年来中国社会保障的变革与经验 [J]. 人民论坛,2019,(29):46-48.
② 贾玉娇.习近平民生系列重要论述的主要来源与形成逻辑 [J]. 社会保障评论,2019,3(01):30-42.
③ 邓小平.邓小平文选（第三卷）[M]，北京：人民出版社,1993.

"社会主义阶段的最根本任务就是发展生产力,社会主义的优越性归根到底要体现在它的生产力比资本主义发展得更快一些、更高一些,并且在发展生产力的基础上不断改善人民的物质文化生活"[①]。邓小平认识到只有发展生产力才能从根本上解决民生问题,而"从中国的实际出发,首先要解决农村问题"[②],若"农民没有摆脱贫困,就是中国没有摆脱贫困"[③]。基于此,邓小平提出"先富带后富,逐步实现共同富裕"的民生思想,并在党的十三大制定实现"温饱型""小康型""富裕型"目标的"三步走"战略。

由于市场经济加剧企业竞争,职工缺乏保障的问题更为凸显,同时由于联产承包责任制的实施,农村五保供养制度缺乏经费来源。在邓小平民生思想的指引下,中国民生实践逐步推进。首先,将单位福利进行分解并建立社会保险制度,即通过将原来隶属于单位管理的养老与医疗保障事务社会化,形成以两者为核心的缴费型社会保险制度。其次,面对经济体制改革带来收入差距增大的问题,中国制定扶贫开发政策,成立"国务院贫困地区经济开发领导小组"并确定对331个国家级贫困县开展扶贫开发。此外,高度重视教育发展,恢复曾一度中断的高考制度,颁布《中共中央关于教育体制改革的决定》,理顺高等教育、职业教育与义务教育的关系,完善教育管理体制,并出台《中华人民共和国义务教育法》,实施九年义务教育,提升人民群众整体文化水平。

随着改革开放向纵深推进,中国生产力得到明显解放,经济发展迅速。但与此同时,国际社会发生苏联东欧剧变,国内医疗公共卫生、社会保障等民生事业发展滞后也带来新的挑战。为此,江泽民同志多次强调民生改善在改革开放和社会主义现代化建设中的重要地位,"必须把实现和维护最广大人民群众的利益作为改革和建设的根本出发点,努力使工人、农民、知识分子和其他群

---

① 邓小平.邓小平文选(第三卷)[M],北京:人民出版社,1993.
② 邓小平.邓小平文选(第三卷)[M],北京:人民出版社,1993.
③ 邓小平.邓小平文选(第三卷)[M],北京:人民出版社,1993.

众共同享受到经济社会发展的成果"①。"改革开放的重要目的是改善人民生活。加快改革开放和经济发展，目的都是为了满足人民日益增长的物质文化需要。"②基于对中国实践的准确认识，以江泽民同志为核心的党的第三代中央领导集体提出"三个代表"重要思想，指出"中国共产党要始终代表中国先进生产力的发展要求、始终代表中国先进文化的前进方向、始终代表中国最广大人民的根本利益"。"三个代表"重要思想深刻揭示出经济发展、中国共产党执政以及民生改善之间的辩证关系，其中发展是中国共产党执政兴国的第一要务，民生改善是中国共产党长期执政的重要基石③。在此思想指导下，中国在保持社会主义市场经济快速发展的同时，民生政策日渐完善。

社会保障是实现民生改善与民生保障的重要举措，党的十四届三中全会将社会保障制度确定为市场经济正常运行的维系机制和市场经济体系的五大支柱之一，并且进一步明确其包括社会保险、社会救济、社会福利、优抚安置和社会互助、个人储蓄积累保障等内容，为民生保障注入强劲动力；同时于山西和上海开启农村和城镇最低生活保障试点工作，建立城乡最低生活保障制度，筑牢社会兜底保障网，尤其是加大对国有企业下岗职工基本生活的保障，促进剩余劳动力实现再就业。贫困问题是影响民生改善的关键性障碍，因此中国共产党制定《国家八七扶贫攻坚计划》，用七年时间解决八千万贫困人口的温饱问题，并于1999年颁布《关于进一步加强扶贫开发工作的决定》，将扶贫开发置于经济发展与民生保障的重要位置。此外，1997年停止福利分房政策后，为解决人民群众住房困难问题，1999年国务院颁布《住房公积金管理条例》，实施住房公积金制度，并辅以经济适用房制度，共同致力于实现普通群众和中低收入者的住有所居。

---

① 江泽民. 江泽民文选（第二卷）[M]. 北京：人民出版社, 2006：261-262.
② 中共中央文献研究室编. 十四大以来重要文献选编（上册）[M]. 北京：人民出版社, 1999:32.
③ 贾玉娇. 习近平民生系列重要论述的主要来源与形成逻辑 [J]. 社会保障评论, 2019, 3(01):30-42.

新世纪以来中国民生事业迎来新局面,一方面,人民生活水平实现总体小康并向全面小康不断迈进,另一方面,该阶段的小康还是低水平、不全面的、发展很不平衡的小康。工业化、城镇化的发展导致教育、医疗、住房等民生问题更为突出,人民群众对民生的多样化诉求也要求国家实施更加完善的民生政策。在此背景下,以胡锦涛同志为总书记的党中央形成科学发展观的利民思想,将民生问题置于新的历史高度,坚持以人为本,将"以民生为重点的社会建设"摆在更加突出的位置,关注民生、重视民生、保障民生、改善民生成为贯彻科学发展观的核心内容。

构建社会主义和谐社会,必须坚持"权为民所用,情为民所系,利为民所谋"。胡锦涛同志把坚持"以人为本"作为改善民生的执政新理念,强调尊重人民主体地位,发挥人民首创精神,坚持发展为了人民,发展依靠人民,发展成果由人民共享。党的十六大报告提出要"千方百计扩大就业,不断改善人民生活",使改革开放的成果惠及更多群众。党的十七大报告更是将"民生"作为核心概念,首次对加快推进以改善民生为重点的社会建设作出全面部署,"必须在经济发展的基础上,更加注重社会建设,着力保障和改善民生,扩大公共服务,努力使全体人民学有所教、劳有所得、病有所医、老有所养、住有所居"[1]。同时,胡锦涛同志还将民生理念注入经济社会发展中,指出人是发展的目的,经济建设和生产力发展是实现民生诉求的手段,强调形成经济建设、政治建设、文化建设和社会建设"四位一体"的社会主义现代化建设的总体布局,提出共建共享,加快推进完善社会保障制度体系,推动民生事业发展[2]。由此,将民生改善与民生保障作为一项公共政策上升至国家战略层面,推动发展性民生政策稳步实施。

---

[1] 中华人民共和国国务院新闻办公室. 胡锦涛在党的十七大上的报告 [EB/OL]. http://www.scio.gov.cn/37231/Document/1566887/1566887.htm, 2007-10-26.
[2] 贾玉娇. 习近平民生系列重要论述的主要来源与形成逻辑 [J]. 社会保障评论, 2019,3(01): 30-42.

在以科学发展观为民生建设方针的前提下,民生政策更多聚焦于发展性民生诉求,即在学有所教、劳有所得、病有所医、老有所养、住有所居方面予以具体落实。教育领域,修订《中华人民共和国义务教育法》,明确义务教育不收学费、杂费,实现免费义务教育;进一步完善助学金制度和国家助学贷款政策,对教育部直属的师范生实施免费教育,建立起有力的教育资助和保障体系。就业领域,颁布《中华人民共和国劳动合同法》《中华人民共和国就业促进法》《中华人民共和国劳动争议调解仲裁法》以优化就业环境,保障劳动者合法权益,特别是对农民工群体给予政策扶持。医疗卫生领域,建立城镇居民基本医疗保险制度和新型农村合作医疗制度,健全城镇职工基本医疗保险制度,由此实现医疗保障制度的全覆盖,缓解人民群众看病难、看病贵问题。养老领域,完善企业职工基本养老保险制度,建立城镇居民社会养老保险制度和新型农村社会养老保险制度,实现养老保障制度全覆盖,助力实现老有所养。住房领域,完善住房公积金制度,扩大其制度覆盖范围,规范公积金缴存比例与基数;完善经济适用房制度和廉租房制度,有力缓解了人民群众住房难问题。总体而言,通过国家主导型的发展性民生政策基本实现对社会保险、社会救助、社会福利三项基本民生制度以及基本医疗、基本养老与最低生活保障三项重点民生制度的建立与健全,人民生活质量得到显著提升。

(四)新时代的民生保障与实践

1.以人民为中心的民生保障思想脉络

党的十八大以来,中国特色社会主义进入新时代,中国特色社会主义政治制度、经济制度和社会制度日渐完善。习近平总书记在十八届中共中央政治局常委同中外记者见面时强调:"我们的人民热爱生活,期盼有更好的教育、更稳定的工作、更满意的收入、更可靠的社会保障、更高水平的医疗卫生服务、更舒适的居住条件、更优美的环境,期盼孩子们能成长得更好、工作得更好、生活得更好。人民对美好生活的向往，就是我们的奋斗目标。"从"全面小康"到"美好生活"，提升的是民生的目标质量，不变的是中国共产党为人民服务的宗旨。自此，中国民生保障事业步入加速发展期。

谋民生之利，解民生之忧，始终是中国共产党努力的方向。2012年习近平总书记在中央经济工作会议提出"守住底线、突出重点、完善制度、引导舆论"的民生工作基本方针，这标志着中国社会政策由碎片化、均等化和追求全方位推进转向整体性、系统性、协同性并强调共建共享民生建设新阶段[①]。"守住底线"即要重点保障好低收入群体的基本生活，防止其滑向贫困；"突出重点"即注重稳定和扩大就业，鼓励创业就业，牢牢抓住就业这一民生之本；"完善制度"即要坚持全覆盖、保基本、多层次、可持续方针，完善城乡社会保障体系建设；"引导舆论"即要促进形成良好舆论氛围和社会预期，引导广大群众树立通过勤劳致富改善生活的理念。[②]民生工作16字基本方针深刻阐明民生事业发展的重点与核心，即将民生改善和民生保障的落脚点更多放在保基本、补短板、优制度、引舆论上，改善民生既要尽力而为，也要量力而行。

习近平总书记在党的十八届五中全会上强调"坚持共享发展，必须坚持发展为了人民、发展依靠人民、发展成果由人民共享"，并首次提出"以人民为中心"的发展思想，这充分体现出中国共产党为人民服务的宗旨。"以人民为中心"的发展思想具有三重意蕴，一是强调发展是基础，是解决中国一切问题的关键；二是强调发展要以人民为中心，发展的主体是人民，发展要依靠人民，发展的目的是为了人民，人民是发展成果的享有者，是幸福感的获得者；三是强调发展的最终目的在于实现人的自由全面发展和社会的全面进步，这既

---

① 贡森，李秉勤. 新时代中国社会政策的特点与走向 [J]. 社会学研究，2019,34(04):39-49,242-243.
② 中共中央文献研究室编. 习近平关于全面建成小康社会论述摘编 [M]. 北京：中央文献出版社，2016: 129-130.

是新时代中国强起来的重要标志，亦是民生幸福的重要标志。[①]随着中国社会的主要矛盾转变为"人民日益增长的美好生活需要和不平衡不充分的发展之间的矛盾"，习近平总书记在党的十九大报告中再次强调："全党同志一定要永远与人民同呼吸、共命运、心连心，永远把人民对美好生活的向往作为奋斗目标""在发展中补齐民生短板、促进社会公平正义，在幼有所育、学有所教、劳有所得、病有所医、老有所养、住有所居、弱有所扶上不断取得新进展"。[②]同时，民生工作的16字基本方针也在十九大报告中进一步发展，宏观上，"坚持在发展中保障和改善民生"；微观上，"坚持人人尽责、人人享有"。"坚守底线"发展为"弱有所扶"，"坚决打赢脱贫攻坚战"；"突出重点"指促进机会均等和社会流动，"必须把教育事业放在优先位置""坚持就业优先战略""实施健康中国战略"。[③]

党的十九届四中全会站在历史与现实相统一、国内与国际相比较的高度首次提出"民生保障制度"概念，指出"坚持和完善统筹城乡的民生保障制度，满足人民日益增长的美好生活需要"，"注重加强普惠性、基础性、兜底性民生建设"，"始终牢牢守住保障群众基本生活和基本权益这一民生底线"。党的十九届五中全会更加明确地将"民生福祉达到新水平"作为"以人民为中心"的民生建设新目标，"坚持人民主体地位，坚持共同富裕方向，始终做到发展为了人民、发展依靠人民、发展成果由人民共享，维护人民根本利益，促进社会公平，增进民生福祉，不断实现人民对美好生活的向往"。在此基础上，进一步丰富民生保障制度内涵，构建民生保障的制度体系和框架结构，即"实现更加充分更高质量就业，居民收入增长和经济增长基本同步，分配结构明显改

---

① 赵志鸿. 习近平"以人民为中心"发展思想的理论创新 [J]. 中国社会科学院研究生院学报, 2019,234(06):5-13.
② 习近平. 决胜全面建成小康社会 夺取新时代中国特色社会主义伟大胜利——在中国共产党第十九次全国代表大会上的报告 [M]. 北京：人民出版社, 2017.
③ 贡森，李秉勤. 新时代中国社会政策的特点与走向 [J]. 社会学研究, 2019,34(04):39-49, 242-243.

善，基本公共服务均等化水平明显提高，全民受教育程度不断提升，多层次社会保障体系更加健全，卫生健康体系更加完善，脱贫攻坚成果巩固拓展，乡村振兴战略全面推进"。总体而言，党的十八大以来形成"以人民为中心"的民生保障思想，通过强化民生建设和优化社会政策将改革和发展成果更多地惠及全体人民，以期实现共同富裕。

2.党的十八大以来的民生政策实践

党的十八大以来，以习近平同志为核心的党中央秉持以人民为中心的发展思想，坚持民生优先方针，将改善人民生活、增进人民福祉作为一切工作的出发点和落脚点，提出新时代民生改善和民生保障的新目标，即从"全面小康"到"美好生活"，提升了民生目标的质量；从"民生五有"到"民生七有"，拓展了民生目标的外延，将国家主导型富裕性民生政策逐渐落地。

幼有所育方面，民政部成立儿童福利司，并启动适度普惠型儿童福利制度建设，将政策覆盖群体从福利院内的儿童转变为全社会的困境儿童，幼儿抚育服务也从单纯的生活照顾拓展至养育照料、医疗卫生、健康预防、司法保护等诸多领域，有效缓解家庭育儿负担，尤其是在幼儿教育机构建设、学前教育普及方面成效显著。截至2020年，全国共有幼儿园29.17万所，比2013年增加9.31万所；全国在园幼儿数量为4818.26万人，比2013年增加923.57万人；学前教育毛入学率85.2%，比2013年增加17.7%。2020年普惠性幼儿园在园幼儿4082.83万人，普惠性幼儿园覆盖率达到84.74%[①]。

学有所教方面，坚持将教育作为民族振兴和社会进步的基石，办好人民满意的现代化教育。2016年国务院决定统筹推进县域内城乡义务教育一体化，普惠、公平成为义务教育制度的基本内涵。2019年党的十九届四中全会进一步明确提出构建服务全民终身学习的教育体系，中国的国民教育得到长足发展，高

---

① 中华人民共和国教育部.2020年全国教育事业统计主要结果[EB/OL]. http://www.moe.gov.cn/jyb_xwfb/gzdt_gzdt/s5987/202103/t20210301_516062.html, 2021-03-01.

等教育进入大众化阶段，超过中等收入国家教育发展平均水平。2020年，全国义务教育阶段学校共有21.08万所，九年义务教育巩固率95.2%，比2013年增长2.9%。全国高中阶段学校共有2.44万所，高中阶段毛入学率91.2%，比2013年增长5.2%。普通高校2738所，高等教育毛入学率54.4%，比2013年增长19.9%。特殊教育学校2244所，比2013年增加311所；在校生88.08万人，比2013年增加51.27万人[①]。

劳有所得方面，将促进就业放在优先地位，实施就业优先战略。党的十八大报告将推动实现更高质量的就业作为新目标，劳动就业政策从单纯追求数量转变为追求数量增长与质量提升双重任务，党的十九届四中全会进一步明确提出增加就业岗位和提高就业质量的双目标，强调坚决防止和纠正就业歧视、营造公平就业的制度环境、促进广大劳动者实现体面就业与全面发展。2020年全国居民人均可支配收入32189元，其中，城镇居民人均可支配收入43834元，农村居民人均可支配收入17131元，人民群众收入水平得到明显提升[②]。

病有所医方面，改革医疗卫生体制，全面取消"以药养医"，实现药品零差率，推动优势医疗服务资源不断下沉。党的十九届四中全会提出强化提高人民健康水平的制度保障，健全基本医疗保险、基本医疗卫生制度、重特大疾病医疗保险和救助制度，为广大人民群众享有公平可及、系统连续的健康服务提供坚实的制度化保障。实现医保体系全覆盖，建成全世界最大的医疗保障网。截至2020年，全国参加职工基本医疗保险人数为34423万人，参加城乡居民基本医疗保险人数为101677万人，累计资助7837.2万贫困人口（含动态调出）参加基本医疗保险，各项医保扶贫政策累计惠及贫困人口就医1.8亿人次。[③]此外，

---

① 中华人民共和国教育部.2020年全国教育事业统计主要结果[EB/OL]. http://www.moe.gov.cn/jyb_xwfb/gzdt_gzdt/s5987/202103/t20210301_516062.html, 2021-03-01.
② 国家统计局.中华人民共和国2020年国民经济和社会发展统计公报[EB/OL]. http://www.stats.gov.cn/sj/zxfb/202302/t20230203_1901004.html, 2021-02-28.
③ 中华人民共和国中央人民政府.2020年医疗保障事业发展统计快报[EB/OL]. http://www.gov.cn/xinwen/2021-03/08/content_5591551.htm, 2021-03-08.

提出"健康中国"战略，不仅重视疾病治疗，更重视疾病预防，提升国民总体健康水平。

老有所养方面，2012年实现基本养老保险制度全覆盖，党的十九届四中全会提出健全可持续的基本养老保险制度。逐步健全老年人关爱服务体系，在全社会营造出养老、孝老、敬老的良好氛围，老龄事业和老龄产业得到快速发展。截至2020年底，全国参加城镇职工基本养老保险人数45621万人，比2013年末增加2133万人；参加城乡居民基本养老保险人数54244万人，比2013年增加978万人[①]。养老服务方面，2019年全国每千名老年人拥有养老床位30.5张，比2013年增加6.1张[②]，无论是在养老保险还是养老服务方面，人民群众的养老需求都得到有效保障。

住有所居方面，党的十八大明确"房子是用来住的，不是用来炒的"，回归住房本质属性。形成分层分类满足人民群众住房需要的格局，加大对城乡住房困难的居民提供保障性住房的力度，扎实推进全国城镇保障性安居工程，不断探索发展共有产权房的试点工作，推动公共租赁住房和廉租房并轨运行，强化住房保障公平分配，完善住房救助政策。截至2019年，全国城镇人均住宅建筑面积为39.8平方米，比2013年增加5.7平方米；农村人均住宅建筑面积为48.9平方米，比2013年增加2.7平方米[③]，人民群众住有所居建设取得新进展。

弱有所扶方面，对社会各类弱势群体的生存性需求进行兜底保障，依托最低生活保障制度对弱势群体加强政策兜底。截至2019年末，全国全年支出农村低保资金1127.2亿元，比2013年增加260.3亿元；全年支出农村特困人员救助

---

① 中华人民共和国人力资源和社会保障部.2020年度人力资源和社会保障事业发展统计公报[EB/OL]. http://www.mohrss.gov.cn/xxgk2020/fdzdgknr/ghtj/tj/ndtj/ 202106/t20210604_415837. html, 2021-06-03.

② 中华人民共和国民政部. 2019 年民政事业发展统计公报[EB/OL]. http://www.mca.gov.cn/ images3/www2017/file/202009/1601261242921.pdf, 2020-09-08.

③ 中华人民共和国住房和城乡建设部.2019年城市建设统计年鉴[EB/OL]. http://www. mohurd.gov.cn/file/old/2020/20201231/wo20201231224852706487500000.zip, 2020-12-31.

供养资金346.0亿元，比2013年增加了173.7亿元；2019年农村低保对象3455.4万人，比2013年减少了1932.6万人[1]。在当代中国民生保障政策的实践中，与"弱有所扶"关联最为密切的就是推进脱贫攻坚的伟大实践。党的十八大以来，以习近平同志为核心的党中央高度重视扶贫工作，将脱贫攻坚作为全面建成小康社会的底线任务，8年来，通过精准化的对象识别、超常规的组织动员、系统性的帮扶政策以及高强度的资源投入，不仅实现了现行标准下9899万农村贫困人口全部脱贫，也普遍达成了不愁吃、不愁穿和义务教育、基本医疗、住房和饮水安全有保障的目标，832个贫困县全部摘帽，12.8万个贫困村全部出列，区域性整体贫困得到解决，困扰中华民族千年的绝对贫困得到历史性终结，全面小康的百年目标得以圆满实现。

从国际发展视角来看，"民生保障"一词在西方实践语境和学术讨论中并没有相同的表述，与之相近的是福利国家建设，包含社会保险、社会保障、社会救助、医疗保健、失业救济、养老保险、家庭津贴等内容。《贝弗里奇报告》这一蓝本在北欧得到了全面的实践。20世纪30年代，瑞典社会民主党执政后主张中央和地方政府共同承担福利供给主要责任，采取系列政策不断扩充和调整民生保障体系。如用国家财政支持的全民性、费率统一的普遍性养老金取代收入调查式、社会保险式养老制度，又如通过健康保险法实现医疗保险制度从自愿性到强制性、普遍性的转变等，[2]形成基于税收收入的高水平转移支付与优质服务提供、男女平等就业和高就业的积极劳动力市场，[3]其民生保障福利体系逐步走向成熟，呈现出普遍覆盖、全面保障、财政负责、高税收支撑、兼具效率和公平的特点，成为社会民主主义福利国家的典型代表。二战后，英

---

[1] 中华人民共和国民政部.2019年民政事业发展统计公报[EB/OL]. http://www.mca.gov.cn/images3/www2017/file/202009/1601261242921.pdf, 2020-09-08.

[2] 谢琼.超越左右：瑞典福利制度的调整及其影响因素[J].国家行政学院学报,2014(06):106-110.

[3] Bergmark, Åke. Solidarity in Swedish Welfare–Standing the Test of Time? [J].Health Care Analysis, 2000, 8(4): 395-411.

国以《贝弗里奇报告》为蓝本，在凯恩斯的国家主导民生福利供给思想指导下，建成"从摇篮到坟墓"的民生保障体系，成为以投资和消费主导的"凯恩斯主义福利民族国家"（Keynesian Welfare National State）；[1]20世纪70年代之后，新自由主义和福利多元思想的影响逐步扩大，加之石油危机和经济滞涨，英国民生保障步入改革阶段，保守党政府强调福利"市场化"和"商品化"，通过缩减民生保障财政投入、降低福利水平逐渐弱化国家福利供给角色，通过"私营化"改革强化企业、市场和家庭的民生福利责任；20世纪90年代末，工党政府重新强调国家的福利供给责任，围绕失业再就业、福利依赖审查、扩展公共服务三个维度重塑民生保障制度；2010年之后，英国通过"大社会"理念和"大社会运动"继续深化民生保障改革，如赋予社区、慈善机构和公众更多的权力和资金以节省政府公共投入成本，达到节约国家民生福利开支的目的，这也是国家责任的进一步后退[2]。英国民生制度建立和扩展阶段呈现出民生福利供给国家导向、注重公平的特点，而在改革阶段以市场导向、注重效率为主[3]，在重塑阶段则以市场导向为主，兼有国家干预。总体而言，英国民生保障供给由政府包揽转向私有化、社会化、多元化，由注重投资和补贴转向教育和培训失业人口的人力资源开发，民生保障政策从消极转向积极。近年来，社会保护用来防范社会风险的政策措施开始流行起来，以世界银行为代表的"积极的社会政策"强调积极应对风险，致力于提升弱势群体风险管理工具的可及性。2015年9月在联合国发展峰会审议通过了《2030年可持续发展议程》。这份文件涉及了经济发展、社会进步和环境保护方面的可持续发展的目标，社会保护底线是国家定义的一套基本社会保障，旨在预防或减轻贫困、脆弱性和社会排斥。

---

[1] 王永茜.英国福利制度改革："社会关怀"还是"社会控制"？[J].国外理论动态,2019(01):68-76.
[2] 王永茜.英国福利制度改革："社会关怀"还是"社会控制"？[J].国外理论动态,2019(01):68-76.
[3] 黄晓燕.国家与市场间的徘徊：英国社会福利制度演进中的政治元素[J].社会科学家,2015(02):44-48.

综上所述，民生保障自古以来都是世界各国关注的重大问题，与各国经济社会发展的实际情况相适应。在以"人民为中心"的民生保障思想指引下，通过国家主导型富裕性民生政策实践，中国有效破解就业、教育、医疗、居住、养老五个方面的民生难题；实现幼有所育、学有所教、劳有所得、病有所医、老有所养、住有所居、弱有所扶七个民生目标；积极回应"更好的教育、更稳定的工作、更满意的收入、更可靠的社会保障、更高水平的医疗卫生服务、更舒适的居住条件、更优美的环境、更丰富的精神文化生活"八个民生愿景；努力让人民群众获得感、幸福感、安全感三个民生所感更加充实、更有保障、更可持续。纵观我国民生保障的历史脉络，党和国家越来越重视民生建设，尤其是围绕农村民生保障和改善工作做出了一系列的部署安排。由于长期的历史与现实制度原因，农村民生保障领域的欠账较多，一直以来是我国民生保障体系中的短板。目前我国民生保障政策面临多重挑战，同时，人口老龄化趋势、高质量发展目标的提出，对民生保障政策的发展提出了更高的目标要求，特别是在推动城乡一体化和缩小不同人群之间的差异中，必须推进农村民生保障体系的优化升级，适度扩大保障对象和范围，进一步丰富救助项目和内容，进一步拓展救助功能和效应，进一步提升救助质量和水平，切实提高民生保障水平和质量，切实增强困难群众的获得感、幸福感和安全感，为全面推进乡村振兴打下坚实基础。

二、民生保障的重要性

"国以民为本，社稷亦为民而立"，以民为本乃兴国之宗旨、关注民生乃当今之要务[1]。民生问题作为人类社会生存发展的基本问题，既是一个历史问题，也是一个现实问题，更是一个政治问题，无论是联合国千年发展目标

---

[1] 周溯源，翟金懿. 论孙中山的民生观及其当代意义[J]. 广东社会科学，2015 (03):83-90.

（Millennium Development Goals），还是联合国可持续发展目标（Sustainable Development Goals），均将其列为主体内容。民生保障制度构成国家政治制度及其治理体系的核心要件，国际竞争的本质是制度竞争，而制度竞争的最终检验标尺是民生保障与民生改善[1]。换言之，民生保障是衡量一个国家社会发展质量的核心指标。民生连民心，民心系国运，民生好坏决定民心向背，民心向背决定国运昌衰，正如习近平总书记在党史学习教育动员大会上的讲话所言，"历史充分证明，江山就是人民，人民就是江山，人心向背关系党的生死存亡"[2]。增进民生福祉是发展的根本目的，民生问题是最大的政治，亦最能体现中国共产党的初心与使命，直接关系到政党执政的有效性与合法性，其问题的解决关涉广大群众最关心、最直接、最现实的利益。

（一）社会主义制度优越性的具体体现

民生是体现社会主义制度优越性的首要标准。《中共中央关于坚持和完善中国特色社会主义制度 推进国家治理体系和治理能力现代化若干重大问题的决定》将中国国家制度与国家治理体系的显著优势概括为13个方面，其中"坚持人民当家作主，发展人民民主，密切联系群众，紧紧依靠人民推动国家发展的显著优势""坚持全面依法治国，建设社会主义法治国家，切实保障社会公平正义和人民权利的显著优势""坚持公有制为主体、多种所有制经济共同发展和按劳分配为主体、多种分配方式并存，把社会主义制度和市场经济有机结合起来，不断解放和发展社会生产力的显著优势""坚持以人民为中心的发展思想，不断保障和改善民生、增进人民福祉，走共同富裕道路的显著优势"等均是对民生维度优越性的提炼总结，准确刻画出社会主义制度的优越性。

坚持人民当家作主，发展人民民主是政治民生保障的重要体现。中国通过

---

[1] 郑功成.中国民生保障制度：实践路径与理论逻辑[J].学术界，2019(11):12-25.
[2] 习近平.在党史学习教育动员大会上的讲话[J].求是，2021(7).

人民代表大会制度、中国共产党领导的多党合作和政治协商制度、民族区域自治制度以及基层群众自治制度构建起政治制度的核心内容和基本框架，从根本上保障人民当家作主的权利得以实现，集中体现出社会主义民主政治的鲜明特点。在此基础上实现中国共产党领导、人民当家作主、依法治国的有机统一，即将党的领导作为人民当家作主和依法治国的根本保证，将人民当家作主作为社会主义民主政治的本质特征，将依法治国作为党领导人民治理国家的基本方式，三者统一于中国社会主义民主政治的伟大实践中，体现在人民依法通过各种途径和形式管理国家事务、管理经济和文化事业、管理社会事务的实践中。习近平总书记指出："民主不是装饰品，不是用来做摆设的，而是要用来解决人民需要解决的问题的。"[①]中国的政治制度是保障全体人民根本利益的制度。

坚持公有制为主体、多种所有制经济共同发展和按劳分配为主体、多种分配方式并存，把社会主义制度和市场经济有机结合是经济民生保障的重要体现。依据马克思主义经济理论，在一定的生产力水平下，收入分配制度主要决定生产资料所有制，只有坚持公有制主体地位，才能保证劳动者相对平等地占有生产资料，进而形成有利于劳动者的分配制度，防止出现明显的贫富差异。坚持公有制主体地位，即要求公有资产在社会总资产中占优势地位，国有经济控制国民经济命脉并对经济发展起主导作用，有利于强化对关乎国计民生的基础性行业产业管理，切实保障人民群众基本生活稳定。社会主义市场经济的建立与完善既发挥市场经济的效率优势，也彰显社会主义的制度优势，在保持经济平稳有序运行的同时极大促进生产力的发展。资本主义制度已经有几百年的历史，中国作为后发国家仅用70余年就大大缩小了与资本主义国家的发展差距。改革开放以来，中国取得了举世瞩目的发展奇迹，从1978年GDP尚不足4000亿元、人均GDP200多美元，到2000年GDP突破10万亿元，再到2020年GDP突破百万亿大关、人均GDP超1万美元，成为世界第二大经济体，这充分体现出

---

① 新华社. 习近平在庆祝中国人民政治协商会议成立65周年大会上的讲话[EB/OL]. http://www.xinhuanet.com/politics/2014-09/21/C_1112564804.htm, 2014-09-21.

社会主义制度的优越性。

消除贫困、改善民生、逐步实现共同富裕,是社会主义的本质要求。正如邓小平同志所言"社会主义制度优越性的根本表现,就是使人民不断增长的物质文化生活需要能够逐步得到满足。"[①]社会主义制度的最大优越性就是实现共同富裕,而共同富裕以民生的普遍改善与显著提升为标尺,只有健全民生保障、促进共同富裕,才能不断满足全体人民对美好生活的需要并促进人的全面发展。新中国成立以来,中国实现了从"一穷二白"到"解决温饱"再到"全面建成小康社会"的跨越。2020年,中国实现现行标准下9899万农村贫困人口全部脱贫,832个贫困县全部摘帽,12.8万个贫困村全部出列,区域性整体贫困得到解决的目标,同时提前10年完成联合国《2030年可持续发展议程》中消除极端贫困的既定目标,困扰中华民族千年的绝对贫困得到历史性终结,全面小康的百年目标得以实现。中国还将持续推动全体人民共同富裕取得更为明显的实质性进展,中等收入群体将持续扩大,人民福祉、民生保障得以有效提升。

民生保障的全面优越是社会主义制度优越性的重要体现,其中政治生活优越是社会主义"民生优越"的前提,物质生活优越是社会主义"民生优越"的基础,精神生活优越是社会主义"民生优越"的试金石[②]。

(二)中国共产党为民执政的内在要求

民生问题是关涉人民生活和发展生计的各种社会矛盾的总和,正因其特有的政治属性,所有执政党与政权机关都需要依据民生需求不断调试施政纲领和具体政策以获取民众的信任,进而强化其执政的合法性与合理性[③]。中国共

---

① 邓小平.邓小平文选(第二卷)[M].北京:人民出版社,1994: 128.
② 肖冬梅,柳礼泉.民生:邓小平认识社会主义优越性的新视角[J].毛泽东思想研究,2010,27(01):109-113.
③ 刘镭.论新时代中国民生政治实践——以共建共治共享为视角[J].社会主义研究,2019,248(06):58-64.

产党诞生于风雨飘摇的旧中国，建党之初即面临内忧外患的羸弱局面，因而决定其前途命运的不仅是一般意义上的政治秩序重建，还包括特定历史条件下政党与广大人民内在诉求的完美契合与有效回应。换言之，中国共产党与生俱来的无产阶级政党先进性特征决定其要以改变积贫积弱、民不聊生的旧中国为己任，同时基于历史所塑造的社会现实要求，代表整体社会中的先进力量来重塑经济、政治和社会新体系以实现全体社会成员民生福祉的改进，这种改进的最强价值取向即对民生保障的有效落实[1]。因此，中国共产党将"人民性"作为本党的根本属性，将为人民谋幸福、增进民生福祉作为必然追求，将以人民为中心作为实现民生保障的初心与使命，这既是由中国共产党作为马克思主义政党的本质所决定的，也是由作为社会主义国家的性质所要求的，更是在长期的摸索和实践中形成的。

中国共产党自成立之初便将马克思主义与中国社会建设实际紧密结合，尤其是在民生领域对马克思主义民生思想进行中国化发展，形成具有中国特色的民生实践，着力实现好、维护好、发展好最广大人民根本利益。虽然马克思在其经典著作中并未直接对民生概念进行系统阐释，但在诸如《1844年经济学哲学手稿》《德意志意识形态》《政治经济学批判大纲》等著作中显露出深厚的民生情怀与现实关切，以满足人民的基本生存需求为逻辑起点，以实现人的自由发展为基本目标，以对资本主义的彻底革命为目标实现路径，以所有人的未来解放为最终目的[2]。因此，中国共产党的政治话语中始终将"民生"与"大计"协同耦合，前者着眼于社会发展过程中的基本问题，是发展社会民生的逻辑前提；后者落脚于政党与国家的维持和运转问题，是发展社会民生的现实前提[3]。具体而言，中国共产党于民生保障中实现人民性与执政党的内在要求以

---

[1] 胡柳娟. 中国共产党民生思想的百年探索与发展[J]. 西南民族大学学报（人文社会科学版）,2021,42(02):190-196.
[2] 殷俊,张邹. 马克思民生思想中国化的理论创新与实践价值[J]. 经济纵横,2019(11):10-16.
[3] 胡柳娟. 中国共产党民生思想的百年探索与发展[J]. 西南民族大学学报（人文社会科学版）,2021,42(02):190-196.

及工具性作用与建构性作用的有机统一。于建构性作用而言，保障民生与改善民生是中国共产党建立与发展的重要目标，以发展社会民生为出发点，以解决民生问题为突破口践行初心与使命；于工具性作用而言，民生保障的实施为中国共产党的发展、壮大争取到了最广大劳动人民的支持[1]，这不仅构建起以人民为本位的政治运行模式，实现人民当家作主，还于变化发展的实践中形塑出满足人民利益诉求与推动民生保障良性发展的运行体系。

（三）中国特色社会主义理论体系的重要组成部分

无论是毛泽东提出的"全心全意为人民服务"，还是邓小平提出的"三个有利于"原则，抑或江泽民提出的"三个代表"重要思想，以及胡锦涛提出的"科学发展观"，人民立场在中国共产党的理想信念与价值准则中一以贯之，民生保障成为熔铸在毛泽东思想和中国特色社会主义理论体系中的精神内核。党的十八大以来，习近平总书记深刻阐释民生保障和民生改善的重要意义，强调民生工作的着力点就是将广大人民群众凝聚到追求幸福中国的目标上来，全面推进社会保障体系建设，保障项目日益完备，制度运行安全有序，保障水平稳步提高，人民群众能够更多地分享经济社会发展成果。[2]

习近平提出的民生思想以中国进入新时代和21世纪全球大发展大变革大调整为时代背景，立足于中国发展中的民生问题和新时代社会的主要矛盾，坚持从以人民为中心的根本政治立场出发，以满足人民群众对美好生活的向往作为价值遵循，以促进人自由而全面的发展作为基本目标，以共享发展理念为价值依据，以人民群众的获得感幸福感安全感为检验标准[3]，构建起21世纪马克思

---

[1] 刘婧娇，王笑啸. 中国共产党早期民生保障：时空背景、制度演进与经验总结 [J]. 兰州学刊,2021,329(02):19-30.
[2] 张太原. 坚持和完善统筹城乡的民生保障制度 [J]. 中国党政干部论坛，2020(06): 25-37.
[3] 张志元，杨琴. 习近平关于民生保障重要论述的价值意蕴及实践路径 [J]. 广西社会科学,2018(12):6-10.

主义民生思想的理论大厦。习近平总书记在此基础上进一步深化和创新民生内涵，以"人民对美好生活的向往就是我们的奋斗目标"为主线，积极回应人民群众对民生的各项诉求并且不断满足人民日益增长的美好生活需要，保证全体人民在共建共享发展中有更多获得感，不断促进人的全面发展、全体人民共同富裕。将民生保障与民生改善的目标定位于实现"人的全面发展"，这不仅是对马克思主义的继承和发展，更是对中国共产党历代领导集体民生智慧的升华，丰富和发展了马克思主义中国化的民生思想。

中国特色社会主义理论体系的形成具有坚实的理论基础、特定的时代背景和严谨的逻辑过程，为指导中国民生实践提供科学指引。于价值逻辑而言，体现出党的性质宗旨、人民利益、国家目标三者的有机融合；于理论逻辑而言，汇聚马克思主义民生思想、中国传统民生思想以及中国共产党民生思想的精华；于实践逻辑而言，耦合中外社会主义革命和建设事业的成功经验和新时代民生实践、科学方法、运行体系[①]。

总体而言，中国特色社会主义理论体系是涵盖政治、经济、社会、文化、生态等的博大精深思想体系，而中国特色社会主义民生思想不仅是中国特色社会主义理论体系中的重要部分，更是其中最为浓墨重彩的一个篇章。民生是经济社会发展的指南针，中国特色社会主义理论体系将民生发展作为中国社会主义现代化建设的核心目标，"让老百姓过上好日子是我们一切工作的出发点和落脚点"[②]，努力将人民对美好生活的向往变为民生现实。

（四）现代国家责任的主要内容与核心指标

民生保障是"保民""安民""利民"与"富民"四个层次的有机统一，既

---

① 杜惠敏,张小楠,梁佳伟.习近平新时代民生观的逻辑维度研析[J].理论导刊,2020(09):19-24.
② 中共中央宣传部.习近平总书记系列重要讲话读本[M].北京：学习出版社，人民出版社,2016.

体现出社会福利水平的高低，也反映出国家社会治理的目标和任务[①]。"人的本质不是单个人所固有的抽象物，在其现实性上，它是一切社会关系的总和。"[②]现代国家构建于社会契约理论之上，公民为维护自身利益而让渡部分权利以形成公权利，即每个人都放弃天然自由，而获取契约自由。因此，政府天然具有主动承担国家责任特别是提供民生保障的职责与义务。"正义是政府的目的。正义是人类文明社会的目的。无论过去或者将来始终都追求正义，直到获得它为止，或者直到在追求中丧失自由为止。"[③]于政府职能而言，社会公平正义既是公民民生诉求的基本体现，也是关系到政治稳定的主要条件，而国民收入再分配作为现代政治和公共政策的重要环节，理应通过其实现社会分配正义并逐步提高全体公民生活水平。此外，重视和保护全体国民特别是弱势群体的利益是现代政府的责任，是免于强弱势群体对抗同归于尽的"减震器"[④]，是政府合法性的主要来源。

权利作为一种规范化、制度化和约束性的利益保护机制[⑤]，在民生保障方面主要体现为以生存权、社会权和发展权为主要内容的权利谱系，其中生存权属于基础要件。生存权是基于人类生存本能而自然产生的[⑥]，即每个公民都拥有且终身不得被剥夺的基本权利。生存权的实现是其他人权实现的基本前提，若生存权难以得到保障，则其他人权亦无从谈起，民生保障的核心就在于保障人权，而首要保障就在于保障生存权。社会权则是一种要求国家积极介入的积极权利，工业化时代家庭功能日渐弱化和市场失灵加剧，客观上要求政府在民生保障中积极作为以弥补家庭和市场不足，强调对"社会、经

---

① 高和荣.新时代民生保障制度的类型转向及特征[J].社会科学辑刊,2020(03):104-110+209.
② 马克思恩格斯选集：第 1 卷 [M].北京：人民出版社,2012.
③ [美]亚历山大·汉密尔顿,[美]詹姆斯·麦迪逊.联邦党人文集[M].程逢如,等译,北京：商务印书馆,2015.
④ 王太高,邹焕聪.论民生保障的法理基础[J].南京社会科学,2010(04):116-122.
⑤ 高成军.民权保障：民生问题的价值依归与法治向度[J].理论月刊,2013(05):107-111.
⑥ 龚向和,龚向田.生存权的本真含义探析[J].求索,2008(03):120-122.

济上弱者给予更加丰厚的保护",使其"能与其他国民受到同等自由与生存保障",以实现全体社会成员的"实质平等"[①]。发展权要求国家不再局限于仅从公民自身寻找造成其处于社会弱势地位的原因,而是将内在因素与外在因素有机结合,更加关注导致社会成员处于弱势地位的政治、经济和文化等外部环境[②],并逐渐消除造成弱势地位的诸项因素,从而于根源处实现对社会弱势群体的保障。同时发展权还意味着国家和社会对全体公民提供的、在满足基本生活需求基础上不断追求的更高层次的物质和精神保障,即要在更大范围内、更高层次上实现民生保障。民生保障实践中公民不再是被动消极的简单接受者,而是具有主动积极地位的获得者,即当政府履责不力时公民有权要求政府提供相应的民生保障。

中国国家制度建立在人民当家作主的基础上,能够充分体现人民意志、有效保障人民权益、激发人民创造力。党的十九大报告指出增进民生福祉是发展的根本目的,民生水平是全面建成小康社会的最基本最核心的要素,也是评价中国政府执政能力与合法性的核心指标,因此要坚持以人民为中心的发展思想,注重加强普惠性、基础性、兜底性民生建设,不断促进人的全面发展和全体人民共同富裕。

三、中国民生保障的基本内涵与框架体系

中国已开启全面建设社会主义现代化强国的新征途,其中农业农村农民问题是关系国计民生的根本性问题。没有农业农村的现代化,就没有国家的现代化。2035年基本实现现代化是国家既定的目标,而扎实推进乡村振兴,实现共同富裕已经成为国家发展的重大主题,民生保障也将承担着更重大的责任和使命。在这样的背景下,建立普惠共享的民生保障体系需要将其融入

[①] 王太高,邹焕聪.论民生保障的法理基础[J].南京社会科学,2010 (04):116-122.
[②] 吴宁.社会弱势群体权利保护的法理[M].北京:科学出版社,2008.

国家现代化进程以及共同富裕的大格局当中，寻求中国民生保障的高质量、可持续发展之路[①]。

（一）民生保障的定位与内涵

民生保障是促进国家稳定发展的重要制度安排。在不同的历史阶段，社会生产力以及经济社会发展水平有所差异，因而民生保障在不同的时期的制度定位、建设内容以及建设成效等方面呈现出一定的差异性。社会主要矛盾的变化一定程度上能够反映出不同阶段社会经济发展的进程以及阶段形态。在新中国成立之初，中国的生产力发展水平较低，社会矛盾表现在人民对于建立先进的工业国的要求同落后的农业国现实之间的矛盾，以及人民对于经济文化迅速发展的需要同当前经济文化不能满足人民需要的状况之间的矛盾。改革开放以来，中国的生产力发展水平得到显著提升，在此背景下，1987年党的十三大提出，当前社会矛盾是人民日益增长的物质文化需要同落后的社会生产之间的矛盾。进入二十一世纪以来，党立足中国进入中国特色社会主义的新时代历史方位做出全新研判，提出新时代中国社会主要矛盾是人民日益增长的美好生活需要和不平衡不充分的发展之间的矛盾。这种矛盾的变化一方面蕴含着中国经济发展由高速转向高质量发展的时代，另一方面也预示中国的民生建设由生存型阶段开始向发展型、共享型阶段迈进[②]。

改革开放以来，中国的民生建设进程总体朝向良性方向加速发展。党的十八大以来，党和国家把保障和改善民生摆在更加突出的位置，将最广大人民群众的利益作为党和国家一切工作的出发点和落脚点。党的十八届五中全会提出"以人民为中心"的发展思想，系统性地论述了"坚持共享发展，着力增进

---

① 郑功成.面向2035年的中国特色社会保障体系建设——基于目标导向的理论思考与政策建议[J].社会科学文摘,2021(04):49-52.
② 王政武.新时代共享民生保障体系构建——基于我国社会主要矛盾新变化的视角[J].长白学刊,2019(05):114-121.

人民福祉"等问题，并着眼于人民最关心、最直接的利益问题，如公共服务、脱贫攻坚、教育、就业、收入分配、社会保障等方面的改革。党的十九大把民生建设与党的奋斗目标、发展目的、核心思想等结合起来，将民生建设中原有的"五有"——"学有所教、劳有所得、病有所医、老有所养、住有所居"拓展为"七有"，新增加的"幼有所育、弱有所扶"将民生保障和改善的群体延伸至幼儿和弱势群体，更加突出了强调了民生保障与改善的范围，更有针对性地解决民生保障中乡村的短板问题。

党的二十大把增进民生福祉提高到一个新的高度，认为治国有常，利民为本，为民造福是立党为公、执政为民的本质要求，必须坚持在发展中保障和改善民生，鼓励共同奋斗创造美好生活，不断实现人民对美好生活的向往。党的二十大提出，要实现好、维护好、发展好最广大人民根本利益，紧紧抓住人民最关心最直接最现实的利益问题，坚持尽力而为、量力而行，深入群众、深入基层，采取更多惠民生、暖民心举措，着力解决好人民群众急难愁盼问题，健全基本公共服务体系，提高公共服务水平，增强均衡性和可及性，扎实推进共同富裕。

增进民生福祉，短板仍在农村，需要通过乡村振兴战略的全面推进，探索普惠性民生保障，促进城乡公共服务均等化发展，逐步健全全民覆盖、普惠共享的基本公共服务体系。要在乡村振兴战略中统筹谋划社会救助，实现民生保护与民生发展相衔接，为弱势群体织密织牢社会安全网；通过实行最严格的生态环境保护制度，形成绿色生产和发展方式，坚持走生产发展、生活富裕、生态良好的文明发展道路；以需求为导向促进基本公共服务措施的多样化发展，优化基本公共服务的体系化建设；发挥乡村文化与社区关爱与互助体系的作用，在守望相助中发扬具有中国特色的国家保障传统，建设生态宜居和美家园。

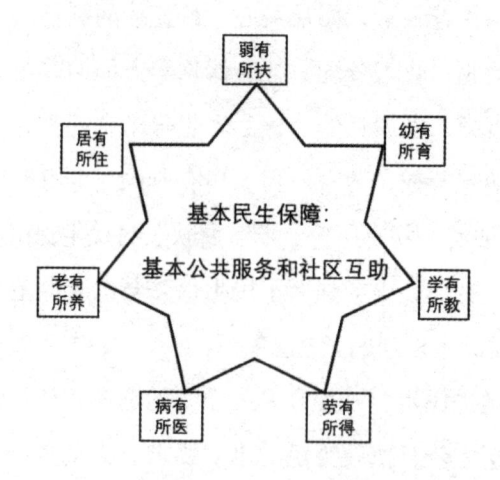

图 1-1 民生保障的内容和路径框架

上述措施勾勒出当代民生保障建设的总体框架，也彰显了新时代民生保障建设以人为本、共享发展的本质。其特征是：一是坚持目标导向，始终坚持农民的主体地位，把维护农民利益、促进农民共同富裕作为工作推进的目标和落脚点，把不断增进人民福祉、走共同富裕道路，促进人的自由全面发展落实到具体的民生保障制度中①。十九大以来，党和国家始终将保障和改善民生摆在突出的位置，始终将最广大人民群众的根本利益作为党和国家一切工作的出发点和落脚点，通过制度建设从根本上保障人民当家作主的权利②。2018年中央一号文件中提出："坚持农民主体地位。充分尊重农民意愿，切实发挥农民在乡村振兴中的主体作用，调动亿万农民的积极性、主动性、创造性，把维护农民群众根本利益、促进农民共同富裕作为出发点和落脚点，促进农民持续增收，不断提升农民的获得感、幸福感、安全感。"新时代实施乡村振兴战略过程中坚持农民主体地位就是要坚持农民是乡村振兴实践的参与主体、成果的享受主体以及效果的评价主体，这不仅是中国社会主要矛盾转变的必然要求，乡村振

---

① 郑功成. 以民生福祉新提升促进共同富裕取得新进展 [J]. 中国纪检监察, 2020(24):52-54.
② 王冠群, 仝晓. 习近平新时代中国特色社会主义民主思想研究——基于理论·实践·价值·制度的"四维"分析 [J]. 江苏师范大学学报 (哲学社会科学版), 2018, 44(4), 100-107, 148.

兴实现的现实必须，也是中国共产党人初心和使命的根本遵循[①]。民生保障建设，实质就是整合重组各种资源以实现社会效益最大化、服务最优化的目的。发展民生保障建设，就是要通过维护好、实现好、发展好人民基本权益这条途径，解决人民基本权益问题，保障人民共享发展成果。切实维护农民利益，就是要通过民生保障来解决社会问题，保障公共安全、化解社会矛盾、维护社会稳定，促进就业、教育、医疗、住房、养老保障水平的提高，解决人民群众最关心、最直接、最现实的民生问题，让农民群体真正享有平等的就业权、居住权、社会保障权等合法权益，切实维护农民的生存权和发展权，更好地实现共同富裕。

二是坚持问题导向，以解决农村发展的不平衡不充分问题为乡村振兴战略推进的出发点，将坚持和改善民生保障作为进一步巩固中国特色社会主义制度的重要目标任务加以推进，补齐民生短板，不断满足人民日益增长的美好生活需要。当前的社会矛盾在中国农业农村发展中有着突出表现，其中发展不平衡不充分问题在乡村最为突出。这种不平衡不充分主要表现在：在农业方面，农业发展的阶段性供求关系不平衡，供给不足与供过于求并存，同时供给质量亟待提高；在农民方面，农民适应生产力发展的能力以及市场竞争力的不足，农民人力资本建设水平亟须提升。在农村方面，基础设施建设以及基层党建依然存在薄弱环节，乡村整体发展水平有待加强。乡村发展的不平衡一方面有经济社会自身规律的原因，另一方面城乡二元体制在一定程度上也加剧或固化了这种不平衡。因此，在发展中改善民生是解决社会矛盾的必然要求，完善民生保障制度是实现全体人民共同富裕的必要保障。《中华人民共和国乡村振兴促进法》中明确提出，"逐步健全全民覆盖、普惠共享、城乡一体的基本公共服务体系，加快县域城乡融合发展，促进农业高质高效、乡村宜居宜业、农民富裕富足"，也表明国家高度重视城乡一体化、普惠性民生保障制度建设，通过

[①] 许伟.新时代乡村振兴战略实施中"坚持农民主体地位"探研[J].湖北大学学报(哲学社会科学版),2019,46(06):146-153.

立法的形式回应乡村人民对于民生保障的需求，将民生保障建设提高到制度化层面。从以人为本的价值理念出发，围绕实现共同富裕的目标，乡村振兴以产业兴旺、生态宜居、乡风文明、治理有效、生活富裕五大方面为抓手，加大农村各项事业建设力度，实现农村振兴和农业农村现代化建设目标，补齐城乡融合发展的短板，切实破解中国经济社会发展不平衡不充分的现实难题[①]。这是国家坚持以问题为导向，立足于对当前农村情况的深刻研判，认识到乡村振兴战略需要未雨绸缪，坚持改善农村的民生条件，保障基本公共服务供给的均等化，促进人的发展机会实现平等，为长期的共同富裕、实现农业农村现代化的目标做好准备。

三是发挥民生保障制度自身所具备的社会投资性政策优势。民生保障制度作为发展型的社会政策，能够通过其经济产出功能实现与经济发展的相互促进。一方面，民生保障建设是一种生产力。以教育、医疗为内容的社会政策是一种人力资本的投资，而养老和社会保障方面的政策不仅有助于调节收入差距，而且能够促进消费，一定程度上能够拉动经济的发展。另一方面，社会政策与经济是统一体。社会政策作为经济社会发展的重要组成部分，二者是相互协调的。通过推进人力资本、就业、劳动技能等有利于经济长远发展的项目，能够尽可能地消除社会成员参与经济活动的障碍，提升其参与经济建设的能力。当前囿于城乡建设水平依然存在一定的差距，生活在乡村的人口因宏观结构性因素或微观个体性因素缺乏发展的能力和潜力，极易陷入困境。民生保障作为一项制度安排不仅能够优化宏观外部环境，而且能够为农村居民提供发展的平台和机会。在个体层面，民生保障能够着眼于农村居民的基本需求，如保障安全饮水、安全住房、基础教育、医疗和养老保障等；在地区和区域层面，能够通过建设基础设施来优化发展环境，提升农村居民发展的基础能力，还能够通过发展技能培训等社会服务来提升农村居民的人力资本。民生保障制度

---

① 刘合光. 乡村振兴战略的关键点、发展路径与风险规避[J]. 新疆师范大学学报（哲学社会科学版），2018，39(03):25-33.

社会投资性的路径为：第一，增强落后地区人口的解"困"能力和基础发展能力，降低贫困地区的脆弱性，减少区域发展差距，通过提供良好基础设施和广泛公共服务，改善地区社会经济发展环境，为农村居民发展塑造良好的发展平台，为其进一步发展提供可能的空间和机会。第二，民生保障可以直接和积极回应人口和地区的基本需求，能够帮助农村人口改善基本的生存条件；民生保障社会投资路径本身是对农村群体基本生存需求的积极响应，对解决农村群体的基本需求具有直接贡献。第三，民生保障的社会投资路径也属于农村人口能力建设的一部分，有利于增强农村人口的可行能力，积极提高农民的人力资本、经济资本和社会资本，以此为杠杆撬动当地人口的发展能力，为农民群体的未来发展提供机会和可能①。

（二）中国民生保障的体系建设

进入新世纪尤其是党的十九大以来，党和政府明确提出要切实提高保障和改善民生水平，将民生置于创新社会治理的框架下而不只是纯粹的福利事项加以建设，这就要求分析民生体系建设各主体的内在关系以及应扮演的角色，这既是实现国家治理体系现代化的客观需要，也是更好地从乡村振兴中改善和保障民生的必然要求。民生是一个内涵丰富的范畴体系，能够展现民众的生活状态，是中国人民追求美好生活的概念性表达，同时民生也蕴含着国家及社会治理的理念与手段、目标和任务，是国家治理的抓手和载体。因此，中国的民生不只是自下而上的个人生活水准的维持以及生活待遇的获得，也是自上而下的国家治理体系图景的展现，彰显了国家及社会治理的理念、政策及行动②。从体系结构层次上看，民生保障建设主体由自上而下的中央—地方纵向关系结构

---

① 左停，徐加玉，李卓.摆脱贫困之"困"：深度贫困地区基本公共服务减贫路径 [J].南京农业大学学报（社会科学版），2018，18(02):35-44,158.
② 高和荣.论民生的结构与功能 [J].江淮论坛,2019(06):163-167.

以及政府—市场—家庭—社会组织等多元主体的横向关系结构组成，他们是国家治理和个人生活保障功能的有机整合。

1.民生保障体系的纵向结构

从纵向结构来看，民生保障具有垂直的层次，各个层次的民生制度及政策实践承载着不同的任务与功能，体现了不同的民生建设要求，实现着各自的民生事业发展目标。其中中央层面代表中央政府就整个国家的民生体系、民生制度、民生政策以及民生目标进行顶层设计与总体布局，表征着国家对于民众生活状态以及生活水准的积极建构。中国幅员辽阔、人口众多，且多民族聚居，地区发展差异巨大[①]。中国民生的巨大发展的现实证明了中国特色社会主义制度以全国一盘棋和集中力量办大事为重要标志的国家统一行动具有的制度优势。新中国成立初期，在极端困难的情况下掀起的爱国卫生运动、全国扫盲行动，使得中国国民人口综合素质迅速提升；改革开放后，中央采取自下而上的渐进策略，通过设定目标、政策方向来把控国家整体发展方向，在全国范围内施行九年义务教育、建立养老保险和医疗保险制度等确保了民生保障政策的迅速覆盖；2015年中央提出坚决打赢脱贫攻坚战，五年内中国消除了绝对贫困现象，贫困地区面貌发生了翻天覆地的变化，中国顺利步入了全面小康社会，这都是中国特色社会主义制度和国家治理体系采取统一行动的优越性的具体体现，都得益于党中央始终站在时代前沿谋篇布局寻求民族繁荣发展的广阔视角。民生保障政策有其自身制度特点，不但关乎人民最直接的切身利益而且还带有一定的刚性特征，即民生投入的连续性和呈刚性增长的趋势。因此中央政府应基于国家民生建设历史、国家经济发展水平和当前民生供给能力以及民众需求程度进行总体设计，合理引导群众预期，从而实现结构性与建构性的有机统一。反之，如果不立足于国家经济社会发展阶段，忽视国家民生建设和供给能力盲目追求建构高水平的民生保障或过度强调社会结构的制约而忽视人

---

① 郑功成.中国民生保障制度：实践路径与理论逻辑[J].学术界,2019(11):12-25.

民日益增长的对美好生活的向往都不利于一个国家的可持续发展。在中共中央政治局第二十八次集体学习会中习近平总书记强调，"要坚持制度的统一性和规范性，坚持国家顶层设计，增强制度的刚性约束，加强对制度运行的管理监督。"表明中央在顶层设计上坚持实事求是，既尽力而为，又量力而行，把提高民生保障水平建立在经济和财力可持续增长的基础之上，既不脱离实际，也不超越阶段的基本理念。

地方层面是指地方政府在中央总方略的指引下，根据本地的经济社会发展情况以及民生生活的需要而开展的丰富的民生项目。中国幅员辽阔，各地区地理位置以及人口状况、经济社会发展阶段的差异使得政策必须具有适配性才能获得良好的政策效果。各地的民生项目设置以及调整变更要与当地地域性特征相结合，注重立足于当地的实际情况形成具有地方特色的民生项目。如改革开放以后特别是本世纪以来，为积极应对人口老龄化乃至人口高龄化的挑战，各地都将加强老年照料事业的建设提上了日程，但至于是否设立长照保险、如何设置长照保险费用投入及待遇获得等，各地做法大不相同，原因就在于作为一项地方性的民生项目的制定与实施要依赖于本地条件与禀赋。如南阳市针对农村无自理能力或半自理能力人员、80岁以上独居分散特困供养人员、其他需要集中兜底人员等"三类"重点人员，聚焦特困供养人员、重度残疾人员、重症慢性病人员、失能半失能人员、孤儿、孤寡老人等"六类"人员，因人而异，在村、乡镇、县和市四个层级，探索实施村级幸福大院集中托管、乡镇敬老院集中供养、社会福利机构集中托养、医疗机构"医养"结合集中康复等为主的"四集中"，从根本上解决建档立卡特殊贫困群体面临的生活难、自理难、照料难、护理难、医疗难等问题。同时我们也应该看到，地方政策的多样性也带来了社会政策领域的分层和不平等现象。例如，作为农村公共产品的低保制度以及配套政策，其"兜底功能"在再分配领域中所发挥的作用越来越显著，然而低保待遇水平在地区间也存在着显著的差异，有研究结果表明，东部地区的低保待遇水平最高，其次是东北以及中部省份，最后是西北部的部分省份。低保待遇发展水平的不平衡状况一方面与当地的经济发展水平有正相关关系，另一方面还受诸如政治、文化等对资源分配的影响。因此，各地政策的差异性也要控制在合理的范围之内，努力缩小地区待遇水平之间的差异，协调区域之间的经济和社会发展，逐步实现共同富裕。

2.民生保障体系的横向结构

从横向结构来看，作为一项涉及服务供给的社会制度，民生保障体系主要取决于各供给主体体系构成以及各主体间如何协同合作以有效提供经济福利的制度安排。民生保障的横向结构中主要分析处于平行关系中的各主体之间的结构关系，如政府、市场、家庭以及社会组织，民生服务通过这四个主体传送到需要帮助的公民当中；另一方面，这四个主体嵌入到福利国家市场的公共和私人领域[①]。在基本民生建设领域，首要的责任主体是政府。要解决好民生问题，关键还是在政府。政府在民生领域内不是要包办一切，而是要起到主导作用。具体而言，政府的责任第一必须守住民生底线。通过完善低保、大病救助等制度，兜住特困群体的基本生活，解除民众的生存之忧。提高市场的服务水平，保障服务水平和服务质量。第二要保障基本民生。通过发展义务教育、积极促进就业、调节收入分配、提供社会保障、确保基本医疗卫生等，实现全体国民幼有所育、学有所教、劳有所得、老有所养、病有所医、住有所居、弱有所扶。第三要致力于完善社会主义市场经济体制，塑造有序、公平、法治的市场环境，减少政府对市场经济活动的直接干预，加强对市场行为的监管，约束政府市场行为，明确特定行政部门的监管职责，维护市场秩序，塑造公平的市场竞争环境[②]。第四要提供民生预期。当前社会中存在一定的焦虑情绪，部分人陷入一种"紧状态"，其中重要原因是对未来缺乏稳定安全预期。政府应致力

---

① [美]尼尔·吉尔伯特，保罗·特雷尔.社会福利政策导论[M].黄晨熹，等译.上海：华东理工大学出版社，2003：79.
② 杨渊浩.民生建设的市场化改革探析——以政府与市场关系为研究视角[J].行政论坛,2014(01):23-27.

于民生建设的重要目标就是要为民众提供清晰而稳定的安全预期。

在民生建设领域，单纯依靠公共资源的投入，而忽视对社会资源的调动和对市场资源的利用会影响民生保障制度运行的效率，因此需要通过调整公共资源投入方式来调动各方资源对民生的投入。民生保障制度不是孤立存在的，也不是抽象的，它与市场、文化、生态环境交互作用，在市场领域中存在着非市场社会关系。社会服务具有公共资源特性，这类资源的配置上无论是政府还是市场都会存在缺陷[①]。单位制时期的职工福利是国家通过企业的途径实现社会福利分配，实践结果证明了这种供给方式的低水平和低效率，并为企业和政府带来了沉重负担。社会服务是关系到社会稳定和社会公正的资源配置方式，政府作为主要供给主体能够保障社会服务的福利性质和公正性，市场作为一种灵活机制有利于社会服务供给模式的创新。立足于中国国情，未来的民生保障制度应遵循公平与共享的原则，政府要统筹社会资源，调动社会资源，同时合理利用社会资源，提高市场的服务水平，保障服务水平和服务质量，推动政府和市场关系的良性发展。

中国传统思想的核心是家本位，家庭成员成长各个阶段所需的社会服务主要由家庭单元来承担。随着社会变迁和家庭结构的改变，家庭规模缩小，社会服务功能发生变化，社会服务资源开始在家庭之外获得，政府、市场和社区成为除家庭之外重要的福利供给的组织条件和机制。在社会服务资源配置过程中政府正式制度与非正式制度之间的关系既协调互补，也相互制约。正式制度从社会整体运行的角度调配社会资源在各个群体间的合理配置，非正式制度能够从社会群体的个性化特征入手，满足其特殊社会需要。政府既要着眼于社会总体目标定位社会福利和服务政策，同时也兼顾社会服务的优先发展顺序，社区和邻里等非正式关系则为社会成员提供直接服务和照顾。目前中国已经进行了系统的、创新性的、前瞻性的探索尝试，如脱贫攻坚期间基于"工作换福利"

---

① 张笑会. 福利多元主义视角下的社会服务供给主体探析 [J]. 理论月刊, 2013, (05):146-149.

思想的公益性岗位扶贫，通过激发农民主体性，保护其参与权、决策权和发展权，不仅有效解决了贫困治理中的福利依赖和负向激励问题，而且促进了贫困个体收入增长、社区融入和能力提升，有效助推脱贫攻坚的同时也使得乡村治理获得显著改善[①]。然而当前中国民生保障供给体系依然存在一些问题，具体表现在：第一，政府提供的服务性保障不足，水平不高。服务性保障的供给是衡量一个国家社会福利水平的重要指标，而当前政府提供的民生保障中经济补偿型民生保障占有绝对比重，服务性保障缺乏。第二，社会服务市场发育不健全，地区发展不均衡。第三，家庭结构的变迁以及市场就业压力的增大导致家庭保障逐渐缺位。第四，城乡社区服务能力存在差距并且社区主体缺乏自主性。当前中国社区服务中心作为基本的福利服务提供机构，提供的服务有面向老年人、残疾人等弱势群体的民生保障服务，也有面向全体居民的便民利民服务，但是当前城市和农村基本社区服务水平差距依然较大，农村社区服务体系不完善，服务人员缺乏且项目设置较为单一。同时社区行政化趋势日益严重，社区服务在满足其他需求方面投入依然不足，且由于缺乏专业性的社会组织参与，社区服务专业性和发展空间还有待提升与拓展。未来应积极发挥农村基层组织社会管理和社会服务的作用，充分发挥社区独特优势和能动性，整合有利社会资源，为农村居民提供经济资助、生活照料、日间照顾、家政服务、情感慰藉、心理辅导、娱乐休闲、医疗卫生及文化教育等全方位的服务，尤其是社区的养老服务和社区儿童照顾服务。

（三）"七有"民生保障的主要内容

十九大报告指出，坚持在发展中保障和改善民生。在幼有所育、学有所教、劳有所得、病有所医、老有所养、住有所居、弱有所扶上不断取得新进

[①] 左停，王琳瑛，旷宗仁. 工作换福利与贫困社区治理：公益性岗位扶贫的双重效应——以秦巴山区一个行动研究项目为例[J]. 贵州财经大学学报，2018(03):85-92.

展。民生建设的"七有"目标的提出是基于民生建设与人的生命历程关系规律的科学认识和深刻把握,也是随着社会主要矛盾的转变,民生制度范畴的进一步拓展。这七个方面基本覆盖了个体的生命历程,是民生保障事业的主要内容,也是乡村振兴保障农民生活、实现城乡基本公共服务均等化的重要抓手。生命历程是指一种有秩序的人生,包含社会所定义的事件和角色,同时这些事件和角色会强化或受制于特定的社会和经济背景[①]。当个体的生命历程被宏观的制度结构所形塑时,那么个体的生命历程就不再个人化,而具有集体化的制度化趋向。乡村振兴战略的提出是为解决农业农村农民问题作出的一项制度化安排,落实"七有"政策能够通过将农民生命历程制度化来保障个体生命历程中生命轨迹的有效规划以及阶段转变的平稳过渡,通过构建完善的政策制度环境来引导农民做出有益于未来发展的关键抉择,减少个体可能存在的短视行为以及社会风险对家庭带来的冲击,保障农村居民应有的社会公民权利,更好地实现共同富裕。

生命抚育阶段是个体生命历程的初始阶段,是在遵循生命历程发展规律基础上建构生命历程体制的基石。"幼有所育"关注幼儿生活和教育情况,针对的是学龄前儿童(0—6岁)的抚育(保育和教育)问题。儿童保育和学前教育作为个体持续发展、实现起点公平的关键一环,也是实现乡村振兴的基础性工程。农村儿童的发展不仅影响其个人和家庭,对乡村发展和国家未来发展也有着深远的影响。根据罗斯高教授历时两年针对陕西、河北、云南三地农村婴幼儿进行的贝利婴幼儿能力发展测试结果,三地农村婴幼儿认知或语言发展滞后比例分别达到53%、43%、60%,在中国城市和一些富裕农村,这一比例仅为15%左右。一些贫困农村地区婴幼儿早期发展不足,亟待引起社会重视[②]。同时

[①] 李迎生,刘庆帅.生命历程理论视野下我国社会政策的创新发展——围绕民生建设"七有"目标的分析[J].江苏行政学院学报,2021(01):61-71.
[②] 罗斯高.农村儿童的发展怎样影响未来中国[EB/OL].https://www.sohu.com/a/192832894_299738,2017-9-18.

随着市场的转型深化,社会、人口和家庭结构也在变迁,少子化、老龄化趋势导致家庭照顾资源持续减少。近年来,党和政府陆续出台了《国务院关于当前发展学前教育的若干意见》《国家中长期教育改革和发展规划纲要(2010–2020年)》等政策,推动完善了幼儿教育和照料政策体系,但"入园难"和"入园贵"的问题在一定程度上仍然存在,学前教育普惠性资源短缺。未来发展婴幼儿照护服务的重点是进一步推进普惠性学前教育,并对确有照护困难的家庭或婴幼儿提供必要的服务,持续推进供给侧结构性改革,建立完善促进婴幼儿照护服务发展的政策法规体系、标准规范体系和服务供给体系,多种形式开展托育服务。

教育公平是人发展起点的公平,也是社会公平的基础。保障每个农村孩子接受教育不仅是其个人获得发展的基本前提,也是全面建成小康社会前阻断贫困代际传递、促进社会发展最有效的手段之一。"学有所教"就是全面贯彻教育优先的政策方针,落实立德树人根本任务,优先发展教育,推进城乡义务教育均衡发展,促进教育公平。近年来,国家先后实施了九年义务教育制度、"两免一补"政策,赋予所有适龄儿童接受义务教育的权利。通过实施系列重大工程项目,农村办学条件也有了很大改善。党的十八大以来,以保障教育投入为起点和标志,一个横跨东中西部、覆盖各级各类教育的教育优先发展政策体系正逐步完善,建立起了以政府为主导、学校和社会积极参与的覆盖学前教育至研究生教育的学生资助政策体系。然而教育作为实现人力资本质量提升的关键环节,应逐步从基本保障型的政策体系向应对发展促进型的政策体系转变,逐步拓宽义务教育年限,增加优质教育服务供给,建设更加具有包容性的农村教育体系,积极促进能覆盖城乡的基本公共教育服务体系的建立健全,实现基本公共教育服务均等化、城乡一体化,完善职业教育和培训体系,深化产教融合、校企合作,促进农村适龄学生适应社会变迁、防范化解风险能力的形成。

中青年发展阶段是社会成员社会化的成熟阶段,也是生命历程体制建构最为关键的阶段。"劳有所得"正是旨在为个体提供生存与发展的物质基础的一项制度安排。在现代社会结构和生存制度下，工作成为塑造个体生命历程的重要社会制度，也是实现乡村振兴最为有力的手段。从"劳有所得"来看，"劳"即为劳动、就业，而"得"涉及的是收入分配的问题。"劳有所得"的前提是实现就业，其最终目的是实现合理收入分配，充分体现社会公平进而实现共同富裕。就业作为民生之本，是农村家庭摆脱贫困，实现生活富裕的重要因素。十八大以来，党和国家出台了一系列拓展农村就业空间、加强农民工就业保障的政策措施，破解劳动力流动的体制机制障碍。2019年全年城镇新增就业1352万人，连续七年保持在1300万人以上，农民工总量持续增加达到2.91亿人。生活富裕是乡村振兴的出发点和落脚点，促进农村劳动力就业是全面推进乡村振兴的核心内容和关键措施，要多措并举建立农村劳动力稳定就业的长效机制，实现充分就业。加强不同地区之间的劳务协作，提高就业质量和就业稳定性。应该把农村劳动力转移就业放在突出位置，加快完善城乡一体化的就业政策体系。打破户籍和来源地的限制，坚持城乡就业政策统一和就业机会均等的原则，增强劳动力资源的配置效率，完善城乡一体化的社会保障体系。同时要注意再分配的公平，逐渐缩小收入分配差距；持续扩大社会保险参保人员规模，不断减少工伤、失业等风险，不断提升就业社会政策体系化水平[①]。

"住有所居"的实现是保障个人与家庭生存与发展的物质空间，"住有所居"及住房保障制度写入党的十九大报告中，体现了党和国家已经将住房问题纳入社会政策体系范畴之中，住房保障成为民生领域的重点攻坚领域。乡村振兴战略下，"住有所居"具体体现在危房改造、易地扶贫搬迁以及生态宜居三个方面。危房改造是保障农村居民住房安全的底线任务，作为针对农村困难群体实施的一项惠民政策，也是解决"两不愁、三保障"，打赢脱贫攻坚战的重要内容。易地扶贫搬迁不仅是一项人口布局与资源要素配置、社会公共服务重

---

① 左停.促进农村劳动力充分就业 全面推进乡村振兴[N].中国劳动保障报,2021-05-19(003).

新调整的系统工程，也是一项社区再造和城镇化提升工程。不仅涉及安置住房、基础设施和公共服务建设，也涉及搬迁群众就业、社区适应、文化传承等方面；同时对地方经济发展、新型城镇化、生态文明建设、人口布局等影响深远。乡村是自然系统与社会系统相互交织的复杂统一体，蕴藏着独特的生产、生活、生态和文化价值。生态宜居是对"住有所居"的进一步提升，是后小康时代乡村居民的住有所居需求从"有住的"到"住得好"的转变。乡村建设涉及的内容并不局限于乡村生态环境和人居环境的改善的生态文明建设，还涉及产业发展、政治生态、社会治理、文化建设、公共服务等方面。今后应继续坚持以人民为中心推动农村人居环境的深层变革，坚守农民主体地位，尊重农民现实诉求，发挥农民能动作用。进一步加强政策的适切性，要先行做好民意调查，主动问计于民，综合考量村民的生活生产习惯、卫生习惯、经济状况等因素，因地制宜、因户制宜地推动工作。

社会风险管理是衡量一个国家或地区社会保障体系最为直观的制度化体现。"病有所医"回应的就是个体生活中面临的最大的风险因素——疾病，这也是最基础的民生问题之一。健康风险不仅会使个人精神和身体遭受痛苦，劳动能力受到损失更易使整个家庭陷入困境，目前中国农村已逐步建立了新型合作医疗制度、大病救助制度，同时基层医疗服务水平不断提升，县域内探索形成以县级医院为龙头、乡镇卫生院为枢纽和村卫生室为基础的三级联动的县域医疗服务体系。然而当前"看病难""看病贵"仍是农村社会难题，解决广大人民群众对医疗卫生健康日益增长的需求和当前医疗服务以及资源供给的不平衡、不充分问题仍是改善农村民生保障的主要着力点。十九届四中全会要求强化提高人民健康水平的制度保障，为实现"病有所医"提出了更高的制度性要求，健全基本医疗保险、基本医疗卫生制度、重特大疾病医疗保险和救助制度为广大人民群众享有公平可及、系统连续的健康服务提供坚实的制度化保障。首先要通过进一步深化医药卫生体制改革和多种形式的医疗联合体新机制，来推动资源下沉以及医疗服务优势资源对困难地区的辐射和带动。其次，继续加大民生保障力度，扩大家庭医生的签约服务范围，特别是要对贫困人口实现家庭医生签约服务全覆盖，对困难家庭、慢性病家庭、有老人家庭要重点覆盖。再次，加大健康救助力度，扩大集中救治的病种，对于深度困难地区，要采取更加有针对性的措施，解决好因病致贫、因病返贫问题。

"弱有所扶"的重点是对社会各类弱势群体的生存需求进行兜底，并提供相应的发展性支持来使其摆脱困境，涉及扶助贫困、社会救助、公共服务、防灾减灾等诸多方面。"弱有所扶"体现了一个国家对公民权利的保障程度，也体现了一个国家的文明程度。首先，实现"弱有所扶"必须强调社会政策的兜底保障作用，充分体现社会政策要托底的政策功能性安排。当前针对农村困难群体实施了特困人员供养、农村低保制度等政策，并且农村最低生活保障制度与乡村振兴政策也逐步进行有效衔接。农村留守儿童和妇女、老年人关爱服务体系也逐步完善，以困难残疾人生活补贴和重度残疾人护理补贴为主的残疾人帮扶制度也日益健全，这些都为农村弱势群体以及困难群体发挥了政策托底的作用。同时，脱贫攻坚战不仅完成了全面建成小康社会的战略性任务，同时也是实现"弱有所扶"的推进重点。当前中国农村贫困人口全部脱贫、贫困县全部摘帽，绝对贫困已经消除，区域性整体贫困得到解决。这得益于围绕精准扶贫、精准脱贫基本方略逐渐构成的政府、市场、社会大扶贫格局，得益于三方形成合力实现区域化、地区化的"弱有所扶"。"弱有所扶"的重点在于扶"弱"，但"弱"是一个相对概念，在中国政策体系中，"弱"的重点是保障特定人群和困难群体的基本生存权与平等参与社会发展的权利，涉及最低生活保障、特困人员救助供养、困境儿童保障、农村留守儿童关爱保护等多个方面，因此在过去多年的发展中分别形成了各自具有针对性、专门性的政策群。然而当前碎片化的政策举措已经无法适应新时代乡村建设的总体性要求，因此一方面既要建立整合式的社会政策体系，突出强调整体政策安排和制度设计，增强不同政策之间的衔接；另一方面"弱"作为一个相对概念，相当部分脱贫人口的脆弱性本质并不会立刻产生变化，他们作为收入较低的社会群体的格局短期内也不会根本改变，相对贫困和发展不平衡问题也会长期存在，因此要探索建立"弱有所扶"长效机制，适度拓展民生保障和服务的范围，同时完善和创新救助和帮扶的内容，除"济贫"性质的现金和实物救助外，还要把"解困"性质的社会服务和社会基础设施建设作为未来民政工作的重点。要加强和创新基层公共社会服务机构和网点建设，推进民政保障服务站点（人员）行政村级制度性覆盖，切实提升群众获得感[①]。

  作为生命历程的收尾阶段，"老有所养"的功能性作用不仅在于为已经退出劳动市场的老年群体能够安全平稳地度过晚年提供保障，同时也是为生命历程中间中青年群体提供积极的、可期待的未来保障。然而当前老龄化作为全球性的难题，中国庞大的人口基数使得中国老龄问题尤为突出。"七普"数据显示2020年全国老龄化程度是18.7%，而乡村的比例是23.81%；乡村老龄化程度明显高于城镇，并且差距有增大的趋势，从相关标准来看，中国的乡村已经进入超老龄社会。一般来说，老有所养，就是要满足老年人衣食住行的需要，为老年人继续生存下去提供物质保障。党的十八大以来，党和国家高度重视"老有所养"制度体系建设，中国的养老保险覆盖范围不断扩大，养老保险制度从城镇扩大到乡村，建立起统一的城乡居民养老保险制度，养老事业取得了令人瞩目的成就。党的十九大报告提出："积极应对人口老龄化，构建养老、孝老、敬老政策体系和社会环境，推进医养结合，加快老龄事业和产业发展。"这表明"老有所养"早已成为社会关注的焦点。目前中国老年人法规政策体系初步建立，老年人福利补贴制度基本建立，养老服务体系基本成型，养老服务政府资金投入持续增加。然而，在城镇化持续推进、农村劳动力外流的大背景下，老年人生计以及照护问题面临严峻的挑战。下一步应着力确保完善农村基本养老保险制度，建立农村基本养老保险待遇确

---

① 左停. 聚焦特殊困难群体 巩固脱贫攻坚成果 [N]. 中国社会报，2019-06-06(004).

定和基础养老金标准正常调整机制，逐步提高农村养老保障待遇水平。构建多层次农村养老保障体系，创新多元化照料服务模式。

（四）本书重点内容与章节安排

健全的民生保障制度是现代国家实现长治久安的关键举措，虽然各国在推进民生保障政策实践中具体举措各异，但总体而言均实施针对弱势群体的特惠性兜底保障和面向大众的普惠性政策，在此基础上通过强化基本公共服务、完善社区互助提升民生保障水平。乡村振兴推进过程中，民生保障不仅限于经济维度，而是与其他维度都有机契合，如政治民生对应治理有效，经济民生对应产业兴旺，生态民生对应生态宜居，文化民生对应乡风文明、社会民生对应生活富裕。由此，落实民生保障将与推进乡村振兴实现同频共振、协同互促。本书以在推进乡村振兴战略中增进民生福祉为出发点，围绕乡村振兴"七有"目标谋划民生保障体系。本书相关章节安排如下：第一章是全书的概括统领；第二、三、四章讨论基本民生保障的内容；第五、六章讨论基本民生保障的主要路径；第七章是发展性展望。

第二章，中国乡村民生保障中普惠性社会事业的探索与发展。普惠性社会事业，覆盖所有乡村居民，是民生保障的基本面。基于公众普遍认可的社会公平和平等的价值目标所实施的普惠性政策，不仅能够有效满足社会成员的基本生活需要，为社会大众提供基础性保障，还能够无差别面向全民并覆盖弱势群体以避免福利排斥和污名化。普惠性民生政策无须严格的对象筛查机制，能节省大量行政成本与制度运行成本，有助于提升政策及时性与回应性，切实满足社会需要。同时，随着生产力发展与经济水平的提升，普惠性民生保障保"基本"的内涵向纵深拓展，普惠性民生政策将满足更多发展性需求，实现人的全面发展。

第三章，中国针对特殊困难群体的兜底性民生保障。兜底性的民生保障政策是民生保障的基础。由于先天禀赋不足或后天竞争失败等原因，处于社会底层的弱势群体往往难以依靠自身力量维持生计，特惠性的兜底政策将为其提供安全网以避免陷入贫困。兜底性保障政策瞄准特殊困难人群，通过严格的筛查与审核机制避免社会资源的浪费与稀释，同时富有针对性的政策又能为弱势群体提供适切性帮扶方案提升资源利用效率。兜底性民生政策既包括常态性、制度化的救助制度，也涵盖及时性、周期化的临时救助，其政策的灵活性和适应性特点，无论是对处于生命历程中弱势地位的老人与儿童，还是因意外事故造成生计难以维持的普通民众以及残障人士，均能提供差异化与及时性帮扶，切实提升国民生活安全感与幸福感。

第四章，中国保障民生的住有所居、生态宜居家园建设。生态宜居的美丽乡村是民生保障的目标。生态宜居的民生福祉表现为乡村自然生态与人文生态共生共融的和谐发展关系，不仅关系到生态环境和人居环境，还涉及产业发展、政治生态、社会治理、文化建设、公共服务等方面。基于生态保护和民生保障协调发展的视角，总结试点经验，积极推广成功模式和有效的管理体制机制，从而更好地促进农业全面升级、农村全面进步、农民全面发展，建设宜业宜居和美家园。

第五章，中国保障民生的乡村基本公共服务。均等化的基本公共服务是民生保障的关键。基本公共服务内容涵盖公民从出生、成长与养老乃至死亡各阶段，涉及衣食住行、科教文卫各领域，且随着社会的发展不断演变完善。通过完善农村基础设施，营造良好的投资环境，改善地区社会经济发展环境，补齐基本公共服务短板。加大基本公共服务投入力度，推动城乡均等享有和协调发展，实现地区公共服务均等化。加快义务教育均衡发展，积极发展中等职业教育。健全覆盖城乡居民的基本医疗卫生制度，提升基层医疗卫生服务能力，扩大基本公共服务有效供给，提高服务质量和水平，建立健全相关配套支持政策，为全人群提供更可及、更便利的基本公共服务，推动乡村实现长足发展，提升全人群整体福利水平。

第六章，中国乡村社区民生互助保障。多层次的社区互助是民生保障的抓手。在"现代性"的裹挟和冲击下，农村"集体化"的社会保障形式被迫瓦解，家庭保障和土地保障的功能被削弱，而对于国家政策难以涉及或作用发挥不足的领域，多层次的社会互助将成为重要补充。社区互助既避免单一家庭内部的风险集聚又有利于弥合国家政策短板，通过壮大集体经济、培养社区文化、强化社会支持网络，提升社区内部风险防范能力与互助共济效能，实现多层次民生保障。

第七章，民生保障：中国乡村振兴战略的出发点和落脚点。民生保障的实现不仅需要普惠性政策、兜底性政策、较高质量的就业、基本公共服务以及社区互助的相互配合，也需要顶层设计与微观实践的协同作用。具体而言，明确国家、市场、社区、家庭和个人在民生福利生产供给中的责任关系，建立国家主导的"有为政府"与"有效市场"相结合的民生福祉保障体系。中国式现代化的提出对民生保障的发展提出了更高的要求，乡村民生福祉是中国现代化建设的短板，应将乡村广大群众最关心、最直接、最现实的民生诉求，纳入民生保障制度设计之中，也将民生建设纳入到乡村振兴战略中，建设"以人民为中心"的民生保障体系，在全面推进乡村振兴和高质量发展中保障和改善民生。

第二章

中国乡村民生保障中普惠性社会事业的探索与发展

普惠性社会事业是当代各国民生建设体系中的重要和基本方面。党的十九届四中全会决定指出"加强普惠性、基础性、兜底性民生建设",为中国在全面建成小康社会条件下的民生建设指明了方向,并由此提出了加强普惠性民生建设的任务目标[①]。立足于保障绝大多数人口基本生活需要的基本民生保障不仅是社会成员的共同期待,而且是最为基本的民生保障制度类型,体现了国家积极的治国安邦理念和责任[②],也是保障维护全体公民权利的最佳途径。十九大以来,为解决伴随现代化和城镇化带来的城乡发展不平衡不充分的问题,党和国家提出实施乡村振兴战略,统筹推进农业农村现代化发展,发展基本民生保障成为促进乡村振兴的重要抓手和战略支撑。基本民生保障建设立足于"以人民为中心"的发展理念,传统意义上的普惠性民生保障的目标旨在维持个人和家庭正常生活和运行的基本条件,随着经济社会发展水平的提高,普惠性民生保障更加着眼于健全面向全社会的民生保障制度,大力推动增进更广大群众民生福祉的保障项目,包括教育保障(尤其是义务教育保障)、基本公共卫生保障、养老服务保障,以及抚育、托幼等领域的社会福利项目,为社会发展提供长远投资保障。本章共分为四个部分,分别从教育、卫生医疗、养老以及儿童

---

① 关信平. 全面建成小康社会条件下我国普惠性民生建设的方向与重点 [J]. 经济社会体制比较,2020(05):8-15.
② 高和荣. 论基本型民生 [J]. 中国高校社会科学,2021 (02):68-75,158.

福利事业四个方面梳理农村普惠性民生保障的发展历程以及取得的成就，在总结现有经验基础上进一步讨论问题与挑战，并探讨未来中国乡村普惠性民生保障的发展方向。

一、乡村义务教育保障

（一）中国农村教育事业发展历程

1949年新中国成立后，党和政府就把发展教育事业摆在突出位置。1949年9月颁布的《中国人民政治协商会议共同纲领》中提出，"中华人民共和国的文化教育为新民主主义的，即民族的、科学的、大众的文化教育"，赋予了农民及其子女平等接受教育的机会，拉开了农村教育发展的序幕。在中国第一次全国教育工作会议上确定了"坚持教育为工农服务，为生产建设服务"的新民主主义教育的方针。在此阶段教育工作的重点是教育的普及，工作发展的方向是为工农服务。新中国前三十年，中国探索建立了与计划经济相适应的国家福利教育体系，以低成本的教育投入使中国国民受教育水平迅速提高，为社会主义建设奠定了坚实的基础。

改革开放后，伴随着社会主义市场经济的不断发展，中国农村教育制度也发生了深刻的变革。1982年12月颁布的《中华人民共和国宪法》明确提出了"普及初等义务教育"的目标，掀开了中国农村教育事业改革的大幕。1985年5月，中共中央颁布《关于教育体制改革的决定》，明确提出"有步骤地实行九年制义务教育"，加快了中国农村教育体制改革的步伐。1986年颁布的《中华人民共和国义务教育法》（以下简称《义务教育法》）标志着中国通过立法正式确立了普及义务教育的制度，并明确规定了小学和初中阶段的教育均属于义务教育，从而实质性地提高了对国民教育程度的要求。1995年6月，国家教委印发《关于深入推进农村教育综合改革的意见》，明确提出"继续调整农村教育结构,坚持'三教统筹',在切实保证'两基'重中之重地位的同时,大力发展职业教育和成人教育"的农村教育发展方略。在这一时期随着教育外部环境的变化,中国农村教育获得了更多改革发展的空间,有效激发了农村教育教学改革的积极性和主动性。

新世纪以来中国农村教育实现了由"农村教育农民办"到"农村教育政府办"的根本性转变。2000年,中国基本实现了"基本普及九年义务教育"和"基本扫除青壮年文盲"的目标。2003年9月,国务院发布《关于进一步加强农村教育工作的决定》,重点突出了农村教育的改革目的、改革内容、改革方向、经费保障、队伍建设等,是新世纪推进农村教育工作的纲领性文件。2006年中国修订了《义务教育法》,在农村贫困地区实施了义务教育"两免一补"资助补贴政策,从经济角度为义务教育提供了保障。在这一时期,通过实施系列重大工程项目,农村办学条件有了很大改善;通过师范生免费教育政策、农村义务教育阶段学校教师特设岗位计划、中小学教师国家级培训计划、边远艰苦地区农村学校教师周转宿舍建设项目等,农村教师专业素质和地位待遇显著提高。

党的十八大以后,中国按照城乡一体化和均衡发展的要求,继续巩固提高农村教育发展水平。脱贫攻坚中,把"义务教育有保障"列为脱贫攻坚的关键指标之一。2017年10月,党的十九大报告强调:推动城乡义务教育一体化发展,高度重视农村义务教育,办好学前教育、特殊教育和网络教育,普及高中阶段教育,努力让每个孩子都能享有公平而有质量的教育。在中国共产党高度重视农村教育发展并实行教育优先发展战略的理念下,中国农村教育发展取得了历史性成就,实现了教育资源的普惠均衡,逐渐走向大众化。

(二)中国农村教育事业发展成就与经验

中国农村教育在近70年特别是近40年取得了巨大成就,也经历了艰苦曲折的探索。新中国成立以来,中国共产党始终将教育摆在优先发展的位置,着眼于农村教育的实际，从解决文盲问题，实施"两种教育制度、两种劳动制度"，普及农村小学教育，到着眼于农村基础教育、职业教育和成人教育的"三教统筹"，再到立足中国人口多、底子薄的基本国情，致力于"教育兴国""科技兴农"，提升了农村教育直接服务"三农"以及国家经济建设的能力。由此中国农村教育发生了显著的变化：一是中国的文盲率得到显著降低；二是"三教统筹"的推进提高了教育质量和办学效益；三是"农科教结合"的推进，使农业发展和农村经济建设转移到依靠科技进步和提高劳动者素质的轨道上来，有效解决了教育发展服务经济建设的问题。2019年，中国学前教育毛入园率达到83.4%，小学学龄儿童净入学率达到99.94%，初中阶段毛入学率102.6%，高中阶段毛入学率89.5%，高等教育毛入学率达到51.6%[1]。在党的领导下，中国农村教育发展有了一以贯之的政策保障与政策支持，形成一条自上而下的不断探索具有时代特征、中国特色、符合不同地方实际的农村教育改革发展路子。

1. 坚持教育优先发展的时代主题

农村教育始终是服务于农村、农民、农业的教育，优先发展农村教育事业是乡村振兴战略的重要内容。[2]新中国成立以来，中国始终把农村教育摆在国家发展的重要位置，始终坚持"以改革促发展，以发展推改革"的方针，把"办好人民满意的教育"作为改善民生工作的出发点和落脚点，着力优化教育体制机制，为农村教育改革发展注入了强大的活力。同时国家始终将教育政策的制度与时代主题相联系。新中国成立初期，中国国民文化水平整体低下，党和政府根据国情提出"普及小学教育"的目标；改革开放以来"教育优先发展"的方针始终被一以贯之，党的十四大提出把教育摆在优先发展的战略地位，党的十六大指出教育是发展科学技术和培养人才的基础，在现代化建设中

---

[1] 中华人民共和国教育部.2019年全国教育事业发展统计公报[EB/OL].http://www.moe.gov.cn/jyb_sjzl/sjzl_fztjgb/202005/t20200520_456751.html, 2020-05-20.

[2] 秦玉友,曾文婧.新时代我国农村教育主要矛盾与战略抉择[J].中国教育学刊,2018(08):47-53.

具有先导性全局性作用，必须摆在优先发展的战略地位；十九大进一步指出必须把教育事业放在优先位置，深化教育改革，加快教育现代化。可见教育作为国民素质提升的关键始终被纳入国家发展战略的重要位置。同时，党的十八大以来，促进城乡教育公平均衡的改革措施得到更深层次的贯彻落实。从2013年提出进一步促进教育公平到2018年提出发展公平而有质量的教育，对教育公平的关注使得"教育优先发展"有了更加丰富的内涵，农村教育供给不断扩大，教育的公益性、普惠性不断增强[1]，不让一个学生因家庭经济困难而失学，使广大农村地区孩子能够接受公平而有质量的教育，体现国家对农村教育的高度重视，为全面建成小康社会夯实根基。

2.坚持城乡一体化教育政策导向

中华人民共和国成立以来，由于户籍制度和经济社会制度造成城乡二元分立，城乡社会公共服务和教育发展水平一直存在差距。改革开放以后，虽然农村教育受到重视，但农村各级各类教育的发展与城市相比仍有较大差距。在此背景下，缩小城乡教育差距成为共识性的命题[2]。新世纪以来，在城乡一体化发展理念的引领下，促进城乡教育协调发展成为主要的教育政策议题。2010年颁布的《国家中长期教育改革和发展规划纲要（2010—2020年）》提出建立城乡一体化的义务教育发展机制，强调合理配置教育资源，要求教育资源向农村地区倾斜，加快缩小城乡教育差距，明确了政府在缩小城乡教育差距中的主要责任。"十三五"期间，中国义务教育发展工作围绕"补短板"和"优化教育资源配置"进行，全国中小学无论是校舍面积、教学设施还是师资配备，都有了较大的改善。截至2019年，共有2767个县（市、区）通过全国教育基本均

---

[1] 李松.新中国成立70年我国农村教育：经验、问题与对策[J].河北师范大学学报(教育科学版)，2019，21(04):46-53.
[2] 转型期中国重大教育政策案例研究课题组.缩小差距：中国教育政策的重大命题[M].北京：人民教育出版社，2005.

衡验收，占全国总数的95.32%[①]。这表明以农村为主体的义务教育实现均衡发展，同时乡村教师生活补助已全面覆盖集中连片特困区县，基层教师的生活得到了进一步的保障，尤其是在贫困地区，教师的生活得到保障；办学条件达到20条底线要求的义务教育学校占比99.76%，为接下来农村教育迈向优质均衡打下了良好的基础。

（三）农村教育发展问题与挑战

1.农村地区的教育资源存在系统性差距

中国教育经费的投入呈现城乡差异和地区差异。城乡居民生活条件的差异是中国二元社会结构的特征，也是城乡居民教育机会不均等的最严重表现[②]。有研究表明：直辖市市区的学校获得的教育经费最高，其次是直辖市县，再次是一般市区，一般农村县最低[③]。教育资源分配不公，城乡之间、地区之间教育资源差异明显是限制目前中国农村教育发展的重要因素。政府公共政策的不同取向或偏差，往往会加剧现实中的教育不公平。城市和发达地区集中了大多数优质教育资源，而农村和边远地区则相对稀缺。教育起点的不公平常常导致教育结果的不公平。在一些边远地区各教育阶段的资源不足、经费短缺等问题依然存在，区域性教育财政投入差异导致寄宿学校办学条件落后、教育基础设施薄弱，偏远地区的教师待遇较低、教师队伍流动性较大，农村教育资源与城市的系统性差距仍是教育现代化发展过程中的薄弱环节。

2.义务教育发展水平难以适应时代要求

义务教育制度是现代教育制度的重要组成部分，逐步延长义务教育年限是

---

① 中华人民共和国教育部.2019年全国义务教育均衡发展督导评估工作报告[EB/OL].http://www.moe.gov.cn/fbh/live/2020/51997/sfcl/202005/t20200519_456057.html，2020-5-19.

② 刘尧.中国教育不公平现象归因分析[EB/OL].http://www.edu.cn/edu/zong_he/zong_he/200603/t 20060323_26846.shtml,2002-05-10.

③ 2006年世界发展报告：公平与发展[R].北京：清华大学出版社,2006:12.

世界教育发展的一个主要趋势。目前，发达国家大多已实现了由九年制义务教育向十二年制延伸的历史性转变，大大增加了全社会公民的平均受教育年限，提高了国家的人类发展指数（HDI）[①]。面对"教育强国""人才强国"的时代命题和人民群众对"更好的教育"的期盼，提升教育普及水平是教育现代化建设的应有之义。然而在当前发展阶段，中国义务教育还固守在小学和中学阶段，低层次的义务教育水平已经不适应经济社会快速发展对人才的需要。当前将高中阶段教育纳入义务教育范畴面临巨大的现实条件阻碍，同时还面临基础教育尤其是高中阶段教育结构如何理顺等体制机制问题[②]，以及教育普及与经济社会发展需求相匹配的问题等。当生产力发展到相当高的水平时，高中阶段教育势必从非义务教育转变为义务教育，在这个意义上，"全面普及"为高中阶段教育从非义务教育走向义务教育奠定了基础[③]，是高中阶段教育迈向义务教育的重要一步。

3.教育生态贫瘠抑制农村学生学习兴趣

中国经济社会发展已步入结构转型阶段，社会对高素质人才的需求以及要求持续增加。而人力资本的养成需要良好的教育生态。教育生态是由政府、学校、家庭以及学生构成的一个有机系统，学生无疑是该生态系统中最重要的起点和终端，其自身又构成一个微系统，包括他们的学习能力、学习动机、学习投入及其与同伴、老师和其他环境因素的互动等，这些因素将决定学习的最终成效，并对整个生态系统的变化和未来运作产生重要影响。当前一些农村地区教育生态恶劣，比如在基础教育方面，强调通识性、普及性、公平性，但是缺乏对脱贫地区特殊性的关怀，偏重城市导向的课本知识，造成出现一些学生厌学、辍学等问题；在职业教育方面，缺乏促进可持

[①] 陶璐.关于义务教育延伸问题的探讨[J].兰州教育学院学报,2010,26(04):138-141.
[②] 李建民."全面普及高中阶段教育"的内涵释要与路径选择[J].教育研究,2019,40(07):73-82.
[③] 史宁中.普及高中阶段教育为十二年义务教育奠基[J].教育研究,2008(05):11-13.

续发展的培训机会与培训内容，现有的培训项目多数是自上而下的政策安排，往往较为重视经济收入的提高，多数短期培训并没有真正转化为学生自我发展能力。同时由于缺乏正向的教育激励，学生产生厌学情绪，进一步阻碍了农村的教育发展。

（四）中国农村教育发展方向探索

1. 从基本型教育政策体系向发展促进型转变

立足于保障绝大多数人口基本生活需要的基本型民生不仅是社会成员的共同期待，而且是最为基本的民生保障制度类型，是国家有效治理的现实需要。如果仅有针对有限对象的托底型民生，则难以满足人民群众日益增长的美好生活需要。只有在当前满足人民基本教育需求的基础上适度发展改善型及富裕型民生，建设梯度性民生保障体系，才能在保障基本民生的同时形成对美好生活的期待，不断增强经济发展、促进社会和谐的内生动力[①]。教育不仅有助于个体的发展和家庭生活水平的提高，还可以通过人力资本质量的提升对社会和经济产生外溢效应。因此，教育政策应逐步从基本保障型的政策体系向发展促进型的政策体系转变，注重将农村地区的教育发展同农村人口的长远发展结合起来，真正实现从解决基本需求到提升能力的转变。

2. 延长义务教育年限，深化普惠性教育内涵

义务教育制度是现代教育制度的重要组成部分，逐步延长义务教育年限是世界教育发展的一个主要趋势。目前中国已有多个地区对十二年义务教育进行了积极的探索和实践，如西藏从2012年起已经全面落实十五年免费义务教育，河南省新郑市于2011年率先实现十二年免费义务教育。无论是向上延长还是向下延长教育年限，其关键意义都在于扩大义务教育面。扩大义务教育面，不但

---

① 高和荣. 论基本型民生 [J]. 中国高校社会科学, 2021 (02):68-75, 158.

有利于解放大众的消费能力、缩小收入差距，更有利于提高劳动者素质，有利于产业升级，为可持续发展储备雄厚的人力资源。2021年政府工作报告中也明确提出"十四五"时期"建设高质量教育体系，建设高素质专业化教师队伍，深化教育改革，实施教育提质扩容工程，劳动年龄人口平均受教育年限提高到11.3年"①。农村人口作为国家现代化建设的主力军，延长义务教育年限不仅能够减轻农村家庭教育负担、增进人民生活福祉，同时也是实现"十四五"战略规划目标、建设现代化强国的应有之义。基于义务教育普惠性、公益性、强制性的政策特点，未来中国要从改善教育基本条件、保障经费支撑以及提升人民认同三方面入手，为延长义务教育年限以深化普惠性教育内涵做好充足的准备。

3.建设包容性农村教育体系，增加优质资源供给

农村教育的包容性发展强调教育发展过程中的教育机会均等、教育资源的共享和合理配置，重视教育公平，反对教育排斥②。保证教育起点公平、教育机会均等是农村教育包容性发展的重要方面。为此必须积极促进能覆盖城乡的基本公共教育服务体系的建立健全，实现基本公共教育服务均等化、城乡一体化，使农村居民在公共教育方面享有与城市居民平等的受教育机会和权利。一是要加快制定基本公共教育服务的标准体系，明确教育资源均等化原则，在教育投资、学校建设和师资配置等方面向教育落后的农村地区和农村学校、薄弱学校倾斜。二是要实现农村公共教育服务供给主体多元化。调动农村非政府组织、农村社区和农民个人等主体共同参与农村公共教育产品和服务的供给，以满足受教育者尤其是农村受教育者需求，实现农村公共教育服务供给的多元化、多样化。

---

① 中华人民共和国国务院.2021政府工作报告[EB/OL].http://www.gov.cn/guowuyuan/zfgzbg.htm,2021-03-05.
② 姚云云,刘金良.我国农村教育包容性发展诉求及实现路径探讨[J].教育理论与实践,2014,34(17):9-11.

4.创新农民职业教育培训和能力建设教育

随着现代社会不断发展，知识更新换代周期大大缩短，存在教育培训与职业发展衔接脱节的问题，个人的发展面临着前所未有的挑战和风险，而且一些劳动人口已经没有接受学校教育的条件或可能，终身教育则是帮助个人适应社会变迁、防范化解风险的有力途径。农村劳动力文化程度普遍低于全国劳动力的平均水平，需要通过学校以外和学校以后的终身学习和能力建设项目持续提高他们在劳动力市场的竞争性和适应性，提升他们的劳动报酬。创新学校外和学校后终身教育和能力建设模式，即围绕"以人为本"的发展理念对可行能力的内涵和外延进行拓展，把满足人的全面发展作为出发点，建设有效的适应性强的培训体系。要在知识传播和技能培育的同时，重视农民个体可持续的学习能力的培养，将对贫困人口个体所习得的知识性能力逐渐延伸到自身发展的能力，包括社会融入能力、人际交往能力、获取资源和信息能力、自我管理能力、市场参与能力和创新能力等综合能力的培育和提升[1]，更好地促进振兴乡村教育和教育振兴乡村的良性循环[2]。

二、乡村基本公共卫生保障

（一）中国农村医疗卫生事业发展历程

新中国成立前，中国医疗卫生状况恶劣，人民健康水平低下，人均寿命仅为35岁。为彻底改变这一状况，党中央和人民政府在较短的时间内制定了"面向工农兵，预防为主，团结中西医，卫生工作与群众运动相结合"的卫生工作

---

[1] 左停,刘文婧.教育与减贫的现实障碍、基本保障与发展促进——相对贫困治理目标下教育扶贫战略的思考[J].中国农业大学学报(社会科学版),2020,37(06):85-96.
[2] 中华人民共和国教育部.教育部等四部门关于实现巩固拓展教育脱贫攻坚成果同乡村振兴有效衔接的意见[EB/OL].http://www.moe.gov.cn/srcsite/A03/s7050/202105/t20210514_531434.html,2021-5-07.

总方针。由于农民占全国人口的85%以上，并且农村的医护人员和药物供给缺口问题严重，因此毛泽东主席指出，要把医疗卫生工作的重点放到农村中去。作为新中国卫生工作基础的奠定时期，在这一时期卫生工作主要抓两件事：一是集中力量预防严重危害人民健康的流行性疾病和威胁母婴生命安全的疾病。二是整顿农村工作队伍，有步骤地发展和健全全国基层卫生组织。经过多年的努力，农村逐步建立起了以县级医疗卫生机构为技术指导中心，以乡镇卫生院为枢纽，以村卫生室为前哨阵地的三级医疗卫生网，农村三级医疗卫生体系的雏形基本形成。与此同时，由于中国薄弱的财政基础使得城镇医疗卫生制度无法延伸到农村中去，在医疗卫生资源供给紧张以及农村地区缺医少药的现实背景下，中国创造性地建立了以农村合作医疗制度以及"赤脚医生"为支撑的农村基本医疗卫生体系，创造了国民医疗卫生保健的奇迹。

党的十一届三中全会后，伴随着异常深刻的经济改革和社会转型，中国医疗卫生制度进入了持续改革的时期。随着农村承包责任制的全面推行，农村合作医疗丧失了赖以支撑的集体经济和组织依托而迅速衰落。在1989年时，实行农村合作医疗的行政村只占全国行政村总数的4.8%[①]。绝大部分农民成为无医疗保障人群，此外，随着城市化的推进，农民工群体由于户籍、就业方式等限制也陷入了无医疗保障的境地。为应对农村医疗保障日益严峻的形势以及完成世界卫生大会上中国政府作出"2000年人人享有卫生保健"的承诺，国家开始对医疗保障制度进行探索与拓展。在这一阶段对医疗保险制度还是合作医疗制度的选择成为主要讨论的话题。2002年10月19日，中共中央和国务院联合发布的《关于进一步加强农村卫生工作的决定》提出，2010年在全国范围内建立起以大病统筹为主的新型合作医疗制度和医疗救助制度，为合作医疗的发展提供了政策保障。2003年，国务院办公厅转发了卫生部、财政部、农业部联合起草的《关于建立新型农村合作医疗制度的意见》，进一步对新型农村合作医疗的

---

① 汪时东,叶宜德.农村合作医疗制度的回顾与发展研究[J].中国初级卫生保健,2004(04):10-12.

建立作出具体规定，实现了农民更高水平基本医疗保障的广泛覆盖。

进入新时代以来，中国卫生健康工作出现了新的特点。一方面，随着物质生活水平的提高，人民群众对健康问题的重视程度也在提高，对于高水平的医疗卫生服务需求日益增大；另一方面，国家高度重视卫生与健康工作，积极统筹规划有益于提升人民健康水平的新举措。习近平总书记多次强调："没有全民健康，就没有全面小康。"在人民需求与国家意志高度统一的背景下，2015年，党的十八届五中全会提出"推进健康中国建设"，将卫生与健康工作提升到了国家发展战略的新高度。2016年8月，中央时隔20年后再次聚集卫生工作，召开全国卫生与健康大会，会后审议通过了《"健康中国2030"规划纲要》，将"共建共享、全民健康"定位为健康中国建设的战略主题。《"健康中国2030"规划纲要》从大健康、大卫生出发，坚持预防为主、防治结合，紧紧围绕健康影响因素，以人的健康为中心，从内到外，从主体到客体，实施普及健康生活、优化健康服务、完善健康保障、建设健康环境、发展健康产业等五大战略任务，形成有利于健康的生活方式、生态环境和社会环境，促进以治病为中心向以健康为中心转变[①]。

表 2-1　中国乡村卫生事业发展重大政策演变

时间	会议/政策文件	政策要点
1952年12月	第二届全国卫生会议	确立"面向工农兵，预防为主，团结中西医，卫生工作与群众运动相结合"的卫生工作方针
1965年9月	《关于把卫生工作重点放到农村的报告》	组织城市医药卫生人员到农村去，为农民服务；培养农村医药卫生人员；整顿农村卫生组织；尽可能保证农村药品、医疗器材的需要

---

① 孟立联."十四五"我国卫生健康发展的历史方位[J].中国农村卫生事业管理,2020,40(11):767-771,777.

续表

时间	会议/政策文件	政策要点
1978年3月	《中华人民共和国宪法》	合作医疗首次被写入宪法
1991年1月	《关于改革和加强农村医疗卫生工作的请示》	把解决农民基本医疗保健问题作为卫生工作的重点，完善农村三级医疗预防保健网，推行合作医疗保健制度；发挥农村个体医生和民办医疗机构的积极作用
2001年5月	《关于农村卫生改革与发展的指导意见》	重视发展农村初级保健工作；调整农村卫生服务网络功能，县级卫生机构发挥卫生技术指导与人才培训作用，乡镇卫生院坚持预防保健与医疗服务相结合，卫生室提供常见伤病诊治、公共卫生和预防保健服务
2002年10月	《关于进一步加强农村卫生工作的决定》	加强农村公共卫生工作；推进农村卫生服务体系建设，推进乡（镇）卫生院改革；建立和完善农村合作医疗制度和医疗救助制度
2003年1月	《关于建立新型农村合作医疗制度的意见》	新型农村合作医疗由政府组织，农民自愿参加；实行个人缴费、集体扶持和政府资助相结合的筹资机制；以县（市）为单位进行统筹；建立新农合管理体制
2008年10月	《关于规范新型农村合作医疗健康体检工作的意见》	建立健康档案以及健康体检管理信息系统，提供免费健康档案查阅和健康咨询；要科学管理和合理利用农民健康档案，对体检中发现的高血压、糖尿病等慢性病进行专案管理，达到早期发现疾病并进行干预的目的，从而提高农民健康水平
2009年3月	《关于深化医药卫生体制改革的意见》	健全以县级医院为龙头、乡镇卫生院和村卫生室为基础的农村医疗卫生服务网络；建立覆盖城乡居民的基本医疗保障体系

续表

时间	会议/政策文件	政策要点
2015年9月	《关于推进分级诊疗制度建设的指导意见》	合理确定县级公立医院数量和规模；全面提升县级公立医院综合能力；强化乡镇卫生院基本医疗服务功能；加强全科医生队伍建设
2017年4月	《关于推进医疗联合体建设和发展的指导意见》	县域内组建医疗共同体，探索形成以县级医院为龙头、乡镇卫生院为枢纽和村卫生室为基础的三级联动的县域医疗服务体系

（二）中国农村医疗卫生事业成就与经验

回顾农村医疗卫生事业发展七十余年，农村医疗卫生情况发生了翻天覆地的变化。主要表现在：人口预期寿命不断延长。1949年中国人口的平均预期寿命仅为35岁，进入21世纪以后，随着中国经济发展水平的快速提高，医疗卫生条件显著改善，社会保障制度更加健全，先进医疗服务体系覆盖面不断扩展，2018年人均预期寿命达到了77岁[①]。脱贫攻坚过程中，中国以健康扶贫工程为抓手建立完善了县、乡、村三级医疗卫生服务体系，把贫困人口全部纳入基本医疗保险、大病保险、医疗救助三重制度保障范围，实施大病集中救治、慢病签约管理、重病兜底保障等措施，99.9%以上的贫困人口参加了基本医疗保险，全面实现贫困人口看病有地方、有医生、有医疗保险制度保障，有效解决看病难、看病贵问题。贫困地区医疗条件显著改善，98%的贫困县至少有一所二级以上医院，贫困人口的常见病、慢性病基本能够就近获得及时诊治，越来越多的大病在县域内就可以得到有效救治。从"东亚病夫"到长寿健康，七十

---

① 数据来源：国家统计局.

余年来中国农村地区医疗卫生和健康水平方面得到显著提升,其基本经验有:

1.着眼全局,将人民健康放在优先位置

新中国成立初期,党和国家将卫生工作看作全民事业和新中国建设的重要支柱,用"大卫生"的理念统领各项工作,让十分拮据的卫生投入发挥出了最大限度提升人民健康的价值[①]。进入新时代,习近平总书记立足新时代发展的历史方位,提出"大健康观"。习近平主席在会见世界卫生组织总干事陈冯富珍时指出:"中国政府坚持以人为本、执政为民,把维护人民健康权益放在重要位置。"[②]这句话表明国家始终把健康权视为人的基本权益加以保护,不仅要解决人民看病吃药问题,而且要提供保障人民身体和精神健康的社会福利。党的十九大报告指出:"人民健康是民族昌盛和国家富强的重要标志。要完善国民健康政策,为人民群众提供全方位全周期健康服务。"[③]大健康理念具有鲜明的人民性、科学性和时代性,也是对大卫生观的继承与发展,为新时代卫生与健康事业发展奠定了政治和思想基础。

2.以发展型的制度建设推动卫生健康事业发展

党的十八大以来,习近平总书记亲自指挥、亲自部署,把脱贫攻坚作为"十三五"期间头等大事和第一民生工程来抓,坚持以脱贫攻坚统揽经济社会发展全局。自2015年11月中央扶贫开发工作会议决定实施健康扶贫工程以来,健康扶贫成为中国脱贫攻坚战的一项重要内容。从健康扶贫实施效果来看,几乎所有农村居民都一定程度上享受到了健康扶贫的政策优惠,这种兼顾贫困人口与非贫困人口医疗需求的做法既实现了公共政策覆盖面的公平性以及医疗资源配置的公平性的双线提升,也使得当时未脱贫人口在未来脱贫后,依然能够

---

① 姚力.从卫生与健康事业发展看新中国70年的成就与经验[J].毛泽东邓小平理论研究,2019(11):52-57,107.
② 杜尚泽.习近平会见世界卫生组织总干事陈冯富珍[N].人民日报,2013-08-21(01).
③ 习近平.决胜全面建成小康社会 夺取新时代中国特色社会主义伟大胜利——在中国共产党第十九次全国代表大会上的报告[M].北京:人民出版社,2017.

享受到便利的、优质的、普惠性的医疗资源，这样不仅能够减少贫困户脱贫时由扶贫政策福利所产生的阻力，也有利于在医疗卫生服务供给方面提升农村居民的整体满意度和公平感，同样具有较高的正外部性，体现了一种益贫式的、发展型的公共政策理念。

3.遵循公平普惠的原则发展基本医疗服务

为了维护最广大人民的利益，国家始终坚持将"广覆盖、保基本"作为医疗改革的出发点和立足点，同时逐年增加对医疗卫生事业的投入，将医疗卫生工作重点下沉，加强基层卫生组织建设，使改革开放的红利惠及全体人民。自2005年基本公共服务均等化提出后，党和政府逐步实施城乡统筹、一体化的卫生与健康政策，进一步凸显了公平公正的社会主义原则。随着国家经济实力的增强，医疗救助政策不断完善并得到推广普及。党的十八大以来，党中央提出"共建共享"的发展理念，积极倡导健康行动，加快落实健康中国战略。在《关于巩固拓展医疗保障脱贫攻坚成果有效衔接乡村振兴战略的实施意见》中提出，"围绕解决农村居民最关心、最直接、最现实的医疗保障问题，加快补齐民生短板，在坚持医保制度普惠性保障功能的同时，增强对困难群众基础性、兜底性保障"，再次表明了党始终遵循公平普惠的原则保障民生。

（三）农村医疗卫生事业问题与挑战

1.重医疗轻预防，忽视初级卫生保健

"预防为主"始终是中国卫生健康工作的重要方针之一，是实现全民健康的根本举措。然而近年来中国卫生费用流向公共卫生机构的占比持续降低，"重医疗、轻预防"的医疗卫生资源配置格局未得到扭转。有效的未病先防、慢性病预防是提高人力资本存量的重要措施，也是增进人群健康的重要条件。"预防为主"是党和国家坚定不移的工作方针，也是新中国能够迅速遏制恶性流行传染病、增强人民身体素质的重要原因。由于长期以来中国农村医疗卫生工作面临的主要矛盾是"缺医少药",医疗卫生工作的基本思路和主要任务也是为了解决"缺医少药"的矛盾,由此形成的思维惯性、问题惯性和行为惯性导致出现了"重治疗、轻预防"的问题,这也始终是医疗卫生工作的重大问题。

2.基层医疗低质,分级诊疗难以推进

医疗、医药、医保等政策和与其相配套的技术体系的负面影响,导致初级保健服务功能不断退化,患者对基层医疗卫生机构提供的服务质量产生了不信任感。即使患者患有轻微疾病,只要能负担得起相应的医疗服务费用,他们也倾向于到二级或三级医院寻求更专门的咨询和医疗护理服务。而医院门诊部的拥挤现象也表明,患者对基层医疗卫生机构是否能有效提供专业服务持怀疑态度。同时基层医疗卫生机构与上级医疗卫生机构之间在医院管理和资金收入上存在冲突,而这些冲突导致医疗服务中出现人际信任与层级沟通的障碍,阻碍了知识共享、有效转诊与分级诊疗的实现[1]。

3.城乡资源差距,基层医疗服务存在短板

新医改以来,尽管政府投入大量资金来加强农村医疗卫生基础设施建设,但仍然存在医疗服务基础薄弱、乡村医生紧缺等问题,这进一步削弱了农村基层的医疗卫生服务能力[2]。从城乡对比来看,2017年,农村每千人口卫生技术人员、职业(助理)医师、注册护士分别为4.28人、1.68人和1.62人,分别比城市少6.59人、2.29人和3.39人。这表明,城乡之间医疗卫生资源存在较大差距。2018年,农村每千人口医师数为1.8人,仅为城市的45%,与实现城乡基本公共服务均等化的要求相差甚远。另一方面,与医院相比,2015年,基层医疗卫生机构门急诊量是医院门急诊量的1.36倍,但入院人数仅为

---

[1] Yan Ding, Helen Smith, Yang Fei. Factors Influencing the Provision of Public Health Services by Village Doctors in Hubei and Jiangxi Provinces,China[J]. Bulletin of the World Health Organization,2013, 91(01):64-69.

[2] 赵黎.新医改与中国农村医疗卫生事业的发展—十年经验、现实困境及善治推动[J]. 中国农村经济,2019(09):48-69.

医院的25.2%，医疗收入仅为医院的12.9%[①]。同时由于农村基层基础设施薄弱，医疗卫生工作量大且待遇较低，缺乏相应的经济和非经济激励，因此难以建立一支稳定且训练有素的临床医生和乡村医生队伍，农村初级保健水平与护理质量较为低下。

（四）乡村医疗卫生事业发展方向探索

1.强化家庭健康意识和初级卫生保健作用

家庭健康是农村医疗卫生保障的基础性环节。一方面家庭作为居民生活的场域是疾病产生的源头。疾病的产生尤其是慢性病与家庭生活习惯和个人生活方式息息相关。另一方面家庭又是医疗风险分散、化解的基础。当家庭成员中有人因生病无法有效获取资源时，家庭就发挥资源共享和风险分担的功能[②]。因此注重家庭健康和环境卫生既是阻断因病致贫风险的首要前提，也是保障家庭生计安全的"压舱石"。其次，要重视初级卫生保健的作用，引导农村居民意识从被动健康向主动健康转变。由于当前农村的疾病模式是以慢性病为主，与家庭饮食、卫生条件以及个人身体素质相关，因此通过注重家庭健康和初级卫生保健来促进居民形成健康的生活方式和饮食习惯，改善卫生环境，预防疾病的发生，控制健康风险的产生。即使疾病已经发生，发挥初级卫生保健的"早发现、早治疗"的功能能够及时采取跟踪防治的措施，减少慢性病和传染病的疾病负担。推进从诊疗为中心向健康为中心转变，减少疾病发生，降低大病发生概率，延长健康寿命，应是未来农村卫生健康改革与发展的主题。

---

① 牛亚冬,张研,叶婷,等.我国基层医疗卫生机构医疗服务能力发展与现状[J].中国医院管理,2018,38(06): 35-37,41.
② 洪秋妹.健康冲击对农户贫困影响的分析——兼论健康风险应对策略的作用效果[D].南京农业大学,2010.

2.增强农村基层医疗卫生机构建设和人才培养

增强农村基层医疗卫生机构建设和人才培养、提高医疗服务输送入户的主动性等健康扶助措施,都是降低区域地理劣势对于居民健康的阻力、提高农村居民抵抗疾病风险能力、从源头阻断因病致贫发生的重中之重。应从健康中国战略和国家治理现代化的角度来审视城乡基本公共服务的供给问题,探寻推进城乡基本公共服务均等化的对策。中央和地方政府需要建立可持续的运行机制,推动卫生健康、财政、人社等部门形成合力,提高乡村医生的经费与待遇,扩宽更新基层医务工作者知识结构的途径,探索培训方式的多样化,完善乡村医生专项经费使用政策[①]。通过多元主体参与,共同筹措农村卫生体制的改革资源,真正有效地助力优化农村卫生体制。鼓励社会资本参与农村公共卫生服务工作,探索商业医疗机构参与农村公共卫生服务的方式,利用其优质医疗资源和先进的管理经验,使其为农村居民的健康服务[②]。

3.建立以健康为导向的医保体系

健康权是人最基本的权利,医疗保障的最终目的不应当只局限于疾病诊断和身体修复,也应当着眼于从根本上降低各种类型的疾病风险,提升社会的人力资本水平和人民幸福生活水平。大健康理念下医疗保障的发展就是不断提升"病有所医"的覆盖范围,优化保障机制。作为"降低个体全生命周期疾病风险"的风险管理机制,大健康理念下的医疗保障需要深化医疗保障的内涵,扩展医疗保障的外延,并在此基础上向以健康为导向的医疗保障过渡[③]。《关于巩固拓展医疗保障脱贫攻坚成果有效衔接乡村振兴战略的实施意见》指出,"完善三重制度综合保障政策,提升医疗保障公共管理服务水平,助力乡村振兴战

---

① 赵黎.新医改与中国农村医疗卫生事业的发展——十年经验、现实困境及善治推动[J].中国农村经济,2019,(09):48-69.
② 赵文强.完善农村公共卫生服务体系的路径探析[J].中国农村卫生事业管理,2016,36(05):551-554.
③ 申曙光.我们需要什么样的医疗保障体系?[J].社会保障评论,2021,5(01):24-39.

略全面推进"。一方面要促进基层医疗的发展和分级诊疗建设,合理配置医疗健康资源,高效利用医疗保障资源。加大医保政策引导参保人基层首诊的力度,完善门诊医保政策,引导患者需求下沉,引导轻症患者基层就诊,使居民合理有序就医。另一方面,要综合运用医疗、医保、价格等手段,不断推动公共卫生资源向基层延伸,构建优质均衡的公共服务体系,强力支持全科医生、家庭医生的发展,支持家庭病床的发展。同时助力健康产业的发展,满足人民日益增长的多层次、多样化的健康需求。

三、农村养老事业

(一)农村养老事业发展背景

新中国成立后,土地改革建立了以农村个体所有制为基础的土地制度,由于新中国成立初期国民经济发展困难,在这一时期土地保障成为政府与社会给予农民的最大保障。同时传统"尊老爱老"的孝道氛围在农村地区较为浓厚,并且国家实行限制人口流动的政策,因而传统的家庭养老模式可以有效解决老人的照顾问题[1]。在这一时期的农村养老服务主要针对孤寡老人的照顾问题。随着失去家庭依靠的农村老人增多以及在经济和生活上的照顾需求凸显,《1956年到1967年全国农业发展纲要》规定,农业合作社对于生活无依无靠、无劳动能力、无经济来源的孤寡老人和残疾人及孤儿,农村集体组织要给予"保吃、保穿、保烧(燃料)、保教(儿童和少年)以及保葬",即"五保供养"。自此,农村老年人完全依靠家庭保障的局面被打破。在人民公社体制确立后,经国家倡导,全国各地本着"一乡一院"的目标,以农村集体经济为依托,纷纷创建敬老院,以解决"五保"老人的照顾问题。此前,老人照顾问题

---

[1] 黄俊辉. 农村养老服务供给变迁:70年回顾与展望[J]. 中国农业大学学报(社会科学版),2019,36(05):100-110.

被视为家庭的内部事务，普通农村老人的照顾问题在家庭内部加以解决，农村五保供养实际上承担着无家庭照顾老人的养老服务供给的任务。

改革开放以来，家庭联产承包责任制的实行使得依赖于集体经济发展起来的各项保障事业失去了原有的经济基础，农村五保供养制度也有所波及。为顺应农村实际需要，党中央和国务院提出要逐步建立农村社会保障制度。在建设初期发展较快，参保人数较多时达到8000多万人。但后来随着推广范围的逐步扩大，相当多地区农村社会养老保险工作出现了参保人数下降、基金运行难度加大等问题，农村社会养老保险工作进入暂缓阶段。这一阶段针对农村孤寡老人的社会保障工作取得了突破性进展。1994年，国务院颁布《农村五保供养工作条例》，"五保"供养制度进入制度化、规范化时期。农村救济制度改革方面也在这一阶段取得了明显进展，1995年民政部在部分地区开展农村最低生活保障试点工作，将救助目标由传统的"三无"对象覆盖到所有的贫困人口，一些农村贫困老年人开始被纳入保障范围。

九十年代初建立的农村社会养老保险制度由于缺乏必要的财政投入，村集体的补助又极少，农民参保积极性不高，加上政策和体制变化，制度一度中断。2003年以后，各地开始探索有财政补贴的新型农村社会养老保险制度。2009年9月，国务院下发了《关于开展新型农村社会养老保险试点的指导意见》，再次从国家层面确定建立新型农村社会养老保险制度，新农保面向全体农村居民，由个人、集体、政府三方共同出资，在支付模式上分基础养老金和个人账户养老金两部分，其中基础养老金由国家财政全部支付。有的地方还建立了高龄津贴制度、老年人优待制度等，使社会福利逐步惠及其他普通老年人。在农村养老服务方面，这一时期经历了从单一供给主体向多元供给主体、服务主体范围不断扩大的转变。2000年8月，中共中央和国务院联合发布《关于加强老龄工作的决定》，当中明确提出"建立以家庭养老为基础、社区服务为依托、社会养老为补充"的养老机制。这是中国第一次从国家政策层面对不同养老方式作出定位。在"十二五"和"十三五"时期，中国人口老龄化形势进一步加剧，传统的家庭养老模式难以发挥照护功能，党和政府为此进一步回应农村老年弱势群体的养老服务需求，例如建立高龄老人补贴制度、加强对农村留守老人关爱服务工作等。2019年发布的《国务院办公厅关于推进养老服务发展的意见》指出，在满足当前和今后一个时期特困人员集中供养需求的前提下，重点为经济困难失能老人、计划生育特殊家庭老人提供无偿或低收费托养服务，各地农村敬老院逐步改善设施条件，进一步向有需要的老人开放。在这一时期农村养老服务的主体从孤寡老人拓展为更广泛的老年弱势群体，体现出"以人民为中心"的执政理念。

（二）农村养老事业建设成就与经验

改革开放四十多年来，特别是党的十八大以来，中国多层次社会保障体系加快构建，覆盖面持续扩大，农村养老服务能力和保障水平稳步提高。2018年末，全国基本养老保险覆盖超过9亿人，全国城乡居民基本养老保险基础养老金最低标准提高至每人每月88元。以居家养老为基础、社区服务为依托、机构养老为补充的养老服务体系正在成型，56.4%的乡镇有本级政府开办的敬老院，以满足老年村民的基本生活需求。改革开放以来，党和政府不断加大扶贫开发和社会救助工作力度，针对多种因素导致生活困难的农村居民，国家建立农村最低生活保障制度，为全面解决农村贫困人口的基本生活问题打下了良好基础。从2007年到2018年，农村低保平均标准从840元/人·年增加到4833元/人·年，年均增长17.2%；同期，农村低保对象从1609万户、3566万人变化为1903万户、3520万人[①]。农村留守老人关爱保护服务得到加强，截至2017年底，全国已建立2万余家农村敬老院，为包括留守老人在内的特殊困难老人群体构筑起农村基本养老服务设施体系。加强老年协会建设，全国成立基层老年协

---

① 中国社会科学院农村发展研究所课题组.农村全面建成小康社会及后小康时期乡村振兴研究[J].经济研究参考,2020(09):5-45.

会55.4万个，其中农村老年协会46.8万个，在组织农村留守老人互帮互助、提供精神慰藉等方面发挥了重要作用。系统回顾中国农村养老事业发展历程，得出以下发展经验：

1.社会化发展是农村养老事业的必然趋势

新中国成立以来中国农村社会经历了小农经济时代到现代的社会化大生产时代的历程，每个特定的生产力时代需要相应的养老生产关系保障农村老年居民的基本生活。家庭养老适应小农经济生产力要求，集体养老满足农村集体经济需要，家庭和集体的农村养老保障制度符合统分结合经济时代的发展规律，而社会化养老保险则是社会化大生产时期的现实要求[①]。社会化养老能够填补传统养老地位的缺失。在农业现代化阶段，土地不再是农村居民养老的主要来源，家庭结构的缩小和年轻劳动力的迁移导致农村家庭养老地位的弱化。社会化养老模式能够满足农村老人的生活需求，解决农民工自由流动的后顾之忧。同时社会化养老明确了政府的养老责任。长期以来农村主要依靠农村家庭自己生产赡养农村老年居民，相对于城镇职工、机关事业单位工作人员等群体财政支持很少，造成城乡养老福利差距。建立社会化的农村养老模式有助于明确政府责任，为农村养老事业提供财政资金扶持、完善制度支持，缩小城乡养老保障待遇差距。

2.政府主导是农村养老事业制度基石

七十多年来养老事业的快速发展得益于党和政府高度重视发展生产力，切实关注和保障民生，在不同时期根据经济社会发展实际因势利导，立足国家不同阶段基本国情出台的一系列相关政策措施。新中国成立初期，由于当时生产力发展水平有限，政府将土地作为最大的社会保障给予农民作为生活保障。改革开放后原本严重依赖于集体经济的农村养老保障不断失去资金保障，国家开

---

① 蒋军成.农村养老保障的制度演进与发展趋势探析[J].云南民族大学学报（哲学社会科学版),2017,34(02):67-77.

始探索建立农村社会养老保险制度给予人民国家保障。新世纪以来，党和国家立足于社会生产方式的转变、家庭结构的缩小、农村人口流动的加速的现实情况，面向现代化、社会化大生产的发展需求建立了正式的农村养老保险制度。农村养老服务从家庭逐渐走向社会化的发展趋势同样体现出国家着眼于社会发展全局，因势利导地主动推动养老服务的社会化转变。这些有关养老政策的出台，充分反映了政府主导的意志，体现了养老生产关系适应农村生产力发展的迫切要求，也彰显了各个不同阶段农村养老保障发展的制度变迁和有序衔接，体现了党始终坚持以人民利益为上的原则。

3.满足多层次的养老需求是现实需要

自1949年至20世纪末，限于当时不发达的经济条件，农村养老服务在内容上主要偏重于解决老人的温饱和基本生存问题，集中在生活救助层面，用于保障农村老人的基本生活。随着农村各类互助养老和政府购买养老服务的推行，越来越多的老年弱势群体可以获得生活照料、日常陪伴、文体娱乐、医疗护理、情感关爱等服务内容。总体上看，农村养老服务已不再停留在基本生存、生活救助等低层次内容，逐渐从单一的生活救助上升到满足日间照料、医疗康复、情感关怀、文化娱乐、紧急援助、法律服务等多层次需要的综合服务，特别是在新时代背景下，农村养老服务逐步满足农村老人的美好生活需要。

专栏1

中国农村养老服务主要模式

（一）互助养老模式：作为社区养老的补充，互助养老更强调普通居民间相互的帮扶与慰藉。河北肥乡首创农村互助幸福院养老模式，以"村级主办、互助服务、群众参与、政府支持"为原则，通过对村委会闲置房屋、闲置学校等场所进行改造，让老人得以"抱团养老"，实现老年人互助服务。

（二）老年协会支撑模式：充分发挥老年协会的组织作用，依托基层老年协会，丰富农村居家养老服务方式。四川金堂探索建立"一中心、多站点、重巡访"

的农村养老模式，发动老年协会的积极性，组织多支巡访队伍为农村困难老年人提供帮扶。

（三）专业照护服务模式：着眼于农村地区失能、半失能老年人的照护服务需求，一些地区探索性开展了农村照护机构建设，满足农村地区困难老年人的服务刚需。安徽安庆建设农村失能老年人集中照护中心。每个县（市、区）均建设1-3个区域性失能农村五保对象集中照护中心。其中市城区提升改造两个乡镇中心敬老院，集中照护失能五保对象。

（四）区域养老中心模式：通过把敬老院、光荣院、社会福利院整合为区域性养老服务中心，形成了实行集中建设、分区养护、公共资源共享的格局，提高了整体管理服务水平。黑龙江哈尔滨将一批地域优势明显、基础设施较为完善的农村敬老院发展成为区域性养老服务中心，对农村居家和社区老年人开展医疗护理、康复治疗、临终关怀等服务，并将服务辐射周边农村社区和农村养老互助点。

（五）农村留守老年人关爱服务模式：农村留守老年人是农村地区的新型"弱势群体"。建立健全巡访制度和关爱体系，保障其基本人身和财产安全，满足其基本生活照料需求，是农村养老服务体系建设的重点。吉林长春对特殊和困难老年人开展"两访、三查、四助"，即每天早晚两次走访受助老人家庭；查看老人在吃、穿、住等方面的情况；提供助餐、助洁、助医、助难等居家养老服务，为每名提供服务的志愿者每月发放200元的补贴，该做法在全市城区、开发区全面推广。

资料来源：《社会保障绿皮书：中国社会保障发展报告（2019）》

（三）农村养老事业问题与挑战

1.农村养老服务建设不完善

虽然中国农村养老服务建设取得了很大的进展，但中国养老保障及服务依然存在"重城市轻农村"的倾向。研究显示，城市社区养老院的覆盖率为21.22%，而农村仅为10.33%；城市社区老年活动室覆盖率为80.58%，农村仅为39.13%；而在托老所、老年人日间照料中心方面，农村与城市相差高达4.66

倍[①]。农村已建成的养老机构还存在日常生活设施简陋，医疗、文化、娱乐配套辅助设施缺乏等诸多问题[②]。农村养老服务的相对弱势不仅体现在硬件设施上，还体现在养老服务质量上。当前农村地区养老机构的床位建设主要集中在一般性养老床位，护理型养老床位普遍缺乏。同时农村养老机构护理人员专业化水平和素质普遍较低，只能提供一般性的日常照料服务，难以提供心理疏导、情感慰藉等个性化服务。同时从总体来看，农村养老服务仍集中在老年弱势群体当中，即福利政策具有高度的选择性，带有浓厚的救助色彩。中国农村养老服务供给依然是补缺型而非普惠型，国家政策支持的重点放在问题家庭和失去家庭依托的老年弱势群体上。在当前人口老龄化加速、农村劳动力外流和生活方式变迁等多种因素的叠加效应下，家庭风险性和脆弱性显著增强，拥有家庭的人难以甚至得不到政策的直接支持[③]。

2.农村失能半失能老人护理政策进展缓慢

研究发现，农村老年人的身体健康状况显著低于城市老年人。健康状况较好的老年人往往可以较大程度地独立生活，而身体状况欠佳，特别是失能或部分失能的老人则需要更多的生活照料。数据显示，农村老年人患慢性病、疼痛以及失能的指标都高于同期的城市指标。这一现象可能与农村老年人长年无休止的劳作有关。数据显示，农村老年人仍然从事劳动的比例高达28.8%，远高于城市的7.8%，其中农村男性老年人的这一比例更是达到37.2%[④]。在此情况下，农村老年人患慢性病且较早步入失能半失能状态的风险更大。中国于2012年开始推行长期护理保险的试点工作，根据各试点城市发布的长护险试行办法

---

① 杜鹏,孙鹃娟,张文娟,等.中国老年人的养老需求及家庭和社会养老资源现状[J].人口研究,2016,40(06):49-61.
② 黄俊辉.农村养老服务供给变迁：70年回顾与展望[J].中国农业大学学报(社会科学版),2019,36(05):100-110.
③ 张秀兰,徐月宾.建构中国的发展型家庭政策.中国社会科学,2003(6):84-96,206-207.
④ 方珂.互助与津贴：中国农村养老问题的特殊性及其对策研究——基于CLASS(2014)的分析[J].社会保障研究,2018(01):29-35.

来看，目前仅有6个城市和地区将农村纳入长期护理保险的保障范围内。在国家经济社会快速发展的大环境下，农村老人更应成为中国社会保障重点覆盖对象，而当前长期护理保险在农村地区进展速度依然缓慢。

3.农村养老保险保障水平依然偏低

2014年中国老年社会追踪调查报告显示，城镇职工基本养老金和机关事业单位离退休养老金的中位数分别为每月2400元和2693元，城镇居民社会养老保险的中位数为每月900元；而农村户口老年人养老保险每月发放金额中位数仅为60元，不足人均月支出的1/4，农村超过50%的老年人处于最低收入和较低收入水平[1]。而养老机构收住一个需要全护理的老年人成本基本均在3000元以上。中国有超4000万失能、半失能老年人，他们的养老及医疗问题直接影响约1亿户家庭[2]。由于医疗保险存在最低起付线、最高报销标准以及可报销目录等条件限制，农村老年人看病负担依然较重，当前对老年人提供的现金补贴、养老保障等福利也十分有限。同时由于农村劳动力外流趋势导致的农村家庭结构的变迁使得儿女对父母的生活照料存在客观困难，同时能给予的经济支持也有限，因而农村老年人当前面临着较大的生活保障风险。

（四）新时期农村养老事业展望

1.建立健全农村多层次养老服务供给体系

目前中国的社会保障服务供给的主要形式是直接的资金支付，而缺乏针对老年人群体的服务供给。实际上，中国目前最大的问题是社会保障服务如何满足生活在农村地区的、生活条件较差的老年人的基本生存需要，不仅仅是经济支持，还必须包括基本的日常生活的照料。为此，需要提前谋划、因地制宜提

---

[1] 陈玫,孟彦辰.我国农村长期护理保险制度的构建研究[J].中国全科医学,2020,23(21):2615-2620.
[2] 辜胜阻,吴华君,曹冬梅.构建科学合理养老服务体系的战略思考与建议[J].人口研究,2017,41(1):3-14.

出方案[①]。政府和社会应着重提升养老服务覆盖面、增加服务供给量、加大社会设施建设和公共财政投入力度。农村地区的社会服务供给也需要多样性和针对性，一方面将重心放在不同的地理空间之上，另一方面做好不同社会服务层级之间的配合与衔接。村庄一级的社会服务供给是完善农村地区社会服务的基石。充实村庄层面的社会服务供给有利于提高农村居民的社会服务的可及性和降低养老、托幼、看病等生活问题的成本，从而达到减少农村相对贫困人口家庭支出、降低照料负担、给予相对贫困人口基本生活保障以及更好地解放家庭劳动力等效果。此外，由于较为落后的地区以及农村地区目前普遍面临着优质人才缺乏的问题，诸如更优质的教育、更专业的医疗设备和养老照护等服务则更适合在更高层次的空间中建设和供给。基于此，应促进中国社会服务的便利性与规模效应相统筹。

2.加快推进农村长期护理保险的建设

无论是社区居家照护还是机构照护，都需要培育农村医养结合型养老服务多元供给主体，发挥中国特色社会主义的制度优势，积极支持和鼓励基层因地制宜完善长期照护保障体系。因此未来统筹长期护理保险制度应更多地向农村"五保"老人和"三无"老人倾斜，一是鼓励扶持社会力量兴办农村养老机构，关注身体残障者和精神障碍者的健康照护，推动解决农村失能老人基本生活照料和相关医疗护理等问题[②]。二是将护理专业人才纳入长期照护服务人才培养计划，政府通过委托第三方机构对老年人及其家庭照护者的需求进行综合评估，开展城乡长期护理保险试点，加快建立长期护理筹资体系，完善基层医疗卫生服务网络，促进社会医疗保险与商业健康保险协同运行，并通过签约家

[①] 左停,赵梦媛,金菁.路径、机理与创新：社会保障促进精准扶贫的政策分析[J].华中农业大学学报(社会科学版),2018(01):1-12,156.
[②] 郑吉友,娄成武.我国农村医养结合型养老服务体系构建研究[J].改革与战略,2021,37(02):35-42.

庭医生等方式进一步方便农村老年人就医，切实推行双向转诊和急慢分治[①]。三是强化社会保障政策对老年弱势群体的社会支持，加快建立针对农村老年人的长期护理保险制度，不断增强社会救助的托底保障功能，探索建立农村长期护理保险制度。

3.拓展资金来源提高农村养老保障水平

未来中国农村养老保障体系也应当坚持多层次的原则，构建以新型农村社会养老保险为核心，以最低生活保障制度、农村特困老人供养制度等为补充的多层次、广覆盖的农村养老保障体系，并适时提高保障层次，在保障农村孤老生活权益的基础上发展适度普惠型农村福利服务事业，让更多的农村老年人享受到与社会经济发展水平相适应的社会福利服务。同时，要注重农村养老保障制度与其他制度之间的衔接，随着农村居民流动日益频繁，农村进城务工选择参加城镇养老保险、返乡农民工参加新农保以及失地农民转换到新农保等问题将日益常态化，要注重出台对不同制度转换、接续的具体操作办法，妥善解决农村养老保障与其他社会保障制度之间的衔接问题[②]。进一步探索土地承包权与经营权自愿退出的补偿机制，通过一次性货币补偿、土地年金等方式，将土地权益直接转化为养老保障，以此有效增加农民收入，提高养老保障水平[③]。

四、农村儿童福利事业

（一）农村儿童福利事业发展历程与进展

儿童福利事业在中国一直以来没有被作为一个独立的政策体系来界定和发

---

① 邓大松,李玉娇.医养结合养老模式：制度理性、供需困境与模式创新[J].新疆师范大学学报(哲学社会科学版),2018(1):107-114,2.
② 许亚敏.我国农村养老保障事业发展的历程、现状与政策取向研究——基于制度分析的视角[J].社会保障研究,2009(06):18-26.
③ 朱勤.实现城乡基本养老保障均等化的改革路径——兼议农民退休制度[J].人民论坛,2020(25):80-84.

展，但与其相关的政策长期以来嵌在中国社会救助、教育、就业等多个政策领域中[①]。新中国成立以来，中国建立起了较为完整的城镇儿童照顾政策。为满足城镇女性就业所产生的托育需要，兴办托幼服务事业被党和政府提到全党事业的高度来看待。1951年中国面向女职工建立起了生育保险制度，规定女职工享有法定的有薪产假，并获得生育补助。这一时期的中国的儿童福利事业有明显的城镇化偏向以及"去家庭化"取向。

改革开放后，随着国家工作重心的转移，儿童福利事业更加偏向于托幼机构的教育功能。在这一时期受发展水平的限制农村无法像城市那样为职工子女提供服务和保障，只能对区域内无人供养的儿童进行供养，具体的制度安排就是五保制度，内容包括对合作社内缺乏劳动力、生活没有依靠的社员在生活中给以适当的照顾，确保儿童和少年群体的教育有保障。1983年发布的《关于发展农村幼儿教育的几点意见》和1986年发布的《关于进一步办好幼儿学前班的意见》均肯定了优先发展学前一年幼儿教育的做法。在这一阶段儿童福利的照顾功能被弱化，女性成为照顾责任的主要承担者，"农村女性化"趋势逐渐加强。

进入新世纪以来，社会公平问题日益引起关注，中国开始出现社会政策的扩张，弱势儿童群体的照顾问题进入政策视野。1992年，中国颁布《九十年代中国儿童发展规划纲要》，提出"提高全民族素质，从儿童抓起"是中国社会主义现代化建设的根本大计，标志着中国儿童福利制度开始建立。2003年温家宝总理主持召开国务院常务会议，会议通过了《国务院关于进一步加强农村教育工作的决定》，首次提出要"重视并扶持农村幼儿教育的发展"。国务院印发的《关于加强农村留守儿童关爱保护工作的意见》为留守儿童关爱保护工作做出了总体性安排。然而，由于缺少整体的改革设计，制度的碎片化特征明显，为了整合已有的儿童福利政策，民政部于2006年提出建立"适度普惠的儿童福

---

① 岳经纶，范昕.中国儿童照顾政策体系：回顾、反思与重构[J].中国社会科学,2018(09):92-111,206.

利体系",特别关注弱势儿童及其家庭所面临的照顾困境和其他问题。但这种普惠是在选择性前提下对某些群体的普惠。2010年,《国家中长期教育改革和发展规划纲要(2010-2020年)》首次将"普及学前教育"列为教育发展的目标之一。2014年国务院办公厅印发《国家贫困地区儿童发展规划(2014-2020年)》,以集中连片特殊困难地区680个县的农村儿童为对象,从新生儿出生健康、儿童营养改善、儿童医疗卫生保健、儿童教育、特殊困难儿童教育和关爱等方面制定具体举措,以期特殊困难地区儿童发展水平基本达到或接近全国平均水平。总体来看,新世纪以来国家逐渐明确和增强了对困境儿童的福利政策设计,并大力发展公共学前教育,普惠性儿童福利开始起步发展。

(二)儿童福利事业发展的必要性

1.中国社会家庭结构变迁引致生育压力

随着社会的快速发展、家庭结构不断变迁,因家庭照顾需要的不断增加和照顾资源的不断减少而形成的"照顾赤字"[①]已成为全球性的社会问题。改革开放以来,在中国人口老龄化发展迅速,家庭规模不断缩小,人口流动规模空前的现实情况下,国民照顾负担持续加重,"照顾赤字"不仅体现在老人身上,也体现在儿童照顾方面,并且后者的重要性还没有得到足够的重视。一方面随着社会的转型,中国劳动力的工作强度以及儿童养育成本不断增加,高强度的生育压力加重了少子化现象。另一方面,人口流动以及不断缩小的家庭规模和稳定性不断减弱的家庭结构使得家庭的照顾功能显著弱化,这一情况在农村表现得尤为突出。在市场经济迅猛发展的情况下,伴随着大量农村劳动力向城市流动,留守儿童和流动儿童大规模出现,留守儿童由于长期缺少父母陪伴以及有效的监护,容易产生心理健康和行为问题。其次,家庭规模的缩小、单亲

---

① 岳经纶,范昕.中国儿童照顾政策体系:回顾、反思与重构[J].中国社会科学,2018(09):92-111,206.

家庭的增多也使得普通家庭的照护能力减弱。2016年，全国妇联的调查发现：53.3%的一孩家庭没有生育二孩的意愿，仅20.5%有二孩生育意愿；缺少照顾儿童的资源是造成家庭生育意愿较低的主要原因之一。

2.儿童福利政策的福利性和投资性

脱贫攻坚时期，在贫困代际传递的循环陷阱中，儿童早期发展至关重要，儿童既是贫困代际传递的起点，又是摆脱贫困的终点。儿童早期是人脑发育和能力形成的关键期，为人一生的健康、学习和劳动力的形成与发展奠定了基础。已有的研究表明，贫困给儿童在学业、身体发育和健康、社会交往等诸多方面带来不同程度的负面影响，贫困对儿童教育、健康、市场机会等的连锁影响，会使贫困产生代际转移，形成贫困的恶性循环，不仅影响脱贫，也因为影响社会发展所需要的人力资本质量，从而最终影响社会和经济的发展。而在一般的社会福利理论中，对于儿童的社会保护和社会福利投入被视为国家进行的效益最好的社会投资。对儿童阶段的投入会提高这些儿童未来的生产率或国家未来的社会福利支出。贫困致使儿童的健康、营养和教育无法充分保障，容易导致儿童发育迟缓、限制其潜能发挥，进而影响其一生。经济社会学家在牙买加的政策试验表明，通过提供儿童早期发展服务，可使贫困儿童成人后的收入增加25%，这相当于他们在更富裕家庭中成长所产生的效果。因此，将儿童作为打破贫困的代际传递的起点尤为重要。

3.政府干预贫困儿童早期发展的国际经验

发展儿童福利事业已成为世界各国社会保障制度建设的主要着力点。联合国、OECD（经济合作与发展组织）等国际组织高度重视儿童早期发展，将其列为反贫困和可持续发展的重要议题。无论发达国家还是发展中国家都将贫困儿童早期发展视为公共责任。美国在1965年和1995年分别开启了"开端计划"和"早期开端计划"项目，联邦政府专门针对低收入家庭，为孕妇、婴幼儿及其父母提供健康、营养、教育等综合性服务。印度自1974年以来实施"综合儿童发展服务项目"（ICDS），该项目是目前世界上由政府支持的规模最大的儿童早期发展扶贫项目。巴西联邦政府在2016年启动了"快乐儿童计划"，通过家访为贫困儿童和家庭乃至难民提供儿童早期发展公共服务。这些国家的实践证明，政府对贫困儿童早期发展进行积极干预，增加贫困儿童获得公共服务的途径，可以从源头促进儿童发展机会平等，缩小不同家庭人力资本的差距，进而防范社会分化和贫富差距拉大的风险。

（三）中国农村儿童早期发展亟待政府干预

1.儿童早期发展水平城乡差距较大

中国儿童早期发展水平城乡区域存在较大差距，农村贫困儿童在健康、营养、教育等方面的发展水平明显滞后。数据显示，2018年，农村和城市5岁以下儿童死亡率分别为10.2‰和4.4‰，农村是城市的2.3倍[①]。早期教育核心在于提供一个教育营养丰富的环境，对孩子的大脑发育和人格成长进行"激活"。而国家发展研究基金会的有关调查显示，山区农村幼儿的认知能力得分不足城市同龄幼儿的60%，语言能力得分只相当于城市同龄幼儿的40%，显示出城乡儿童在启蒙阶段就存在明显差距。同时中国婴幼儿托育教育公共服务体系发展不充分不平衡问题仍然突出存在，在广大的农村地区、革命地区、民族地区、边疆地区，普惠性学前教育资源还较为短缺[②]。2020年，国家卫健委人口家庭司数据显示，中国0~3岁婴幼儿在各类托育机构的入托率只有4.1%，而中国人口与发展研究中心调研结果显示，现有托育机构中不到两成是普惠的，大多数是民办机构，能承担、接受其价格的家庭不足三分之一。

---

① 国家卫生健康委员会.中国妇幼健康事业发展报告2019[EB/OL].http://www.gov.cn/fys/jdt/201905/bbd8e2134a7e47958c5c9ef032eldfa2.shtml,2019-05-27.
② 庞丽娟.发展普惠性婴幼儿托育教育服务体系[J].教育研究,2021,42(03):16-19.

2.农村儿童早期发展服务供给严重不足

脱贫攻坚时期,贫困儿童常面临着不利的家庭和社会环境,贫困儿童需要的早期发展服务供给严重不足。特别是在农村贫困地区,家庭经济条件、养育环境差,家长文化程度普遍偏低,父母长期外出打工、隔代教育现象普遍,家长普遍缺乏科学的育儿知识和育儿能力,往往忽视了儿童教育的重要性。此外,由于贫困儿童服务成本较高、盈利性低,因此在贫困地区很少有早教类服务机构提供服务,供需矛盾较为凸显。同时儿童低体重和生长迟缓患病率在国际上被定为21世纪衡量社会平等的一个标准,两者发育状态反映的都是长期慢性营养不足的结果。儿童身体发育不良不仅将使他们的智力发育受损,而且增加了他们成年后罹患冠心病、高血压等慢性病的危险。研究结果表明,对4个月到2岁儿童的食物添加动物性食品和蔬菜水果可以有效地降低儿童低体重率和生长迟缓率,足以显示推进儿童食品添加项目的必要性和紧迫性[①]。

3.政府对农村儿童早期发展重视不足

在儿童早期发展阶段,尤其是0~3岁儿童早期发展阶段,中国尚未形成制度化的保障体系。公共服务主要体现在卫生领域,儿童接受免费的预防接种服务、儿童健康管理服务等;但在早期养育方面依然缺乏系统性的顶层设计,基层也难以落实,目前以项目试点为主。2019年国家卫健委出台《关于印发农村儿童早期发展试点工作方案的通知》,在浙江义乌、河南新密等10个省市的26个县(市)开展农村儿童早期发展试点工作。部分社会组织和国际组织以项目示范的方式提供服务,如联合国儿童基金会与原国家卫计委、民政部、妇联等合作在原国家贫困县开展了"儿童早期综合发展"项目。但这些项目覆盖范围较小、服务对象有限,另外项目资金多为公益性社会捐助资金,缺乏稳定的政策支持。

---

① 朱玲.政府与农村基本医疗保健保障制度选择[J].中国社会科学,2000(04):89-99,206.

（四）中国儿童福利事业未来展望

改革开放以来，中国儿童福利制度经过多年的发展取得了巨大成就，中国儿童独立制度已经从传统补缺型阶段迈向适度普惠型。从目前发展趋向来看，建设普惠型儿童福利制度将是未来中国儿童福利发展的最终目标。

1.加强儿童福利制度的顶层设计

中国七十多年来的国家建设经验表明，只有及时、正确地制定与社会改革相适应的政策法规并切实执行，才能保证各项制度走上适应国家发展和需要的科学发展道路。目前中国针对儿童的法律法规主要是从母婴保健、社会保护、学校教育等方面规定了儿童的权利义务而没有为儿童福利专门立法。因此要实现普惠型儿童福利最重要的是加强对儿童福利制度的顶层设计，包括建立基本儿童服务制度，赋予所有儿童享受基本公共服务的法定权益，同时辅以儿童津贴和家庭津贴以减轻育儿的刚性负担。同时规范的政策法规也要依赖于相关部门的高效执行。发达国家儿童福利事业发展经验表明，建立专门的儿童福利管理机构有益于推动儿童福利政策的高效落实。未来中国需整合中央和地方政府层面相关职能部门，进一步厘清各部门在儿童福利事务中的职责，确保分工明晰无重叠[1]。有条件时建立综合性儿童福利执行机构以更好地整合资源、协调关系，推动中国儿童福利工作的发展。

2.扩大农村普惠性学前教育资源

构建以义务和普惠为价值内核的投入机制是实现农村普惠型学前教育资源扩大的重要保障，未来应在坚持公益性的基础上将普惠性作为农村学前教育投入的基本原则。首先要明确政府是农村普惠性学前教育资源保障主体，针对经济发展水平和教育发展水平不同的地区应采取不同的资源投入政策。有条件的地方可尝试将义务教育年限向下拓展到学前教育。其次，应发挥公办幼儿园引

---

[1] 杨无意. 我国儿童福利事业发展的成效、问题与对策[J]. 中国民政, 2019(10):40-41.

导整个学前教育向普惠性方向发展的先锋作用，同时必须突破观念，坚持以服务群众为宗旨，强化普惠性幼儿园的理念，对要转为普惠性的民办园给予积极的引导、鼓励、支持与扶助，使其切实成为面向大众，收费较低的普惠性幼儿园[①]。同时，要优化布局确保学前教育资源下沉[②]。当前中国各地普遍将农村学前教育发展重点放在建设乡镇中心幼儿园方面，但是往往由于交通不便、距离较远等问题难以辐射到周边村落。应及时调整农村学前教育资源布局的思路，尽快在广大农村地区因地制宜地布局和配置学前教育资源，构筑好农村学前教育公共服务体系。

3.构建多层次儿童福利服务体系

随着经济持续快速增长，国家整体实力和人民的生活水平显著提高，国家有必要也有能力提供更为全面的儿童福利，儿童和家庭也需要更为全面、更具保障性的福利体系以促进儿童健康发展、缓解家庭抚育压力、抵御社会潜在风险。未来中国儿童福利制度应以家庭为中心，针对不同家庭类型采用包括替代性、补充性以及支持性的多层次的儿童福利政策。针对原生家庭固有缺陷的儿童如孤儿、弃婴可选择替代性儿童福利，通过机构供养、寄养、收养等形式对其行使替代性监护职责，确保其社会化的顺利进行；对于生活在弱势家庭中的儿童，应通过补充性儿童福利来补足其家庭功能，例如可以为这些家庭提供福利服务支持、家庭现金补助等。对于生活在正常家庭的儿童，应通过支持性政策来改善儿童福利，例如提供儿童免疫和医疗保险，提供免费营养午餐改善营养状况；提供托幼服务、育儿津贴等以减轻家庭负担等等。同时，通过多样性且具有针对性的儿童服务，来给予不同类型的家庭以及儿童更完善的生活保障，以更好地促进儿童福利事业的发展。同时在政府、社区家庭、学校层面建

---

① 孙美红.改革开放40年我国农村学前教育的变迁与政府责任[J].学前教育研究,2019(01):33-44.
② 胡马琳,蔡迎旗.乡村振兴战略下的农村学前教育[J].河北师范大学学报(教育科学版),2020,22(04):71-77.

立起常态化的三层监测评估网络体系,构建儿童福利社区服务网络,以提供近便性服务等。

4.培育社会投资型儿童福利观念

儿童事业的发展反映了一个国家社会发展和文明进步程度,社会越是发展,儿童福利越是受到重视,相关制度安排越是全面[1]。随着社会经济的发展,人力资本越发成为一个国家核心竞争力。自20世纪70年代福利国家危机以来,发展型社会政策被逐渐提出来。发展型社会政策是一种增进全体社会成员经济和社会能力的资源再分配机制,其核心是将政策看作一种社会投资行为。儿童福利政策又是发展型社会政策的重要组成部分。帮助儿童和支持家庭作为发展型社会政策的"上游干预"政策[2],其不再将儿童福利单纯地视为"福利",而是一种更广泛的社会投资。因此我们应清楚认识到对儿童事业的投资就是对国家和社会未来的投资,国家应重塑观念,重视对儿童的投资进而推动儿童福利事业的进一步发展。

"十四五"规划和2035年远景目标纲要明确提出要"实现巩固拓展脱贫攻坚成果同乡村振兴有效衔接",而乡村振兴的目标是加快农业农村现代化,表明国家已将反贫困目标升级,民生保障建设的同步升级也是应有之义。在全面建成小康社会条件下,发展普惠性民生保障成为必然选择。

首先,要坚持在发展中逐步提高基本民生项目的福利水平。一方面要确保基本民生保障体系的发展与经济社会发展水平相适应,坚持在发展中改善民生。另一方面在做好基本型民生保障的同时也要着眼于发展型的民生服务,如提供更长的教育年限及更高的教育层次,能够为就业及收入提供保证与支撑;更全面的养老保险与生活服务,使人民获得更周到的生活安排,为发展更高层次的民生打下坚实的基础。

---

[1] 郑功成.中国儿童福利事业发展初论[J].中国民政,2019(11):51-53.
[2] 张秀兰,徐月宾.发展型社会政策及其对我们的启示[M]//张秀兰,等编.中国发展型社会政策论纲.北京:中国劳动社会保障出版社,2007.

其次，推动基本民生服务质量与社会发展水平相适应。从保障水平上看，基本民生保障具有保基本的性质，但"基本"的内涵也应随时代发展而向纵深拓展。在全面建成小康社会的条件下，更宽范围的义务教育、全生命周期的健康服务以及以"一老一小"为重点的人口服务体系需尽快统筹计划。

再次，着力提升基本民生保障的公平性。近年来中国大力推进基本公共服务均等化，拓展了义务教育、基本卫生服务、社会保障等领域的民生保障覆盖面，但我们仍然可以看到城乡民生服务的实质公平依然存在较大差距。下一步应着力构建包容性制度框架，拓展多元服务供给主体，确保公共服务资源进一步向基层下沉。

最后，加强基本民生保障的制度建设。党的十九届四中全会中民生保障制度概念的提出将民生保障上升到国家制度的层面，实现了对社会保障制度目标和范畴的超越，这也要求我们积极主动地变革包括责任主体、对象覆盖、经费保障、资源分配和服务提供在内的制度体系，全面系统地回应人民对美好生活的向往，是实现人的全面发展和乡村振兴的重要保证。

第三章

中国针对特殊困难群体的兜底性民生保障

保障生存、消除贫困过去一直是中国民生保障制度尤其是社会救助政策的目标。脱贫攻坚中，社会救助兜底保障是打赢脱贫攻坚战的一项底线制度安排，中国已经建立起以基本生活救助、专项救助和临时救助为主体，以社会力量参与为补充的综合社会救助体系，有效保障了困难群众的基本生活。然而，当前中国还存在数量较为庞大的低收入人口，其中弱劳动力、困难老年人、残疾人、儿童和其他一些特殊困难群体需要专门的兜底性民生保障，"弱有所扶"作为新时代中国民生保障的新目标和新要求，织密面向特殊困难人群的基本民生保障安全网是党和政府保基本的基础性工作。2021年2月26日习近平总书记在中央政治局第二十八次集体学习中系统性地阐述了覆盖全民的社会保障体系的建设目标和方向，明确了乡村振兴目标下社会保障的地位和作用，习近平总书记提出要将农村社会救助纳入乡村振兴战略统筹谋划，这对健全农村社会救助制度具有重要的指导意义，对全面推进乡村振兴战略也有重要的意义。乡村振兴战略的重点是农村与农民的发展，要实现乡村振兴的目标，也需要健全的农村社会救助制度，尤其是健全特殊困难群体的民生保障制度。本章首先回顾了脱贫攻坚以来社会救助兜底保障的发展历程和实践成果，明确提出了"十四五"时期农村社会救助工作面临的新形势和新要求，在充分总结"十三五"社会救助与脱贫攻坚、乡村振兴衔接互嵌共同促进的经验基础上，围绕全面推进乡村振兴重点内容统筹谋划农村社会救助事业，以广覆盖、多层次的社会救助项目和社会福利内容为抓手，构建严密的社会救助体系，切实保障民生。

一、中国农村反贫困的历史性成就

中国的脱贫攻坚工作创造了减贫史上的伟大成就，兑现了现行标准下农村贫困人口全部脱贫的庄严承诺。从中国的反贫困制度变迁和减贫历程来看，中国农村的贫困性质由整体性贫困转向区域性整体贫困和农户个体贫困，相应的扶贫战略也由传统的开发式扶贫向开发式与保障性扶贫并重转变[1]，精准扶贫背景下开发式扶贫与保障性扶贫政策功能互补、融合发展，构成了中国特色的反贫困制度体系。一方面从促进贫困地区经济发展的角度，国家通过针对性的扶持政策，结合贫困地区的资源禀赋和发展基础，通过资金、政策和项目支持为贫困地区营造了益贫式的发展环境，增强贫困人口的自我发展能力和保障贫困家庭的可持续生计，并使得贫困地区的生产生活条件得到改善。另一方面从风险预防的角度，对于无劳动能力的贫困人口、贫困户，保障性扶贫不仅在脱贫攻坚中起到兜底保障作用，也促进社会与地区稳定，为经济发展提供了良好的宏观环境[2]。相关部门先后出台了《关于做好农村最低生活保障制度与扶贫开发政策有效衔接的指导意见》《关于在脱贫攻坚三年行动中切实做好社会救助兜底保障工作的实施意见》《社会救助兜底脱贫行动方案》等政策措施，以基本生活救助为核心、以专项救助与临时救助为主体的社会救助则承担了兜底保障的重要任务，确保符合条件的建档立卡贫困人口全部纳入社会救助兜底保障范围，将民生兜底保障与扶贫开发政策有效结合，扎牢织密了目标人群的基本生活保障网。社会保障与扶贫开发相统筹既是实现绝对贫困人口清零的重要

---

[1] 新华社. 中共中央国务院关于打赢脱贫攻坚战三年行动的指导意见[N]. 人民日报, 2018-08-20(001).

[2] 左停. 综合保障性扶贫：株洲的实践和启示[J]. 人民论坛, 2019(04):102-103.

举措，也是巩固脱贫攻坚成果、缩小收入差距、增进民生福祉的必要条件。

（一）贫困人口与贫困地区的发展面貌焕然一新

1.贫困人口的收入水平和生活条件大大提高

党的十八大至全面建成小康社会，贫困地区农村居民人均可支配收入年均实际增速比全国农村高2.2个百分点。2019年，中国贫困地区农民人均可支配收入11567元，比2013年6079元增加了90.3%，年均增长率为9.7%。中国建档立卡贫困人口人均纯收入从2015年的2982元增加到2020年的10740元，年均增幅比全国农民收入高20个百分点，从建档立卡贫困人口的收入结构来看，工资性收入和生产经营性收入占比逐年上升，转移性收入占比逐年下降，贫困人口的自主脱贫能力逐渐增强，生活水平和质量大大提升，人民的获得感、幸福感和安全感显著增强。

住房安全有保障是农村贫困人口实现脱贫的基本要求，也是改善贫困人口生活水平的重要举措。通过农村危房改造、易地扶贫搬迁、农村集体公租房等多种形式保障了住房安全，农村居民人均住房面积从2010年的36.2平方米提高到2019年的48.9平方米[①]，"十三五"期间，全国累计投入各类资金约6000亿元，累计建成集中安置区3.5万个，安置住房266万套，搬迁960多万贫困人口[②]。贵州省全面完成了192万人的易地扶贫搬迁任务，占全国易地扶贫搬迁人口总数的近1/5，是全国易地扶贫搬迁人口最多的省份。安置点同步配套建设水、电、路等基础设施，完善了学校、医院、社区服务中心等公共服务设施，从根本上改变了贫困群众的生产生活环境，产业基地、扶贫车间的建设为贫困户就近就地就业创造了条件，这些举措是搬迁群众实现安居乐业的基础。农村

[①] 王蒙徽.补齐农村贫困人口住房安全短板 为全面建成小康社会提供有力支撑[J].求是,2021(4).

[②] 国家乡村振兴局党组.人类减贫史上的伟大奇迹[J].求是,2021(4).

饮水安全是脱贫攻坚目标的重要内容，脱贫攻坚期间贫困地区已建立完整的农村供水体系，水量、水质、供水保证率、用水方便程度均已达到脱贫攻坚的验收标准，人畜饮水问题和贫困人口饮水不安全问题全部解决，农村集中供水率达标率、自来水普及率和水质达标率也位居发展中国家前列。

2.贫困地区的县域经济和公共服务水平全面提升

受自然、地理、历史等先天基础条件和资源禀赋的限制，全面建成小康社会前，中国中西部地区的区域性整体贫困问题较为突出，主要表现为贫困地区、集中连片特困地区和民族八省区的贫困人口较为集中，贫困程度深、脱贫攻坚难度大。贫困地区将脱贫攻坚与县域经济整体发展联系起来，以脱贫攻坚统揽经济社会发展全局，建立了高质量的县域帮扶体系。脱贫攻坚以来，贫困地区经济持续保持较快增长，一般公共预算财政收入年均增幅高于全国平均水平约7个百分点。每个贫困县都因地制宜、结合自身资源优势培育了2—3个特色主导产业，标准化、规模化、区域性特色优势产业发展起来，切实提高了农业发展质量和贫困人群的收入。产业结构的优化升级带来的劳动力需求，促使更多的农村劳动力实现非农就业，工业和服务业的快速发展为农业产业转型升级创造了条件。电商、光伏、农村旅游等新模式新业态涌现，促进农村一二三产业融合发展，提升了农业产业价值链的附加值。脱贫攻坚一方面使得贫困地区的整体性减贫脱贫取得了显著成效，促进了区域经济协调发展；另一方面，基础设施建设、产业扶贫、社会事业发展等扶贫举措的不断强化和完善也为贫困地区的农村发展带来正向的时空溢出效应，强化了脱贫攻坚成果的稳定性和可持续性。

贫困地区的文化教育、医疗卫生和社会保障等公共服务水平得到全面提升。乡村道路、农田水利、基本公共服务设施等基础设施建设明显改善，补齐了贫困地区的发展短板。教育扶贫促成了贫困地区义务教育可获得性改善和破除了可承受性障碍，历史性地解决了义务教育阶段学生辍学问题，贫困人口的受教育机会和教育水平得到全面提升。贫困人口基本医疗有保障的目标也得以全面实现,将贫困人口全部纳入基本医保、大病保险、医疗救助三项制度保障范围,贫困地区的医疗卫生机构设施条件得到改善,县域医疗卫生服务能力也大大提升,偏远地区的重点传染病和地方病如新疆的肺结核、青海的包虫病也得到有效遏制。

3.农村社会面貌的改变形成了全社会扶贫济困的文化风尚

经历了脱贫攻坚精神的洗礼,贫困地区和贫困群众的精神面貌焕然一新。贫困地区将脱贫攻坚与文明乡风建设有机结合,大力推行移风易俗活动,致力于引导群众改变婚丧大操大办、奢侈浪费、薄养厚葬、聚众赌博、懒惰散漫等陈规陋习和不良之风,使得贫困地区的因懒致贫、因赌致贫、因婚致贫等不良现象得到有效遏制,并引导贫困户养成良好的消费观念和消费习惯。在人居环境整治中,引导贫困户养成健康文明的生活习惯,培育了乡风文明和生态文明的理念,提升了贫困地区的乡风文明建设水平。坚持扶贫扶志扶智相结合,一方面,通过农村实用技术培训、劳动力转移培训和扶贫创业致富带头人培训等方式,知识、信息、技能的输入切实提高了贫困户自我发展能力。另一方面,通过开展习近平新时代中国特色社会主义思想、社会主义核心价值观主题教育,宣传解读脱贫攻坚大政方针,并运用群众身边的先进典型事例,帮助贫困户树立了"自力更生、勤劳致富"劳动观,激发了脱贫农户劳动积极性和主动性。

在乐善好施、守望相助的优良传统文化的影响下,积极营造全党全社会关心贫困群众、支持贫困地区的良好氛围,充分调动了社会各方面力量参与脱贫攻坚工作的主动性和积极性。东部省市与中西部省市开展扶贫协作和对口支援,已有342个东部经济较发达县结对帮扶570个西部贫困县,扶贫协作双方围绕资金援助、产业合作、人才交流、劳务协作,开创了中国特色的东西扶贫协作新局面,西部地区的整体性发展取得历史性进步,充分体现了中国特色社主义制度的优越性。通过设立国家扶贫日和全国脱贫攻坚奖，营造了良好的脱贫攻坚社会氛围。进一步继承和弘扬新时代脱贫攻坚精神，增强了全党和全社会对做好脱贫攻坚工作的责任感和使命感，这些举措有利于传承中华民族扶贫济困的优良传统，大大激发了全社会的扶贫潜能、扶贫智慧和扶贫力量。

（二）困难群众的基本生活得到有效保障和改善

社会保障兜底作为脱贫攻坚"五个一批"工程之一，是中国国家治理体系中保障和改善民生的基本制度安排。习近平总书记在不同场合多次对兜底保障作出了重要指示批示，并对社会救助兜底保障工作作出一系列重大决策部署，要求各项工作聚焦脱贫攻坚、聚焦特殊群体、聚焦群众关切，着力保基本兜底线，织密扎牢民生保障"安全网"。贫困家庭结构中老弱病残人口所占比例较为显著，与农村的一般家庭相比，他们的劳动能力和劳动经验可能显得不足，缺乏稳定可持续的收入来源。解决这些群体的贫困问题，通过社会救助来保障部分或完全丧失劳动能力的老弱病残等弱势群体的基本生活，充分发挥了社会救助在脱贫攻坚中的兜底保障作用。

1.社会救助的覆盖和瞄准范围不断扩大

以低保和特困基本生活保障为基础的社会救助瞄准范围不断扩大，低保户、特困人员、困难残疾人、贫困儿童、困难老人等均实现"应保尽保"。现行标准下9899万农村贫困人口全部脱贫，其中1936万建档立卡贫困人口纳入低保或特困救助供养范围[①]，反映了低保制度与扶贫开发两项制度相衔接的效果。困难残疾人生活补贴和重度残疾人护理补贴制度分别惠及困难残疾人1153万人、重度残疾人1433万人，儿童督导员和儿童主任实现全覆盖，更多贫困儿

[①] 中华人民共和国国务院新闻办公室.民政部举行2021年第二季度例行新闻发布会[EB/OL]. http://www.scio.gov.cn/XWFBH/gbxwfbh/xwfbh/mzb/Document/1704577/1704577.htm, 2021-05-08.

童享受到关爱服务①。经济困难的高龄、失能等老年人补贴制度全面建立,惠及3689万老年人。

表3-1 2016—2019年社会救助主要项目覆盖情况

	2016年	2017年	2018年	2019年
农村最低生活保障人数	4586.5万	4045.2万	3519.1万	3456.1万
农村特困人员供养人数	497万	466.9万	455万	439.3万
医疗救助人次	8720万	8738.2万	1.30亿	1.58亿
资助困难群众参加基本医疗保险	5620.6万	5202.6万	7673.9万	8751万
住院救助和门诊救助	3099.8万	3535.6万	5362万	7060万
教育救助人次	9126.14万	9590.41万	9801.48万	10590.8万
临时救助人次	850.7万	970.3万	1108万	993.2万

注:教育救助不包括义务教育免除学杂费和免费教科书、营养膳食补助。

数据来源:《中国学生资助发展报告》(2016-2019),《民政事业发展统计公报》(2016-2019),《全国基本医疗保障事业发展统计公报》(2018-2019)。

医疗和教育支出过大而产生的新增贫困和返贫也是脱贫攻坚中关注的主要问题。专项救助项目中教育和医疗救助充分发挥了减支和防贫的作用。在基本医保、大病保险、医疗救助三重保障机制中,医疗救助起到托底保障的作用。脱贫攻坚期间,医疗救助对象范围已从低保对象、特困人员逐步拓展到低收入家庭老年人、未成年人、重度残疾人和重病患者,从救助人次来看医疗救助的力度呈持续上升趋势,医疗救助资助参加基本医疗保险的人数从2016年的5620.6万人增至2019年的7782万人,增幅为38.5%。2017—2019年,直接医疗

---

① 中华人民共和国国务院新闻办公室.国务院新闻办发布会介绍脱贫攻坚兜底保障有关情况[EB/OL].http://www.gov.cn/xinwen/2020-11/23/content_5563582.htm, 2020-11-23.

救助人次数分别同比增长了14.6%、51.7%和31.7%。教育救助中，目前在全国范围内已建立覆盖学前教育至研究生教育的全学段资助政策体系，还针对深度贫困地区和特殊困难群体出台相关学生资助政策，有效保障建档立卡等学生资助需求[①]。2019年全国累计资助学生（幼儿）10590.79万人次，比上年增加1464.66万人次，增幅为13.8%。社会保障有效地适应了中国经济新常态下就业形势的转变，积极配合了精准扶贫战略的持续实施，在兜底保障方面发挥了重大作用。

2.社会救助的兜底保障水平稳步提升

社会救助兜底保障政策的防贫作用主要体现在两方面，一是通过提高兜底保障水平，确保低保户等最低收入群体的收入高于贫困标准，维护他们的基本收入；二是通过政策补贴，减少贫困人口医疗、教育等方面的大额支出来预防贫困的发生。从收入维护角度来看，农村低保制度作为一项基本的社会保障制度在脱贫攻坚中发挥了重要的兜底保障作用。脱贫攻坚以来，中国农村低保标准增幅持续提升并稳超国家贫困标准，截至2019年12月底，全国农村低保平均标准为5336元/人·年，占当年全国农村居民人均可支配收入（16021元）的33.3%，所有县（市、区）农村低保标准全部动态达到或超过国家扶贫标准。其中，22个脱贫攻坚任务重的省份农村低保平均标准为每人每年4697元，全国深度贫困县平均标准达到每人每年4199元，"三区三州"所辖县平均标准为每人每年4068元，均高于该年国家贫困线[②]。近年来，低保标准的稳定增长已成为实现2020年现行扶贫标准下农村贫困人口全部脱贫的重要举措，低保收入的稳定性也有效地发挥了防贫效应。

在医疗救助方面，低保对象、特困人员、农村建档立卡贫困人口等救助对

[①] 中华人民共和国教育部.中国学生资助发展报告（2018年）.http://www.xszz.cee.edu.cn/index.php/shows/70/3716.html, 2019-07-10.
[②] 国家统计局住户调查办公室编.2020年中国农村贫困监测报告[M].北京：中国统计出版社.2020: 90.

象年度救助限额内、政策范围内个人自付住院费用救助比不低于70%[①]，贫困人口医疗费用的实际补偿比可达到80%以上。2019年，全国医疗救助基金支出425亿元，资助参加基本医疗保险人员7782万人，医保扶贫综合保障政策惠及贫困人口2亿人次，帮助418万因病致贫人口精准脱贫。2019年教育累计资助金额2126亿元（不包括义务教育免除学杂费和免费教科书、营养膳食补助）[②]，比2016年增加550.45亿元，增幅为28.89%，大大减轻了困难群众的家庭支出负担，对家庭生活必要支出起到了代替作用，在有效巩固脱贫攻坚成果、降低防贫致贫风险中起到根本的、稳定的作用。

3.对困难群体的救助服务和福利供给力度持续加大

随着社会救助兜底保障政策的不断完善，各地探索了复合型的救助举措，进一步增强了各类社会服务的供给力度。为解决农村敬老院养老资源闲置与困难群体养老的迫切需求之间的矛盾，各地通过对农村敬老院进行社会化改革提升了机构建设管理及服务水平，例如有些地区的敬老院面向社会贫困和困难老人开放，对不符合特困供养条件但事实无力供养的贫困、困难和低收入家庭的老人，采取低偿或无偿的方式予以接收。河南省积极发挥慈善总会的主体作用，积极开展"慈善+扶贫"、"慈善+助学"和"慈善+助医"等活动。内蒙古林西县创新实施"精准扶贫+智慧养老"的模式，采取贫困老年人分户集中居住的政策，设法兜住老年贫困人口致贫、返贫的底线。湖南省建立兜底保障对象中留守老年人、留守儿童关爱保护体系，完善兜底保障对象"一对一"党员干部联系帮扶制度，开展"户帮户亲帮亲、互助脱贫奔小康"活动。甘肃渭源县以特殊教育学校为载体，构建了以随班就读为主体、特教学校为骨干、"送教上门"为补充的教育帮扶体系。

---

① 中华人民共和国年鉴社编．中国国情读本[M]．北京：新华出版社,2019: 298.
② 中华人民共和国教育部．中国学生资助发展报告（2019年）．[EB/OL]. http://www.xszz.cee.edu.cn/index.php/shows/70/3929.html, 2020-06-08.

二、乡村振兴背景下社会救助面临的新形势和新要求

打赢脱贫攻坚战的目标已如期圆满完成,同时我们也要清醒地认识到那些刚刚摆脱贫困的脱贫人群、处于贫困边缘的相对贫困群体,自身可持续生计的发展基础还不扎实,生产生活状态从全国范围来讲依然属于低水平的,仍然具有一定的风险和脆弱性。在解决相对贫困问题、推进社会主义现代化国家建设的进程中,农村帮扶工作面临着新的挑战和要求,党的十九届五中全会上提出:"十四五"期间中国反贫困的主要任务是"实现巩固拓展脱贫攻坚成果同乡村振兴有效衔接"。明确十四五时期农村社会救助工作面临的新形势和挑战,对完善兜底保障机制体系、提高困难群众基本生活保障质量有正向的推动作用。

(一)乡村振兴背景下中国社会救助事业面临的新形势

1.相对贫困和低收入人口会长期存在

虽然目前已实现消除绝对贫困目标,但脱贫攻坚中的兜底保障对象中老年人、未成年人、重病患者、重度残疾人所占比重较大、脆弱性较强、抵御风险的能力较差,缺乏有效的安全防范和风险缓解机制,因而无法得到有效的保护[1],容易出现因不可抗力因素导致基本生活陷入困难的情形,这些低收入人群也是相对贫困的已发生人群,他们的基本生活依然需要更加完善的兜底救助制度予以保障。党的十九届四中全会明确提出"坚决打赢脱贫攻坚战,巩固脱贫攻坚成果,建立解决相对贫困的长效机制",并明确指出:"2020年消除现行标准下绝对贫困现象后,相对贫困问题也会不断凸显,低收入困难群众会长期存在,社会救助兜底的底线不是一成不变的,而是伴随着国家发展、极端贫困

---

[1] 左停.统筹谋划乡村振兴战略 健全农村低收入人口常态化帮扶机制[N].中国社会报.2021-05-12(003).

现象减少甚至消除与人民生活水平的持续提升而不断提升"[1]，国家反贫困的重心将转向贫困预防和解决"相对贫困"问题，如何避免相对贫困问题的恶化和返贫现象的出现、提升低收入家庭及个人的抗击风险能力和生活质量则是新时期社会救助的重点工作。

与绝对贫困相比，相对贫困的内涵成因和测量维度较为复杂多样，浙江、江苏、山东等东部省份最早对低收入人口的界定标准进行了探索[2]，2020年民政部、财政部联合出台的《关于进一步做好困难群众基本生活保障工作的通知》对"低收入家庭"进行了界定，即家庭人均收入高于当地城乡低保标准，但低于低保标准1.5倍[3]，但目前在全国范围内没有对这部分人群进行估算。这里笔者尝试用国家统计局中数据预估中国农村低收入人口的规模，《中国统计年鉴2020》统计了农村居民按收入从低到高五等分组的人均可支配收入情况（见图3-1），第一组的20%最低收入组家庭为全国农村中的低收入户，图中呈现的收入为五组组内的平均收入，其中农村人口20%低收入组的平均收入为4262.6元，为估算最低收入组的上限收入，这里根据五等分组平均收入的趋势进行多项式曲线拟合（见图3-1），估算最低收入组20%的上限收入约为8041元，约为当年农村居民人均可支配中位数（14389元）的55.85%，低收入组与其他分组的收入还存在一定的差距。OECD（经济合作与发展组织）国家、欧盟国家以可支配收入中位数的一定比例作为相对贫困标准[4]，中国学者对相对贫困的收入测算采用收入比例法测量进行了许多实践探索，中位数则更接近大

---

[1] 郑功成.中国社会救助制度的合理定位与改革取向[J].国家行政学院学报,2015(04):17-22.
[2] 左停,贺莉,刘文婧.相对贫困治理理论与中国地方实践经验[J].河海大学学报(哲学社会科学版),2019,21(06):1-9，109.
[3] 国务院办公厅关于进一步做好困难群众基本生活保障有关工作的通知〔2021〕2号[EB/OL].http://www.mof.gov.cn/zhengwuxinxi/caizhengxinwen/202101/t20210125_3648631.htm,2021-01-25.
[4] 王小林,冯贺霞.2020年后中国多维相对贫困标准：国际经验与政策取向[J].中国农村经济,2020(03):2-21.

众收入客观水平[1]，根据各地经济发展水平的差异，其收入测算标准主要围绕农村居民可支配收入中位数的40%[2]—60%[3][4]，按照这个标准测算[5]，中国农村的低收入人口比例在22%—30%之间，这部分大致为新时期社会救助的目标群体。

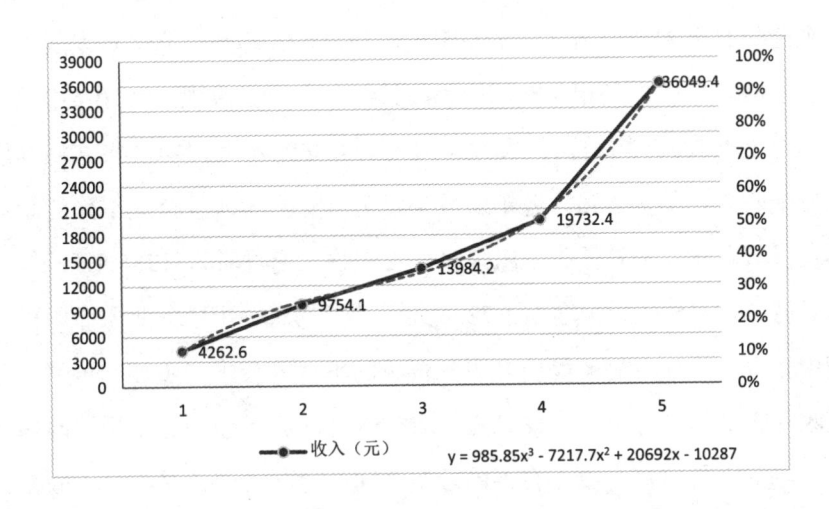

图 3-1　2019 年中国农村居民按收入五等分组的人均可支配收入结构图

2.区域城乡发展和资源分配不平衡现象较为突出

中国区域发展不平衡和收入分配差距较大。区域不平衡的发展型贫困是脱贫攻坚过程中农村地区以及老少边穷地区的贫困的突出表现。中国各地农村的

---

[1] 张琦.论缓解相对贫困的长效机制[J].上海交通大学学报(哲学社会科学版),2020,28(06):16-20.
[2] 李莹,于学霆,李帆.中国相对贫困标准界定与规模测算[J].中国农村经济,2021(01):31-48.
[3] 张琦,沈扬扬.不同相对贫困标准的国际比较及对中国的启示[J].南京农业大学学报(社会科学版),2020,20(04):91-99.
[4] 程蹊,陈全功.较高标准贫困线的确定:世界银行和美英澳的实践及启示[J].贵州社会科学,2019(06):141-148.
[5] 注:2019年我国农村居民人均可支配收入中位数的40%为5756元,60%为8633元,X对应取值分别为1.7和2。

地理区位、资源禀赋与社会经济水平各有差异，如中国东部沿海地区、一些城市的郊区产生了一些十亿元村、百亿元村，无论是贫困人数还是贫困发生率西部地区均显著高于东、中部地区，其公共服务、基础设施建设和农业规模化发展不充分，没有依托自身资源形成可持续的经济社会发展动能，中国东西部地区在经济规模总量、经济发展水平、社会发展水平上的差距较大，是区域经济发展不平衡的突出表现，南北经济差距也呈现出扩大趋势。除区域发展不平衡外，城乡发展不平衡也是相对贫困问题凸显的一个突出表现。2020年中国城镇居民人均可支配收入43834元，农村居民人均可支配收入17131元[①]，城乡居民人均可支配收入比值为2.56，近年来城乡居民可支配收入呈持续下降的趋势。2019年农村最高收入和最低收入组家庭可支配收入绝对值为31786.8元，较2013年的绝对值（18445.8元[②]）增加了72.32元。除了初次分配中的收入差距以外，再分配中教育、医疗、健康等公共服务资源的不平等会进一步加剧对欠发达地区和低收入人群的剥夺感。由此来看，农村内部的收入差距和不平等问题日渐加重。相对贫困与财富、收入在不同阶层之间的分配有关，又与个人的自我认同以及社会公平观紧密相连。[③]从不同家庭对所在社区的社会经济地位主观评价的态度中可以看出，建档立卡贫困家庭认为自己处于中层地位的居多，占比为34.1%，有55.1%的建档立卡贫困家庭中的低保户认为自己处于中层及中下层水平，46.1%的非建档立卡户则认为自己处于下层水平。脱贫攻坚力度之大、规模之广前所未有，相关的扶贫项目和民生兜底保障政策对建档立卡贫困户的覆盖率和瞄准度越来越高，使得非建档立卡贫困户存在一定程度上的心理落差，对自己的经济水平造成偏颇的判断和定位。当前社会保障资源在人群之

---

① 国家统计局.中华人民共和国2020年国民经济和社会发展统计公报[EB/OL].http://www.stats.gov.cn/xxgk/sjfb/zfbg2020/202102/t20210228_1814159.html, 2021-02-28.
② 国家统计局农村社会经济调查司.中国农村统计年鉴[M].北京：中国统计出版社,2020.
③ 吴振磊，王莉.我国相对贫困的内涵特点、现状研判与治理重点[J].西北大学学报(哲学社会科学版),2020,50(04):16-25.

间、城乡之间和项目之间配置不够均衡[①]，也要关注贫困户与非贫困户、贫困区与非贫困区之间的收入发展和相关社会服务供给差异。

表 3-2 在本社区中的社会经济地位的主观评价

社会经济地位	计数项	家户类型		
		建档立卡户	建档立卡户中低保户	非建档立卡户
上层	频数	41	14	6
	比例	0.90%	0.60%	0.40%
中上层	频数	144	65	29
	比例	3.20%	2.60%	1.80%
中层	频数	1517	743	351
	比例	34.10%	29.50%	21.20%
中下层	频数	1163	646	471
	比例	26.20%	25.60%	28.40%
下层	频数	1463	988	763
	比例	32.90%	39.20%	46.10%
总计	频数	4328	2456	1620
	比例	97.30%	97.50%	97.90%

数据来源：根据北京大学中国社会科学调查中心完成的"2020年托底性民生保障支持系统建设"项目获取的调研数据分析所得。

---

① 何文炯. 社会保障何以增强兜底功能. 人民论坛, 2020(23):81-83.

当前中国人民日益增长的美好生活需要和不平衡不充分发展之间的矛盾相适应，十九届五中全会将人民生活更加美好，人的全面发展、全体人民共同富裕取得更为明显的实质性进展作为远景目标提出，在全面建成小康社会、实现第一个百年奋斗目标之后，接下来中国的农村帮扶政策设计不仅注意缩小区域之间和城乡之间的发展差距，同时也要注意农民内部之间的收入和发展不平衡不充分的问题。乡村振兴目标下，中国相对贫困治理应以推进农民增收富裕为相对贫困治理基本目标，脱贫的绝对水平和相对水平还需要提升和巩固，既要长期有效地保证相对贫困群体稳定脱贫，又要实现区域协调发展的目标。

3.人口面临结构性矛盾，家庭规模和结构发生变化

中国第七次全国人口普查主要数据情况显示，60岁及以上人口为26402万人，占总人口的18.70%。其中，65岁及以上人口为19064万人，占13.50%[1]，已接近国际社会通用的深度老龄化（65岁以上人口占比超过14%[2]）标准。2020年的60岁及以上老人数量历史上第一次超过0-14岁少年儿童数量[3]，与2010年相比，15-59岁人口的比重呈下降趋势，2020年中国人口抚养比为45.9%[4]，比2010年增长了3.4个百分点（见表3-3），劳动年龄人口承担抚养、赡养儿童和老人的压力增大。特别是中西部省份的一些农村地区随着长期劳动力的外出流动，农村空心化、老龄化问题越来越突出，虽然老年人是一个重要的消费群体，但由于当前农村民生领域中的医疗、养老等社会服务体系还不完善，更多的老年人倾向于储蓄，对乡村的消费结构产生一定影响，保障基本民生需要加大财政投入，社会救助制度的财政压力也会进一步增加。

---

[1] 国家统计局.第七次全国人口普查公报（第五号）[EB/OL].http://www.stats.gov.cn/sj/tjgb/rkpcgb/qgrkpcgb/202302/t20230206_1902005.html, 2021-05-11.
[2] 联合国国际人口学会编著.人口学词典 [M].杨魁信，邵宁，译.北京：商务印书馆.1992.
[3] 注：0—14岁人口为25338万人，60岁及以上人口为26402万人。
[4] 国家统计局.第七次全国人口普查公报（第五号）[EB/OL].http://www.stats.gov.cn/sj/tjgb/rkpcgb/qgrkpcgb/202302/t20230206_1902005.html, 2021-05-11.

表 3-3 21世纪以来中国人口普查各年龄段人口所占比例和抚养比情况

人口普查年份	人口所占比例（%）			抚养比（%）		
	0-14岁	15-64岁	65岁+	少儿抚养比	老年抚养比	总抚养比
2000年	22.9%	70.2%	7.0%	32.6%	9.9%	42.5%
2010年	16.6%	74.5%	8.9%	23.7%	12.7%	36.4%
2020年	18.7%	68.6%	13.5%	26.2%	19.7%	45.9%

数据来源：国家统计局《全国人口普查公报》。

在人口老龄化趋势的影响下，农村家庭规模和结构也发生了改变，1990年中国家庭户平均人口规模为3.96人，2000年为3.44人，2010年为3.1人，2020年下降到2.62人[1]，来自家庭的保障功能受到冲击，给社会保障体系建设带来了更大的压力。家庭户人口规模趋于小型化，在欠发达农村地区，家庭遭受多维剥夺的相对贫困与家庭规模呈负相关，但是家庭中老年人和儿童的数量越多，则多维剥夺的相对贫困程度越大[2]，农村地区的家庭人口结构则与陷入相对贫困的可能性的关联性较强。贫困家庭人口结构中老弱病残的特征显著，部分家庭还有长期照护失能人员和残疾人的压力。技能劳动力数量较少，实现稳定高质量就业的群体比重不高，加之贫困地区资源禀赋的限制，短时间内自我发展与脱贫能力难以得到有效提升，从而导致应对外部风险的能力不足，因为缺乏稳定可持续的收入来源，这是已脱贫不稳定户、边缘贫困和低收入家庭普遍存在的问题。农村老年人的贫困风险与贫困脆弱性在一定程度决定了农村老年贫困是相对贫困的突出问题。而目前的兜底保障维持在基本生活保障水平，农村适老化服务发展较为滞后，其服务总量、结构和水平还与建设普惠性和高质量的

---

[1] 顾志娟.67年中国人口之变：家庭成员"缩圈"[N].新京报，2021-05-12（006）.
[2] 仲超,林闽钢.中国相对贫困家庭的多维剥夺及其影响因素研究[J].南京农业大学学报(社会科学版),2020,20(04):112-120.

养老服务体系存在较大差距，同时也要充分考虑不同类别和不同年龄阶段老年群体的需求差异。随着人口结构的变化，现代社会出现的"重少轻老"的现象影响了传统孝道与现代伦理观的传承。贫困地区困境儿童和留守儿童的社会福利体系仍存在短板，发展型社会服务的有效供给不足。

单身家庭、单亲家庭、孤儿与事实孤儿、失独家庭、空巢家庭[①]等家庭形态日益增多，这些家庭的经济收入水平较低、劳动力缺失，在应对风险中家庭保障的功能式微，如儿童照顾、教育医疗服务、老年人残疾人服务等均存在短板，在处理国家和家庭责任方面，如何发挥社会救助的积极保障作用，如何调整救助结构、优化救助项目是下一步要重点考虑的内容。

4.社会经济发展的外部环境存在不确定性和风险冲击

民生建设是在整个经济、政治和社会环境中运行的，大环境的波动往往会对民生建设产生很大的影响[②]。如2020年新冠肺炎疫情给中国东部的外向型经济的生产和需求带来了负面的冲击，有组织的劳务输出服务切实解决了东部企业复工复产、用工短缺的难题。随之中美关系的加速下滑，导致中国很多外向型企业的市场份额缩水严重，双方在经济、教育、医疗、人才等领域的交流都受到限制。欠发达农村地区的产业结构单一，劳动力主要分布在传统的种养殖行业，从事简单的劳动生产活动。即使有劳动密集型行业的地区，也主要涉及农业、林业、纺织、服装、皮革等传统产业以及饮食、旅店、理发、运输等服务业，这些地区大部分劳动力只能从事技术含量较低的初级加工和提供服务，外出务工的农村劳动力，主要从事一般的制造业和基础服务业，这些个体从事低技能工作的市场竞争力不足，难以适应产业转型升级的要求，工作不稳定的低收入群体会影响家庭生计的正常维系。受经济波动等外部环境的影响，还有

---

① 关信平.论我国社会救助制度的结构调整与制度优化[J].山西大学学报(哲学社会科学版),2020,43(05):119-125.
② 关信平.全面建成小康社会条件下我国普惠性民生建设的方向与重点[J].经济社会体制比较,2020(05):8-15.

一部分人并非社会救助瞄准的原有对象，在经济社会出现风险时易转为困难对象，当经济社会恢复常态后大部分人可自动恢复生计维持能力[①]，这类人在缺乏外部有力的保障条件时容易陷入困难状态，也是风险防控的重点。

我们要清醒地认识到现代社会的变动性、灵活性与不确定性与日俱增，并不存在一个绝对安全、稳定的平衡状态[②]，社会救助水平与经济社会发展相适应[③]，一方面，随着经济社会发展水平的提高，民生保障也持续不断地得以改善，不断满足人民日益增长的美好生活需要；另一方面，当经济发生周期性波动和下滑时，要降低突发事件风险对脆弱性人群的生活影响，同时也要为困难群体恢复生产生活提供保障，由此可见，未来一段时期内稳定可持续的救助政策显得尤为重要。社会救助作为低收入人群兜底保障的安全网，在适应经济波动、外部环境的变化，应对外部的风险冲击和影响中发挥积极的作用。

（二）乡村振兴背景下中国社会救助事业面临的新要求

现阶段，中国农村城镇化人口流动和非农就业呈现快速但不稳定发展态势，农村人口老龄化相对于城镇发展速度也很快，一部分低收入人口、返贫风险较大的群体还会长期存在，他们的自我发展能力和抵御风险能力较弱，其生活和发展的质量则与社会救助兜底保障政策的实施情况紧密相关，完善困难群众兜底保障要继续保持社会救助政策的连续性和稳定性，这是巩固脱贫攻坚成果、有效防止脆弱性群体返贫的现实需求。另一方面，当前中国的兜底保障服务仍然存在可及性不强、服务质量不高和发展不均衡的问题短板，在社会转型的大背景下，与人民群众日益增长的多层次多样化的民生需求还存在一定的距

---

① 贾玉娇.疫情防控常态化下如何保基本民生[J].前线,2020(08):55-58.
② 翟绍果，张星.从脆弱性治理到韧性治理：中国贫困治理的议题转换、范式转变与政策转型[J].山东社会科学,2021(01):74-81.
③ 中华人民共和国国务院.社会救助暂行办法[J].中华人民共和国国务院公报,2014(07):19-25.

离，这对社会救助的目标定位、项目结构、政策功能和制度安排等方面都提出了新的要求。十四五时期是巩固拓展脱贫攻坚成果的过渡期，在做好脱贫攻坚与乡村振兴的衔接工作的同时，还要不断创新农村社会救助体系，把社会救助体系有机地切入乡村振兴战略中去，是对社会救助助力乡村振兴工作的全新要求。

1. 巩固脱贫成果、有效防止致贫返贫的现实任务要求

实现巩固拓展脱贫攻坚成果同乡村振兴有效衔接，实现基础在于建立巩固拓展脱贫成果的长效机制。警惕脱贫后返贫、新增贫困现象的出现，就是要继续保持兜底救助政策的连续性和稳定性。脱贫攻坚过程中，贫困地区人力资本严重缺乏，表现为贫困人口中老弱病残等人口特征突出，贫困劳动力中技能劳动力不足，部分家庭还有长期照护失能人员和残疾人的压力，相对应的个体抵御风险和风险恢复的能力较弱，一旦遇到意外风险和危机（如重大疾病、自然灾害、经济波动、重大突发公共卫生事件等），这些群体具有潜在的陷入贫困或返贫风险。

从建档立卡贫困家庭对实现稳定脱贫的主观态度上来看，有36.16%的家庭认为实现稳定脱贫一定离不开兜底保障政策，如果没有兜底保障政策，54.73%的家庭认为实现稳定脱贫存在风险和困难，只有不到10%的家庭认为可以独立实现稳定脱贫。2020年"现有扶贫标准下贫困人口全部脱贫"目标的达成并不是反贫困的终结，贫困户一旦脱贫退出后，政府的帮扶目标必然发生位移，在政策松绑后，这部分退出建档立卡的退贫群体能否保持生计稳定直接决定了脱贫质量。事实上，由于自身可持续生计能力不足和原贫困地区经济社会发展受限，已退出帮扶计划的精准脱贫户极可能由于遭遇风险冲击和生计动荡而再度陷入贫困。在可持续生计框架中，生计策略多样化被认为是农村可持续生计的核心战略[1]，可被看作是家庭应对外部干扰和维持生计能力的重要保障，也是

---

[1] 赵雪雁,刘江华,王伟军,等.贫困山区脱贫农户的生计可持续性及生计干预——以陇南山区为例[J].地理科学进展,2020,39(6):982-995.

家庭进步的标志，生计多样化的选择直接关系到家庭实现收入、安全和福利的可能性。因此，在原扶贫政策的边际效益不断递减、边际成本不断上升的背景下，积极探索精准脱贫户生计多样化实现的路径，进一步优化农村帮扶措施、建立防止返贫的长效机制，是避免已脱贫群体重新陷入贫困的关键所在，坚决预防后小康时代农村规模性返贫现象，这对巩固和扩大脱贫成果意义重大。

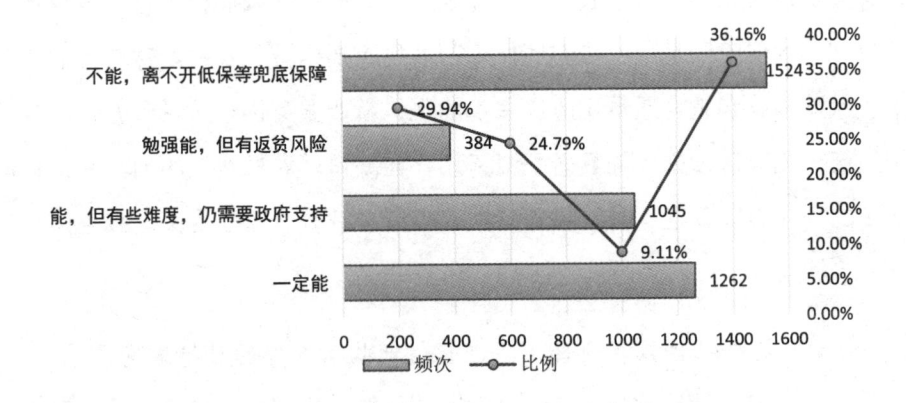

类别	频次	比例
不能，离不开低保等兜底保障	1524	36.16%
勉强能，但有返贫风险	384	24.79%
能，但有些难度，仍需要政府支持	1045	29.94%
一定能	1262	9.11%

图 3-2　建档立卡贫困家庭对实现稳定脱贫的主观态度

数据来源：根据北京大学中国社会科学调查中心完成的"2020年托底性民生保障支持系统建设"项目获取的调研数据分析所得。

2.加强农村社会救助服务体系建设，满足农村老弱病残脆弱性群体的基本需求

党的十九届四中全会通过的《中共中央关于坚持和完善中国特色社会主义制度推进国家治理体系和治理能力现代化若干重大问题的决定》明确提出要"加强普惠性、基础性、兜底性民生建设"的要求。中国的基本民生兜底保障政策在解决困难群众的生存型贫困、保障基本生活方面起到了重要的作用，然而相对于人民群众日益增长的多层次多样化的民生需求，当前中国农村的基本公共服务仍然存在可及性不强、服务质量不高和发展不均衡的问题短板，城乡在就业、教育、养老、健康和社保服务等方面存在发展差距，实质上仍然是相

关民生保障制度统筹规划不足与政策分割造成资源配置失衡的结果[①]。

农村老弱病残幼等特殊困难群体属于脱贫不稳定和边缘易贫人群，他们的生计资本抗风险能力极其脆弱，囿于低水平的生计系统，可供这类群体选择的生计方式较为狭窄。健全老年人关爱服务体系，整合县级福利中心和养护院、乡镇敬老院和卫生院、村级幸福大院等资源，开展日间照料，提供助餐、助浴、康复护理等服务，减轻农村家庭养老负担。残疾人发展权（接受教育和就业的权利）的保障则是下一步兜底保障制度的重要内容，农村特殊教育的普及水平、保障措施和教育质量还应进一步加强，就业服务供给质量和方式需要进一步拓展，无障碍设施、辅具适配服务还存在缺口。农村地区的困境儿童和留守儿童的关爱服务普遍不足，涵盖监护、生活、教育、医疗的关爱服务体系需要进一步健全。

3.创新发展型社会救助项目，促进农村低收入人口的可持续发展

除了"济贫"性质的现金和实物救助外，要实施积极的社会救助政策，把"解困"性质的社会服务和社会基础设施建设作为未来农村社会救助的重点来拓展，增强救助对象的自我发展的能力和抗击风险的能力。加强和创新基层公共社会服务的机构和网点建设，推进民政保障服务站点或人员行政村级制度性覆盖。拓展内容丰富和形式多样的社会救助项目，包括以工代赈、公益岗位兜底保障，在社工发育不足的情境下，可以依托现有的学校、幼儿园、敬老院、爱心超市等机构为困难老人、残疾人、儿童提供兜底保障服务。对于低收入困难人群，一方面根据实际困难情况给予相应的专项救助，另一方面，要致力于提高这部分群体的抗风险能力，积极拓展他们的生计活动选择空间。针对有就业意愿和劳动能力的年龄偏大人群、留守妇女等就业能力相对较弱的原建档立卡贫困人口，设计出四类互助性公益性岗位，即养老、托幼、助残和照料病患。为有劳动能力的低收入人口尽可能创造更多的就业机会，积极拓展他们的

---

① 郑功成.中国民生保障制度：实践路径与理论逻辑[J].学术界,2019(11):12-25.

生计活动选择空间。坚持以农村劳动力培训需求为导向，确保困难劳动力至少掌握一项专业技能，并提供有针对性和时效性的就业技能培训，拓宽农村劳动力的就业渠道，进而提升他们在生计活动中初次分配的获得份额，增强他们的就业质量和稳定性，并提高潜在困难群体的自身恢复能力。

4.健全分层分类社会救助体系，做好与其他制度的有效衔接

单一的现金为主的救助方式会出现边际效益递减的情况，同时也会造成部分困难群体对救助金的依赖。前些年学界关于高福利制度是否引致的"福利陷阱"问题进行了探讨，有学者提出要避免贫困人口产生福利依赖[1]，也有学者在研究中发现福利供给过程中因身份、地域特征的差别导致资源供给的不平衡，产生福利距离（Welfare Proximity）[2]，从而出现内部的一种新的不平等现象。现阶段中国的民生保障水平与高福利还有一定的差距，提高社会救助水平要在救助项目结构的优化和救助方式的调整上下功夫，确保社会救助的公平性和长效性。根据不同困难程度和致贫原因科学精准地制定帮扶政策，健全分层分类的社会救助体系。通过基本生活救助和教育、医疗、住房、就业等专项救助政策的有效组合，使不同困难群体精准地享受到有效的救助政策，不断扩大社会救助的覆盖范围。加强对农村老弱病残等生理脆弱性群体的保护，提供基本的生活保障，以及相关的医疗、就业等专项救助服务。

未来的相对贫困治理，全面考虑特殊群体致贫风险和个体脆弱性特征，充分发挥其他各项民生保障的作用。在提高社会救助兜底保障功能的同时，也要做好与社会保险、社会福利、慈善事业的有效衔接，以形成更加有效的综合性民生保障体系。充分发挥社会保险在预防贫困方面的作用，同时要积极发挥社会救助对已陷入贫困的困难群体的生活保障作用。在提高困难群体的生活质量

---

[1] 叶兴庆,殷浩栋.发达国家和地区的减贫经验及启示[J].西北师大学报(社会科学版),2020,57(04):122-128.

[2] 岳经纶,方珂.福利距离、地域正义与中国社会福利的平衡发展[J].探索与争鸣,2020(06):85-96,159.

和摆脱贫困的能力方面,要做好与社会福利和慈善组织的协调配合。完善特殊群体如农村老年人、残疾人和困境儿童的普惠性社会福利服务,给予困难流动人口(农民工)更多的重视与关注,合理界定农民工身份,逐步破除农民工持续参保的制度障碍,正视农民工的劳动者身份,实现就业与参保的高度关联,保护其劳动权益以降低群体贫困风险[1],解决他们在城市享有待遇的机会和水平不平等问题。社会组织、慈善力量的灵活性和及时性在兜底保障中起到重要的作用,将慈善工作引入社会救助体系,形成以各地慈善协会为依托,各类社会组织为依靠的慈善工作网络。

三、面向困难群众的社会救助事业的发展

党的十九大提出的乡村振兴战略,是我们国家现代化进程中的一个中长期的全国性的宏大战略,也是对脱贫攻坚成果的巩固拓展,其目标任务主要包括产业兴旺、生活富裕、生态宜居、乡风文明和治理有效五个方面。乡村振兴战略是以人民为中心的新发展思想和理念的集中体现,其根本目的是实现改革发展成果由广大人民群众共享。从乡村振兴的五大任务角度统筹谋划社会救助。第一,社会救助助力产业兴旺。社会救助中的一些专项救助如教育救助、就业救助可以提升乡村产业发展水平,基本生活救助、临时救助、留守人口的服务也可为产业发展解除后顾之忧。第二,社会救助服务应该是乡村宜居生活的重要方面。要加强农村社区社会服务设施的建设,完善农村的生活型、照护型和支持型服务,当前要重点提升农村失能半失能老人、残疾人基本服务的可及性,还要加大欠发达地区普惠性学前教育服务的覆盖面,继续完善危房改造等住房救助政策,推进乡村生活宜居化。第三,需要发挥和弘扬乡村扶贫济困、孝老慈善等传统文化的作用,支持各地建设幸福大院等社区互助项目,建设文

---

[1] 左停,李世雄.2020年后中国农村贫困的类型、表现与应对路径[J].南京农业大学学报(社会科学版),2020,20(04):58-67.

明乡风。第四，社会救助涉及百姓切身利益，要把社会救助资源和服务的充分性、公平性和有效供给作为乡村治理的重要考核内容和指标。第五，生活富裕是乡村振兴的根本要求，也是实施乡村振兴战略根本的出发点和落脚点，但农村一些困难群体无法依靠自身工作获得足够的收入，社会救助应该不断提升救助水平，确保这些人生活无虞[①]。

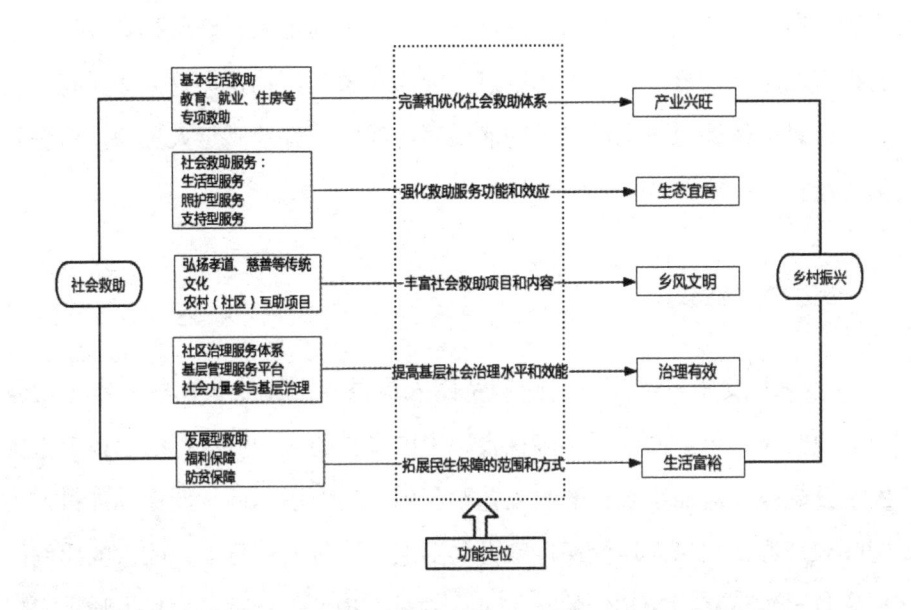

图 3-3　从乡村振兴的五大任务角度统筹谋划社会救助的政策设计

在发展中保障和改善民生，要聚焦困难群众急难愁盼问题。2020年民政部出台的《关于进一步做好困难群众基本生活保障工作的通知》特指出对经济困难的高龄、失能、独居（留守）老年人和孤儿、事实无人抚养儿童、农村留守儿童、流浪乞讨人员、残疾人等特殊困难群众提供针对性帮扶。2021年8月，习近平总书记召开中央财经委员会第十次会议指出"在高质量发展中促进共同富裕，扩大中等收入群体比重，增加低收入群体收入"，并强调"推动更多低收入

---

① 左停.统筹谋划乡村振兴战略 健全农村低收入人口常态化帮扶机制[N].中国社会报,2021-05-12(003).

人群迈入中等收入行列",明确低收入人口发展目标。中国已经建立起以基本生活救助、专项救助和临时救助为主体,以社会力量参与为补充的综合社会救助体系,对困难群体的多样化需求提供有针对性和实效性的救助。民生福祉逐步成为执政党最重要的价值导向,在新的发展阶段,中国的社会救助体系正朝向集资金、物质和服务于一体的综合性救助体系发展,将符合条件的困难群众纳入社会救助范围,建立与乡村振兴战略有机衔接联动机制,确保社会救助体系与乡村振兴战略在功能定位、资源信息、参与对象、行动逻辑等方面实现有效衔接,为困难群体构筑更高质量的兜底保障防线,更好地满足人民群众对美好生活的向往和追求。

（一）基本生活救助

社会救助制度中最低生活保障和特困人员供养制度是长期的基本生活救助项目。脱贫攻坚至全面建成小康社会,中国农村的人均低保标准总体上来看呈不断上升趋势,对缩小农村的收入差距起到一定作用,但从低保标准占人均可支配收入来看,农村人均低保标准占贫困地区农村人均可支配收入的比例由2016年的47.52%下降到2020年的46.41%,农村人均低保标准占农村人均可支配收入的比例由32.61%上升到39.94%,农村内部的收入不平等现象依然存在。2016—2019年农村低保覆盖人群范围缩小,这可能与部分地区提出的"减量提标"①的要求相关,然而2017年农村人均低保标准的收入替代率呈短暂的下降趋势,这说明有些地区的低保补贴标准低于与物价上涨等因素带来的差距。因此,低保标准的提升和调整既要考虑城乡之间、农村内部之间的差距,同时也要综合考虑到人均收入水平、物价指数、市场波动、风险情况等因素的影响。特困人员的供养标准一般在低保标准的1.3倍和1.5倍之间,脱贫攻坚期间其供养标准和对象较为稳定。2021年4月民政部新修订的《特困人员认定办法》拓展了

---

① 安永军. 规则软化与农村低保政策目标偏移 [J]. 北京社会科学,2018(09):110-118.

"无劳动能力"的残疾种类和等级,完善了"无生活来源"认定条件、放宽了未成年人覆盖的年龄范围[①]。

表 3-4 2016—2020 年农村居民人均低保标准的人均可支配收入替代率

年份	低保人数（万人）	低保标准（元/年）	贫困地区农村人均可支配收入（元/年）	贫困地区农村低保收入替代率（%）	农村人均可支配收入（元/年）	农村低保收入替代率（%）
2016 年	4586.5	4031	8483	47.52%	12363	32.61%
2017 年	4045.2	4045	9377	43.14%	13432	30.11%
2018 年	3519.1	4833	10371	46.60%	14617	33.06%
2019 年	3455.4	5336	11567	46.13%	16021	33.31%
2020 年	3621.5	5842	12588	46.41%	17131	34.10%

数据来源：2016-2019 年《民政事业发展统计公报》，2017-2020 年《中国农村贫困监测报告》。2020 年农村低保标准出自《2020 年 4 季度民政统计数据》。

随着贫困形态由绝对贫困向相对贫困发生转变，为了进一步巩固脱贫攻坚成果，减少困难群众陷入贫困和返贫的风险，各地也对兜底保障的标准和范围进行了一定程度的拓展，突破了传统贫困人口的认定标准，在识别标准中增加了刚性支出等指标，适度扩大社会救助覆盖范围。如上海、湖南、山东、河北等地将支出型贫困家庭纳入低保范围，并在核算家庭收入时，对家庭患大病重病、教育费用等增加的刚性支出予以适当扣减。广东省于2019年出台的《广东省最低生活保障制度实施办法》将支出型贫困、低保边缘家庭纳入救助范围，重度残疾人、3级4级智力和精神残疾人、宗教教职人员、父母不能履行抚养义务的儿童等特殊人员可以单独提出申请。浙江省于2020年

---

① 中华人民共和国民政部.民政部关于印发《特困人员认定办法》的通知[EB/OL]. http://xxgk.mca.gov.cn: 8445/gdnps/pc/content.jsp? mtype=1&id=116263, 2021-05-08.

实施低收入农户认定标准线与低保边缘户认定标准线"两线合一"政策，主要包括低保户、低保边缘户和特困供养人员和其他经济困难对象，可以同时享受救助政策和扶贫政策[①]。

建立低收入人口的监测、研判与预警机制。以现有的低保对象为基础，并将低保边缘人群、返贫风险较大群体以及其他经济困难群体纳入监测系统，关注监测对象家庭的人口基本生活、收支、生产经营等状况，还应适当考虑救助申请家庭的劳动力水平、就业情况、健康状况、教育程度等因素，综合评估、预测困难群众的生活情况和面临的风险。对重大突发事件和灾害的识别和监测也是从源头上减少风险的重要措施，密切关注潜在困难的群体，实行等级划分和标识管理，以提高救助措施的针对性和有效性。定点定期更新和收集相关数据，实行动态管理常态化，认真做好相关工作台账中的数据收集工作，落实专人定点定期动态管理。充分利用民政部官方平台和全国各级社会救助服务热线，畅通自下而上的困难群众求助渠道，切实提高社会救助的及时性和回应性。依托村（居）委会、社会工作者及志愿者、村（居）民等群体的力量，进一步推动自上而下的救助服务下沉，提高困难群众识别和救助的精准度和瞄准率。

◆ 专栏1

农村低收入人口动态监测预警机制的地方实践

设立困难群众主动发现监测预警机制。甘肃省出台了《甘肃省困难群众动态管理监测预警机制实施方案》，瞄准因病、因学、因残、因失业等主要返贫致贫因素，设立了患病住院、患有慢性病和重大疾病、残疾人登记办证、新增失业、高考录取学生5项预警指标，并赋予一定权重，通过监测预警量化救助需求。协调人社、教育等部门，通过线上线下相结合的方式获取信息数据，每月与监测对象身份

---

① 浙江省民政厅. 浙江省扶贫办公室 浙江省民政厅关于做好低收入农户与低保边缘户认定标准"两线合一"工作的通知[EB/OL].http://mzt.zj.gov.cn/art/2020/11/23/art_1229705757_2449551.html, 2020-11-23.

数据进行交叉比对。根据指标数据与对象数据身份信息重合叠加情况量化打分，将得分情况按区间划分，由低到高确定蓝色、黄色、橙色、红色四个预警级别，叠加的困难越多，预警级别越高，救助需求越迫切。研发困难群众动态管理监测预警系统，通过系统直接反馈至市、县民政部门和乡镇(街道)。基层根据预警信息不同等级的时限要求，及时组织人员开展入户核查，对符合条件的家庭和人员给予相应救助。通过分级预警、分类管理、限时核查，极大提升了预警和救助工作的时效性[1]。

整合基层社会救助资源和农村社区综合治理力量。在依托智慧化信息平台的基础上，加大政府部门对社会救助监督工作的重心下沉。温州市泰顺县率先出台了《关于建立"一村一人一监测点"社会救助主动发现机制的通知》，在全县建立起人员参与度广、覆盖面大、渠道畅通、反应快速的"一村一人一监测点"困难群众主动发现机制。该机制充分整合县乡村工作力量，民政、人社等部门专业力量，社会组织和乡贤能人力量，挨家挨户上门走访，逐人逐户落实救助，一人一策开展帮扶。监测员要采取普遍探访和重点探访相结合的办法，对监测困难群众进行定期走访，及时掌握困难群众的生活动态，解决困难群众社会需求[2]。

(二) 各项专项救助

从低保与专项救助的实施情况来看，有学者指出享受低保的贫困群体，存在高度的福利叠加[3]或捆绑现象[4]，使得低保对象规模小又直接导致了整个社会救助体系的救助对象规模狭小[5]，存在社会救助资源配置效率不高的问题。表

---

[1] 中华人民共和国民政部. 创新社会救助方式 巩固拓展脱贫攻坚成果 [EB/OL]. http://www.mca.gov.cn/n152/n166/c41859/content.html, 2021-05-12.
[2] 江西省民政厅. 浙江温州：村村都有社会救助监测员 [EB/OL]. http://mzt.jiangxi.gov.cn/art/2020/11/30/art_34594_2925041.html, 2020-11-30.
[3] 韩克庆. 减负、整合、创新：我国最低生活保障制度的目标调整 [J]. 江淮论坛, 2018(03):153-160.
[4] 匡亚林. 需求侧管理视角下社会救助体系分层分类改革研究 [J]. 河海大学学报(哲学社会科学版), 2021,23(02):96-104, 108.
[5] 关信平. "十四五"时期我国社会救助制度改革的目标与任务 [J]. 行政管理改革, 2021(04):23-31.

3-5反映了2019年各类社会救助项目在建档立卡贫困家庭（4443户，16380人）中的覆盖情况。综合起来看，I类核心社会救助（低保）在建档立卡人口中的覆盖率为52.98%，II类基本社会救助为低保和专项救助四项（住房、教育、医疗、就业）在建档立卡人口中的覆盖率为79.90%；III类综合社会救助（低保+专项救助四项+临时救助）在建档立卡人口中的覆盖率为84.50%。从不同层次的救助对象看，基本生活性的核心社会救助基本还是围绕低保对象，专项救助四项与之有26.92个百分点的差别，说明专项救助发挥了较大的、不同的对象覆盖作用，同时并未显现明显的所谓"捆绑低保身份对象"的问题，综合社会救助比基本社会救助的覆盖率提升了4.6个百分点，临时救助的灵活性和时效性较强的特点，在兜底保障中也起到了一定的作用。

表3-5 建档立卡贫困人口的社会救助项目覆盖情况

救助类别	具体救助项目	覆盖率
I类：核心社会救助	低保	52.98%
II类：基本社会救助	I类+专项救助四项（住房、教育、医疗、就业）	79.90%
III类：综合社会救助	II类+临时救助	84.50%

数据来源：根据北京大学中国社会科学调查中心完成的"2020年托底性民生保障支持系统建设"项目获取的调研数据分析所得。

教育救助方面，当前中国农村义务教育的可获得性和可承受性已得到保障，但在教育意识、师资力量、教学水平和教育效益等方面还存在不足。持续加大更新改造相对贫困乡村基础教育、职业教育和继续教育中的校舍、教学设备、教育网络化等硬件设施，提高基层教师待遇，稳定教师队伍，提高教学质量。医疗卫生公共服务方面，优质医疗资源大多数集中在中心城市，经济欠发达地区的县域医疗卫生服务能力较为薄弱，在应对2020年新冠肺炎疫情中，反映了县级疾控机构应对重大疫情及突发公共卫生事件能力不足，农村妇女、婴幼儿、老年人、残疾人等重点人群的身心健康服务依然是农村医疗的短板，乡镇卫生院医疗服务能力有待提高，在乡村医疗配置方面，要加强乡村必备的基本医疗设施设备配备。就业救助方面，中国的就业救助主要通过就业培训、就业补贴、就业指导服务来促进困难群众实现就业，为困难群众提供了充分的就业机会。但是受限于贫困人口整体的人力资本质量的不足，主要表现为文化程度低、知识技能水平低，这直接影响了就业的质量和稳定性，实现更加充分更高质量就业，要将发展型社会理念融入就业救助中来，根据不同类型群众的就业创业需求，探索职业技术教育与技能培训融合发展，提供有针对性的职业技能培训，进而提高新生代农民工的职业技能。就业服务方面，城乡统筹的就业政策和服务体系有待进一步加强，继续完善针对性和个性化的就业介绍、咨询、帮助和维权等服务。养老服务方面，农村养老服务基础设施薄弱、养老服务专业人才匮乏，养老服务的有效供给与农村老年人的消费能力都存在不足，与广大农村老年人的期待和需求相比仍存在不小差距。积极构建覆盖城乡的社区支持帮扶体系，引入社工机构、养老机构等市场机构和社会力量共同参与到城乡贫困群体的帮扶和服务供给中，提高贫困人口的生活质量和社会福利水平。

（三）临时救助

临时救助是国家对遭遇急难事件导致基本生活陷入困境的家庭或个人给予的应急性、过渡性救助，是基本民生保障底线中不可或缺的专项救助制度。中国的临时救助制度随着2014年《社会救助暂行办法》颁布开始确立，2018年出台的《关于进一步加强和改进临时救助工作的意见》进一步细化实化了临时救助对象、审批程序、救助标准和方式，为贫困人口遇到的突发性、紧迫性的风险提供保障。2019年出台的《关于在脱贫攻坚兜底保障中充分发挥临时救助作用的意见》中指出，在脱贫攻坚中临时救助已经成为兜底保障政策体系中不可或缺的重要制度安排。中国临时救助水平由2016年的1031.3元/人次提高到2019年的1421.1元/人次[①],增幅为37.8%,救助非本地户籍对象的范围还需进一步拓展。

临时救助的救助形式灵活多样、救助时效性较强,在防止暂时性困难转化为长期贫困的作用中较突出。对于因遭受突发事件而陷入困境的普通社会民众,要充分发挥急难型临时救助的作用。特别是在2020年新冠肺炎疫情期间,为生活困难未参保的失业人员发放一次性临时救助金、防护物资和食品等予以救助,充分体现了临时救助在应对重大疫情等突发公共事件中的时效性,为其他社会救助制度暂时无法覆盖的困难群体提供基本生活保障。

做好致贫风险的主动发现和预防,充分发挥临时救助在兜底保障中的积极作用,加强与最低生活保障、特困人员供养等社会救助项目的有效衔接,将因遭遇突发性、紧急性事件而导致生活困难的已有的和潜在的社会救助对象及时纳入临时救助范围,切实保障协助解决好返贫和边缘人群陷入贫困的问题。进一步加强临时救助的防贫功能,根据困难类型和困难程度及时按规定给予临时救助,助力有效化解城乡群众遭遇的突发性、紧迫性、临时性基本生活困难问题,防止困难群众因病、因灾、因急难事件等致贫返贫。

2020年8月中共中央办公厅、国务院办公厅印发的《关于改革完善社会救助制度的意见》强化了分类救助管理,围绕绝对贫困、相对贫困、急难情形建立分类的梯度救助体系,实现了社会救助重点从低保群体向低收入群体的扩展和升级。为提高对困难群众针对性、多样化的救助服务水平和质量,部分省份开始对社会救助体系的供给结构进行优化调整。有些省份在原有的社会救助框架下探索了功能性的"圈层管理"模式,其中核心圈层着眼于对农村老弱病残等生理脆弱性群体的保护,为他们提供基本的生活保障,以及相关的医疗、就业、住房等专项救助服务,并进一步拓展社会救助内容,组织动员社工机构、

---

① 中华人民共和国民政部.2016年社会服务发展统计公报[EB/OL]. http://www.mca.gov.cn/n156/n189/c93379/content.html, 2017-08-03.

养老机构和社会力量共同参与到困难群体的兜底保障项目中，提供专业性的社会救助服务，从而提高困难群众的生活质量和社会福利水平。向外一圈，对于低收入困难人群，一方面根据实际困难情况全面考虑致贫风险和个体脆弱性特征，给予相应的专项救助，如加强养老保险和养老福利、不断提升针对残疾人和困难弱能老人的"两项补贴"项目。另一方面，为提高困难劳动力的抗风险能力，积极拓展他们的生计活动选择空间，贫困地区设置了适合本地发展需要的公益性岗位，其中将就业援助与救助服务相结合的社会服务性公益岗位，既为救助对象提供日常生活照料和护理等服务，也提高了困难人口的收入水平。最外层是对于因遭受突发事件而陷入困境的普通社会民众，根据困难类型和困难程度及时按规定给予临时救助，如发放现金或实物补贴、乡镇临时救助备用金制度，进一步加强临时救助的防贫功能，助力化解城乡群众遭遇的突发性、紧迫性、临时性基本生活困难问题，有效防止困难群众因病、因灾、因急难事件等致贫返贫。社会救助的圈层划分主要是根据陷入贫困和困难的程度和时效，每个圈层都有对应的救助项目，各个项目之间互不捆绑，并适时对救助项目和方式进行创新探索。

专栏2

低收入人口常态化救助的创新探索

浙江省"1+8+X"的新时代社会救助体系。2019年，浙江省委省政府做出推进新时代大救助体系建设部署，初步建立了由政府各救助部门和社会力量参与的大救助格局。其中1是指"浙里救"大救助信息系统，通过线上自动预警功能，实现精准认定、精准救助，8为八种专项救助，X为多元社会力量参与。构建起由5个层次4大类型组成的分层分类社会救助制度体系：救助对象上分为特困、低保、低保边缘、支出型贫困、临时救助等5个层次，功能作用上分为基本生活救助、专项社会救助、急难社会救助和补充性救助4大类型。针对不同层次的救助对象，根据需求分别给予不同类型救助。同时，建立健全精准识贫、主动发现、长效帮扶、诚信评价和探访关爱五项工作机制，确保体系建设落细落实。为满足群众多样化的需要，浙江省积极促进社会救助向"物质+服务"转型。开展困难群众探访关爱，在乡镇（街道）一级全面建立困难群众探访关爱制度，前移兜底保障关口。打造社会救助品牌项目，指导省妇女儿童基金会连续4年开展"焕新乐园"项目，改善低保家庭儿童居住环境，累计帮扶3945户。探索"助联体"建设，在县级建立党委政府领导、民政部门牵头、政府救助部门和社会组织参与的救助服务联合体，整合线上线下服务，统筹社会救助资源，加强供需精准对接，更好地为困难群众提供帮扶服务[①]。

威海市脱贫攻坚期间构建"9+N+1"多层次梯度式救助格局。"9"即全市统一确定的9类救助对象（低保对象、特困供养对象、临时救助对象、残疾人、困境儿童（孤儿、事实无人抚养儿童等）、"三留守"人员（留守老人、留守妇女、留守儿童）、建档立卡贫困对象、低收入家庭、流浪乞讨人员）；"N"即全面梳理现有的医疗、教育、住房等N项救助事项；"1"即社会力量参与社会救助工作。建立了以基本生活救助为基础、专项救助为主体、社会力量为补充的全方位融合式社会救助体系。救助手段多元化，以社区为服务平台，以社区组织、社区企业、社会工作者、社区志愿者为补充，以社会救助资源为依托，形成政社联动、政社合力，推进社会救助制度、能力建设、信息平台、资金使用、扶贫开发衔接和监督管理等六项重点统筹任务，实现精准合力救助。

银川市探索建立了低收入家庭专项救助制度。为解决城市"夹心层"群体生活困难问题。银川市印发了《银川市经济困难家庭子女高等教育阶段就学救助办法》等多个文件，为低收入家庭提供助学、助残、采暖、医疗救助、失能护理等专项救助，并纳入春节慰问对象等。基本生活救助方面，减免低收入家庭的取暖费用，并按年度给予每户300元采暖补贴；为低收入失能老人发放每月500元的护理补贴；将低收入老人、未成年人、重度残疾人纳入医疗救助范围。教育救助方面，对低收入家庭学生高等教育阶段从高职（专科）到博士研究生按学年给予每人1000元—8000元不等的助学金。并将医疗、住房、就业等救助政策向低收入群体延伸，比如将低收入家庭中的未成年人、老年人以及重度残疾人纳入医疗救助范围；通过实物配租

---

① 中华人民共和国民政部. 创新社会救助方式 巩固拓展脱贫攻坚成果 [EB/OL]. http://www.mca.gov.cn/n152/n166/c41859/content.html, 2021-05-12.

或租赁补贴等方式解决低收入家庭住房困难等①。

(四)特困人员、残疾人等特殊困难群体福利保障

2020年已完成消除绝对贫困的目标,实际上还有一部分低收入人口、返贫风险较大的团体发展能力和抵御风险能力较弱,主要依靠兜底保障脱贫,这部分特殊困难群体也是农村相对贫困治理的重点对象,其生活和发展的质量则与兜底保障政策的实施情况紧密相关。一方面表现为收入水平的低下,另一方面由收入分配差距或基本公共服务不均等因素导致部分家庭或个体的福利水平处于社会平均水平之下②。目前为农村老年人、儿童、残疾人、妇女等特殊与困难群体提供了福利津贴如高龄津贴、儿童津贴、两项残疾人补贴(困难残疾人生活补贴和重度残疾人护理补贴),为这些群体所提供的福利是补缺性和选择性的,相关的服务供给和功能布局十分有限。从农村困难群众接受的救助情况来看,基本生活救助和政策补贴的覆盖使得他们在物质生活各个方面的严重困难已逐渐得到解决,但在专业性服务方面的需要仍然得不到满足,尤其是在社会融入、心理调适、发展动力等方面遇到的内外障碍难以解决③,需要进一步推动基本公共服务项目向农村社区延伸,进一步拓展各类社会福利建设项目的覆盖范围。新发展阶段,提升欠发达地区和低收入人口的福利保障和社会服务水平是减缓农村相对贫困的重要路径。

中国农村人口老龄化的程度、速度均高于城镇,随着城镇化进程的推进和农村劳动力向非农就业转移,农村家庭结构呈现小型化、少子化、老龄化等特

---

① 宁夏回族自治区人民政府.银川市创新建立低收入家庭救助制度解决城市"夹心层"群体生活困难问题[EB/OL].http://www.nx.gov.cn/zwxx_11337/sxdt/202001/t20200119_1927146.html, 2020-01-19.
② 凌经球.乡村振兴战略背景下中国贫困治理战略转型探析[J].中央民族大学学报(哲学社会科学版),2019,46(03):5-14.
③ 关信平.当前我国反贫困进程及社会救助制度的发展议题[J].陕西师范大学学报(哲学社会科学版),2019,48(05):28-36.

点，如农村纯老人户和隔代户（老人和未成年居住）正在增加，在家庭生活、养老方面都存在压力和困难，身体机能衰退的老人多属脆弱性群体，其中部分老人还存在长期照护的需求。积极应对农村老龄化、满足农村老人多样化的需求已成为农村养老保障中的一项重要任务。在减轻老人的经济负担方面，中国出台包括经济困难老年人服务补贴、护理补贴和高龄补贴在内的老年人福利政策，老年津贴制度直接增加高龄老人收入，对缓解农村老年人的经济压力、提高养老服务的支付能力起到积极的作用。目前中国31个省份均已建立高龄补贴制度，困难老人服务补贴和护理补贴也相继建立，还处于起步阶段。三项补贴的标准和范围根据各省的经济发展情况、物价水平和地方财政情况设定，有些省份将高龄补贴的发放年龄从80周岁提早至60周岁或70周岁，部分省份存在老年人补贴制度标准较低的问题，三项补贴的提标扩面面临财政压力，距离改善农村困难老人的生活质量还存在一定差距。还有一些地区对低保老人、特困老人的养老保险和水电费用进行减免。在农村老人养老服务方面，已有20个省份建立了留守老年人关爱服务制度[①]，如江西、福建、山东、宁夏、甘肃等省份通过整合社会资源建立"乐龄之家"，为农村留守老年人、失能半失能等需要帮助的老年人提供生活照料、精神慰藉、辅具推广等服务，农村养老服务体系基础比较薄弱是当前中国农村养老普遍存在的问题。

中国的儿童福利政策从只关注孤儿向关注困境儿童转变[②]，建立起了孤儿基本生活保障、农村留守儿童关爱保护、困境儿童保障等方面的福利保障体系，涉及儿童生活保障、医疗、教育、监护等各个方面。在医疗救助方面，各地专门针对困境儿童的医疗救助制度进行探索，如江苏省对18周岁以下贫困家

---

① 王学军. 我国困难群体福利进一步提升——2019年全国民政工作视频会议召开[N].2019-01-04（头条）.
② 高丽茹，彭华民. 中国困境儿童研究轨迹：概念、政策和主题[J]. 江海学刊,2015(04):111-117，239.

庭儿童年度医疗费用自付金额满2万元的所有病种实施不限次数救助[①]。为保障农村学生的身体健康和科学饮食，对农村学前教育儿童和义务教育阶段（中小学）学生实施营养改善计划，中央财政按国家基础标准（目前为每生每天4元）[②]，地方按照寄宿情况、家庭困难程度梯度设立补助标准，减轻了困难家庭的经济负担。与义务教育阶段相比，当前中国农村普惠性学前教育基础设施和资源还不够完善，有些农村地区为学前教育儿童提供科学膳食的条件有限。普惠性学前教育资源依然不足，农村地区、深度贫困地区和城镇新增人口集中区的普惠性公办园占比较低，存在价格偏高、师资力量不足的问题。为持续推进儿童青少年近视防控，严格落实对农村贫困地区学生视力保健和监测服务，一些贫困地区为贫困家庭近视青少年儿童免费配置近视镜。由于农村地区转移就业的劳动力数量增加，导致部分留守儿童与父母长期分离，对他们关爱保护和监护引导在未成年人的成长过程中尤为重要。还有一些农村地区对特殊教育支持的资源配备不足，非义务教育阶段的特殊教育发展较为滞后。

目前中国实施的困难残疾人生活补贴和重度残疾人护理补贴制度，是国家层面建立的一项残疾人专项福利制度，补贴标准同各地经济社会发展水平、残疾人生活保障需求、长期照护需求相适应，大部分地区残疾人两项补贴实施标准不高，部分地区尝试将困难残疾人向低收入及其他困难残疾人拓展。在残疾人康复服务方面，通过开展实施"福康工程"，为符合条件的受助对象提供免费配置和更换康复辅具服务。农村重度残疾人作为重点关注的脆弱性群体，脱贫攻坚期间，一些建档立卡贫困家庭还有长期照护失能人员和残疾人的压力，进一步减弱了个体抵御风险的能力，这一群体的医疗护理和生活照护服务是农村残疾人照护的薄弱环节。

---

① 江苏省民政厅. 聚焦精准保障 强化体系建设推动儿童福利工作高质量发展 [EB/OL]. http://mzzt.mca.gov.cn/article/zt_2021gzhy/jlfy/202012/20201200031319.shtml, 2020-12-26.
② 中华人民共和国财政部. 关于下达 2019 年城乡义务教育补助经费预算的通知 /[EB/OL]. http://jkw.mof.gov.cn/gongzuotongzhi/201905/t2019514_3257537.htm, 2019-04-13.

四、中国乡村特惠性保障体系发展展望和建议

(一) 拓展社会帮扶的对象，把低收入人口纳入政策帮扶视野

当前中国的帮扶救助，主要瞄准脱贫不稳定人口、边缘易致贫人口和突发严重困难户三类人群，将收入不足以维持基本生活需要作为重要的判断标准。低收入是不平衡、不充分发展的重要表现，对标共同富裕的长期愿景，中国要发展成为中等收入群体占多数的"橄榄型"社会，需要进一步拓展社会帮扶的对象，包含参照中间群体的相对贫困意义的低收入人口，如具有劳动能力但因家庭和个人生计资本不高、获得高质量的就业机会较少，或劳动回报较低、就业不稳定的群体。在新的发展阶段，将对低收入人口的帮扶政策进行常态化改造与常规性契合，将相关的社会政策全面应用到大范围的低收入人口的识别和帮扶，重点关注低收入群体自身多样化的需求，如不同类型人群的物质需求、精神需求、服务需求等，不同层次的基本需求、个体经济发展需求、社会发展需求，还有不同分布区域的共性化需求，以及外部风险的不确定性，还需要考虑长期性目标与短期性目标差异，鼓励地方探索多样化的社会帮扶政策工具与帮扶举措，例如河南省制定了低收入人口动态监测和常态化救助的帮扶措施，提高救助帮扶工作的精准性和针对性；四川省将农村低收入人口纳入就业服务和就业援助范围，加大对困难群众的救助帮扶力度，进一步缩小低收入人口与社会平均收入的差距。

(二) 加强县域养老服务体系建设，减轻农村家庭养老负担

面对农村老龄化趋势愈发严峻以及养老服务资源配置不平衡的问题，农村家庭的养老功能削弱，农村养老公共服务供需存在缺口。全面提升县域农村养老综合服务能力，满足广大农村老年人尤其是经济困难老年人的养老服务需

求,对落实积极应对人口老龄化国家战略有重要意义。着力增强县级综合性养老服务中心的养老服务能力,重点是增强县级养老机构的失能照护服务能力,补齐农村养老服务短板,加快县域内优质养老服务资源向农村拓展延伸,推进乡镇敬老院的综合提升改造,发挥乡镇敬老院作为区域性养老服务中心的辐射效应;推进村级社区养老服务站建设,开展日间照料、提供助餐、助浴、康复护理等服务。立足当地养老服务实际需求,创新探索农村养老服务方式,针对农村留守老年人、特困供养老人、高龄老人以及生活困难的弱能老年群体的养老难问题,积极整合县级福利中心和养护院、乡镇敬老院和卫生院、村级幸福大院等资源,为这类困难群体提供集中供养服务;有条件的地区加大对农村幸福院、日间照料中心、颐养院等建设项目的升级和改造,增加多种个性化、专业化的服务项目,为农村居家困难老年人提供一定时效范围内的生活照料、家政服务、康复护理、精神慰藉等服务,探索建立积分制度、设置兴趣小组、建立志愿者队伍、配备公益性岗位等常态化活动机制,充分发挥互助组织的凝聚力和低成本的作用,满足不同老年人救助型和适度普惠型的养老需求,大大激发乡村发展的内生动力。

(三)加大农村困境儿童和留守儿童关爱保护服务体系建设

进一步增加农村普惠性学前教育资源供给,积极发展并扶持农村普惠性民办园是今后农村学前教育发展的主要方向和任务,在城乡融合发展进程中,做好普惠性幼儿园的合理规划布局,积极鼓励引导社会力量参与建立普惠性民办幼儿园。农村留守儿童和困境儿童是儿童中的重点关注群体,针对当前农村留守儿童和困境儿童家庭监护力量不足问题,推动县级未成年人保护机构建设,并为农村留守儿童和困境儿童提供临时日间照料、心理辅导、学习辅导、监护监督和家庭教育等多方面服务,各地根据自身经济发展基础和针对困境儿童自身特点,探索和创新了农村儿童关爱服务模式。

> 专栏 3

安徽省肥东县农村留守儿童关爱保护工作纪实[1]

建立长效运行机制

肥东县是劳务输出大县，截至2020年9月底，全县有在册农村留守儿童2706人。为了做好农村留守儿童关爱保护工作，2016年4月，肥东县成立农村留守儿童关爱保护工作领导组，建立留守儿童关爱服务保障工作联席会议制度和县乡村三级关爱服务保障网络。同时，健全困境留守儿童救助帮扶"一门受理、协同办理"机制，帮助他们及其家庭申请相关社会救助、社会福利、教育医疗保障等政策支持和慈善帮扶。县民政局定期对乡镇进行督导，督促其加强对农村留守儿童的日常监管。2016年，肥东县农村留守儿童关爱保护中心成立。在充分利用好19所乡村学校、少年宫和39所校园儿童之家的基础上，以村和社区为单位建立335所儿童之家，每周至少开展两次活动。同时，结合"春蕾计划"和"雨露计划"社会公益性培训项目，关爱农村留守儿童。县民政局投入244万元，引入专业人才队伍对全县留守儿童开展心理健康测评、户外拓展、定期"亲情见面会"及后续的心理干预活动；投入146万元，通过政府购买服务的方式对专干和督导员每年开展4次集中业务培训，提升业务水平。

社会关爱等多样化服务

为满足农村在校儿童寄宿、交通、营养等需求，全县119所中小学中有86所提供午餐服务，75所配有食堂、11所集中配送。针对农村学校学生居住分散偏远的现象，由县财政出资统一采购95辆校车，配备到38所农村学校，彻底解决农村学生特别是留守儿童上学难的问题。

肥东县将农村留守儿童关爱保护工作纳入政府购买社会服务目录，引入第三方开展专业指导和服务。他们利用"六一"、寒暑假等时间节点，通过诗歌朗诵、演讲比赛等活动，宣传关爱保护保障政策；暑期的安全监测预防也是重点之一，对溺水事故危险地段设置护栏或警示牌，进村入户开展安全宣传，加强游泳救护知识辅导，提高自护自救能力；落实防溺水包保责任制，实行包人、包塘，做到责任明

---

[1] 闫洁，高桢. 苔花如米小，也学牡丹开——安徽省肥东县农村留守儿童关爱保护工作纪实[N]. 中国社会报，2020-11-11(002).

确。此外，肥东县开放老少活动家园、农家书屋、留守儿童之家，为农村留守儿童提供活动和学习场所，丰富暑期生活。

虽然农村残疾儿童接受义务教育的比例逐渐增加，但总体来看受教育的程度还处于较低水平。为保障残疾儿童平等接受义务教育的权利，要将特殊教育服务对象从传统的视力、听力、智力残疾三类残疾儿童扩展至心理障碍等其他类型的适龄残疾儿童。针对特殊教育支持的资源配备不足问题，加强县域各教育阶段的特殊教育学校建设，支持残疾人中高等职业院校建设，进一步完善特殊教育体系。从目前的随班就读和送教上门两种授课方式来看，重点支持中西部省份的欠发达农村地区改善特殊教育学校办学条件，建设特殊教育资源教室和实践基地，重视对送教上门教师队伍建设和相应的支持保障体系。

（四）提倡农村残疾人发展型福利，保障残疾人平等发展的权利

在农村残疾人的基本需求方面，要进一步提高对农村残疾人普惠型社会福利的供给力度，针对农村重度残疾人，探索政府补贴、购买服务、设立公益岗位、集中托养等多种方式，为其提供集中照料或日间照料、邻里照护等服务，使得残疾人的基本生活得到保障。在此基础上，针对长期以来对残疾人群体过多强调"生存福利"而忽视"发展福利"的客观现实，新时代农村残疾人福利政策设计应积极构建"发展型福利"政策[1]，进一步保障残疾人平等就业的权利和机会。发展型福利政策强调残疾人人力资本的建设，通过减轻身体的残疾程度、提高残疾人的受教育程度，达到其摆脱福利依赖的目标[2]，尊重残疾人的劳动和发展权利，有利于增加这一群体的社会融入意愿并实现自我价值。

残疾人的福利民生保障工作是一项系统的工程，需要各地各部门完善工作机制，明确责任分工，并共同推动实施。民政部门要将符合条件的残疾人及其

---

[1] 梁德友，谢琼立.新时代农村残疾人福利需求变化及政策调适[J].经济问题，2020(10):99-104.
[2] 杨立雄.中国残疾人社会政策范式变迁[J].湖北社会科学，2014(11):42-47.

家庭纳入相应的社会救助和福利补贴范围，采取多种措施保障困难残疾群众基本生活，充分发挥临时救助的兜底作用。人力资源社会保障部门在组织开展线上线下职业技能培训和各项就业服务活动时，要将符合就业困难人员条件的残疾人纳入就业援助范围，与社会企业、慈善组织等社会资本合作，制定适合本地农村残疾人职业技能培训规划，激发残疾人的内生动力，不断提升农村残疾人自我发展能力，促进其人力资本的增值和抗击风险能力的提升。

（五）加强农民工的综合福利保障，预防农民工在年老体弱时收入急剧下降

农民工在过去的脱贫攻坚和将来解决相对贫困的农村生计结构中均发挥关键作用，但许多农民工都存在着身体透支、保险水平过低等问题。要完善城镇户籍制度，真正打破二元结构，注重完善城乡一体化的社会保障体系，让农民工等流动群体在保险、住房、医疗、教育等福利方面与城市人口享受同等待遇。推进就业制度的改革，促进非正式就业的合约化，让农民工群体享受"五险一金"福利，引导雇佣企业参与到农民工的社会福利服务的供给体系中来，加大对企业行为的监督，以及受到经济波动、疫情等公共安全事件影响企业的补助，提高农民工社会保险的参保率，保障其利益免受损失。应发挥社会第三部门的力量帮扶农民工，在社会服务和对弱势群体的帮助方面能弥补政府和企业的一些不足。社会组织在承担社会福利多元化中承担着重要角色，是国家社会保障之外的有力补充，通过灵活、便捷、多元化的服务，不但可以提升民众的参与精神、发挥社会监督作用，并且有力地推动了农民工保障问题社会化建设。鼓励社会组织参与农民工心理和生活问题的帮扶，积极引导农民工在城市融入、制度融入、社会融入、心理健康、子女教育等问题上寻求社会组织的帮助。

（六）建立重大突发事件兜底保障机制，创新发展农村政策性和商业保险项目

中国农村贫困的内在本质是脆弱性，它是与外在的特定风险相联系的，当前仍存在一些不稳定的脱贫人口，囿于低水平的生计系统，可供选择的生计方式狭窄，自身抗逆力较差，重大突发事件的发生会进一步加剧困难群众的脆弱性。突发事件具有紧急性、危险性和不确定性的特征，要建立一整套完整的兜底保障机制，出台重大突发事件困难群体兜底保障的工作方案，明确不同救助方式相应的救助规范和措施，切实提高各地应对重大突发事件的防治能力，在急难发生时，便于因突发事件陷入困境的人员得到及时有效的救助。特别是要加强预防和防御，建立健全及时响应的应急工作机制，要创新建立农村应对各种灾害与事故风险的普惠性保险项目，探索"基本生活救助+保障服务"等多种保险模式，不断提高急难型重大突发事件的兜底保障成效。各级政府要积极做好突发风险的应对工作，为老弱病残等生理脆弱性群体和突发疾病、事故、失业的家庭提供基本生活保障，为易受灾群体提供临时避难、物质援助、心理辅导、医疗救助等服务，保障其生命安全。

社会组织、慈善力量的灵活性和及时性历来在应对突发重大事件中起到重要的作用，建立健全引导慈善力量参与应对突发事件的体制机制，畅通各地慈善组织进行应急物资管理、参与防灾减灾的渠道，大大激发社会各界参与慈善的积极性和主动性。通过整合各类慈善资源，探索实施慈善助学、慈善助医、慈善养老、慈善扶幼等慈善救助项目，进一步激发社会各界参与慈善的积极性和主动性，在全社会形成崇德向善的良好氛围，提高乡村社会文明程度。

第四章

中国保障民生的住有所居、生态宜居家园建设乡村振兴战略中生态宜居目标与住有所居民生保障目标是完全一致的，是顺应时代发展需要而提出的更高要求，同时也是提高民生保障水平的新内容。党的十九大报告指出，"按照产业兴旺、生态宜居、乡风文明、治理有效、生活富裕的总要求"实施乡村振兴战略，加快推进农业农村现代化。随着中国特色社会主义进入新时代，中国社会主要矛盾已经转化为人民日益增长的美好生活需要和不平衡不充分的发展之间的矛盾。在生态学意义上，主要表现为人民日益增长的对生态宜居的美丽乡村和美好生态产品的需求与其供应不足之间的矛盾。生态宜居的民生福祉表现为乡村自然生态与人文生态共生共融的和谐发展关系，不仅关系到生态环境和人居环境，还包括乡村产业发展、文化建设、乡风文明、公共服务等方面。为了弥补乡村发展中的短板和弱项，满足乡村生态保护的现实需要和城乡融合发展的内在要求，各级政府陆续出台多项政策推动建设生态宜居的美丽乡村（下文称"生态宜居乡村建设"），旨在实现生态宜居与民生保障的协调发展。很多地区在生态宜居乡村建设实践探索中已经积累了丰富的经验，但同时也暴露出了一些问题或面临一些新的挑战。鉴于此，本章从广义的视角与乡村发展的角度首先梳理生态宜居乡村建设的重要性与国外的经验做法，其次介绍中国生态宜居乡村建设的政策背景、地方实践和现实困境，然后分析欠发达地区通过易地扶贫搬迁重建生态宜居家园取得的伟大成就、后续帮扶的主要挑战以及政策优化措施，最后从整体视角提出今后生态宜居乡村建设的发展方向。

一、乡村生态宜居：保障民生的新内容

2021年4月29日由十三届全国人大常委会第二十八次会议审议通过的《中华人民共和国乡村振兴促进法》规定，乡村是指城市建成区以外具有自然、社会、经济特征和生产、生活、生态、文化等多重功能的地域综合体，包括乡镇和村庄等[①]。这是中国第一次在法律中规定乡村的概念。对于乡村居民而言，乡村不仅是具有生产、生活功能的栖息之所，更是蕴含生态、文化价值的美好家园。理解生态宜居乡村建设与乡村价值实现的耦合关系，同时梳理发达国家乡村建设的成功经验对于理解生态宜居乡村建设的价值内涵具有十分重要的意义。

（一）生态宜居与乡村价值实现的耦合关系

乡村是自然系统与社会系统相互交织的复杂统一体，蕴藏着独特的生产、生活、生态和文化价值。生态宜居乡村建设涉及的内容并不局限于乡村生态环境和人居环境的改善的生态文明建设，还涉及产业发展、政治生态、社会治理、文化建设、公共服务等方面。生态宜居乡村建设与乡村价值的传承、保护和实现具有耦合关系。

1. 生态宜居与乡村生产价值

生态宜居是乡村生产价值实现的基础。以农业生产、乡村手工业和乡村旅游业为例，一方面，生态宜居的乡村是一个适应农业生产需要的场域，有助于农作物生长，有助于农业生产经验的交流和积累，有助于农业的减灾防灾。农

---

① 新华社. 中华人民共和国乡村振兴促进法 [EB/OL].http://www.gov.cn/xinwen/2021-04/30/content_5604050.htm, 2020-04-30.

业生产、乡村手工业和乡村旅游业也只有依托乡村才能存在，乡村生态环境问题一旦愈演愈烈，农业生产、乡村手工业以及乡村旅游业也就无法实现可持续发展。另一方面，以农业为主的乡村产业是人与自然相互交融的产业，作物、林木、草原也具有重要的水土保持、空气净化、生态涵养作用，农业在利用自然资源的同时也在保护资源和改善生态环境。同时，乡村手工业和乡村旅游业的发展也能激励人们提高对于生态宜居乡村建设的重视。

2.生态宜居与乡村生活价值

生态宜居与否关系着亿万乡村居民的生活品质。第七次全国人口普查数据显示，2020年，居住在乡村的人口为50979万人，占全国总人口的36.11%[①]。生态宜居乡村建设的初衷不只在于村容村貌的改善与提升，更在于通过美好环境所蕴含的精神文化力量潜移默化地感染乡村居民、提升他们的精神面貌。马克思说，"人创造环境，同样环境也创造人"。越是文化意蕴美好的生活环境，就越是对人有积极向上的影响力。生态宜居乡村建设不仅能帮助农民打造外观整洁、实用便利的生产生活空间，同时还能赋予其美的思想、向上的意义、先进的文化内涵等，给予群众更多美好的精神享受。同时，随着有机生活热潮的兴起，低碳、慢生活理念的传播以及人们对健康的追求，促使人们崇尚积极、文明、和谐、健康的生活方式，打造生态宜居的生活环境。

3.生态宜居与乡村生态价值

乡村具有提供生态屏障和生态产品的生态价值，"生态宜居"四个字蕴含了人与自然之间和谐共生的关系。据统计，中国共600多个城市、1500多个县城和两万多个建制镇，这些城镇所占用的建成区面积到目前大概是12万平方公里，对于960万平方公里的国土来讲，城市所占的比重在2%–3%之间，也就是说国土的97%以上是乡村[②]。从这个角度来讲，乡村家园作为保护生态环境、维

---

① 宁吉喆.第七次全国人口普查主要数据情况[J].中国统计,2021(05): 4-5.
② 陈锡文.乡村振兴要发挥乡村特有的功能[J].乡村振兴,2021(01):26-27.

护生态安全的主体具有重要的生态价值。此外，城市生态环境问题的愈演愈烈更凸显出村落生态的重要性。田园风光、诗意山水与自然生命和谐相处的乡村生活，越来越成为一种难得的稀缺资源。在"大城市病"凸显的当今中国，农民享有的这种免费生态环境则显得更加珍贵。思考乡村生态价值，"让居民望得见山、看得见水、记得住乡愁"对中国生态文明建设具有特殊的启迪作用。

4.生态宜居与乡村文化价值

乡村可以发挥传承和弘扬一个国家、一个民族和一个地区所特有优秀传统文化的重要价值。中国的村落文化不仅表现在山水风情自成一体，特色院落、村落、农田相得益彰，形成的独特村落景观，更主要地表现在村落所具有的信仰、道德，村落所保存的习俗，村落所形成的品质和性格。村落是一座文化的宝库，能使人们"记得住乡愁"的往往是村落的文化意义和乡土气息。生态宜居乡村建设与乡村文化价值实现之间相辅相成、相互融合、相互促进。生态宜居乡村建设为乡村文化价值实现提供了强有力的物质保证与良好的生态空间、社会环境、文化氛围，乡村产业与人居环境的升级将会带来乡村人口回流，形成更具蓬勃生命力的乡村社会形态。在此过程中，通过乡村家风文化建设，传承传统礼仪文化，将会为乡村创造一个更加和谐的社会文化环境，有利于乡村经济、文化的进一步发展。反过来，乡村文化价值实现也促进了乡村产业发展、乡风品质提升、村容村貌改善，为生态宜居乡村建设提供精神内涵和发展动力。

（二）国外生态宜居乡村建设的经验

从历史的角度看，乡村与城市发展不平衡、不协调是世界各国在经济发展中面临的共同问题，对于发展中国家而言，这种城乡结构矛盾表现得更为突出。发达国家在历史上也曾面临城乡结构失衡、农村贫困、农村空心化和老龄化等乡村衰落问题，为此，发达国家普遍采取了一系列政策措施促进乡村发展，特别是着眼于缩小城乡差距，从城乡发展等值化角度推进乡村可持续发展。

美国对乡村发展的支持遵循着从改善乡村基础设施、解决乡村贫困问题再到培育乡村自我发展能力的路径。联邦政府前期投入大量财政资金用于解决水、电、路等公共基础设施；中期开始关注贫困问题，通过引入新兴产业、提供技术援助等多种手段提高居民收入水平，缩小城乡收入差距；后期联邦政府更多关注教育培训、就业、生态环境保护等领域，着重培育乡村的自我发展能力。经过80多年的发展，美国的乡村发展政策已经形成以联邦政府为主导，公众、区域性组织和地方政府相互配合的框架体系，政策内容逐渐从单一的农产品支持政策向环境保护、就业、竞争力培育等多方位的全面发展政策转变[①]。

英国乡村发展的经验在于依据不同发展阶段适时调整其农村发展政策，以乡村规划为切入点，引入长期规划和土地发展权管控，重视发挥地方基层政府作用，在欧盟共同农业政策框架下，实施"自下而上"的综合农村发展政策，促进农村地区多样化发展。20世纪80年代后，乡村的"生产主义"功能开始向多功能转变。此时，农业发展政策是力图提升农业和林业竞争力；农村发展政策则是以保护乡村环境为主，同时扶持乡镇企业发展，创建有活力的农村社区；全面统筹涉农政策，维护农业、农村及农民的利益。此外，还在乡村小城镇建设公租房、发展基础设施、提供公共服务等方面给予较为宽松的自主决策权，赋予英国小城镇和乡村更大的发展空间[②]。

法国重视保护乡村的自然景观、历史建筑、村落形态以及人文生活等，并使之逐步融合成为乡村经济发展的重要资源。法国参议院甚至专门通过一项法

---

① 胡月，田志宏. 如何实现乡村的振兴？——基于美国乡村发展政策演变的经验借鉴 [J]. 中国农村经济,2019(03):128-144.
② 于立. 英国乡村发展政策的演变及对中国新型城镇化的启示 [J]. 武汉大学学报 (人文科学版),2016,69(02):30-34.

案，规定乡村独有的声音和味道都属于"感官遗产"，受到法律保护[1]。除立法保护之外，法国坚持对历史建筑或村落进行"活态保护"，对一些即将荒废的建筑进行修复和改造，在实现内部设施便利化的同时，保存古建筑的外在传统风貌，并原汁原味还原传统村落的本来面貌。根据法国"最美乡村协会"的统计，法国已将1300多个村庄冠名为"欧洲古典文化村落"。得益于厚重的文化底蕴，这些村庄成为当地旅游胜地。

德国城市化起步较早，在其城市化的不同发展阶段，乡村地区面临的问题和挑战有较大差异，采取的应对措施也在不断调整完善。德国的经验表明，均衡的城市化和生产力布局更有利于城乡互动、促进乡村地区发展，土地整治是促进乡村振兴的重要平台和切入点，不同发展阶段乡村衰落的内在逻辑不同，促进乡村振兴的策略也必须相应调整，促进乡村振兴有必要营造社会氛围、聚集人气[2]。

此外，韩国的"新村运动"和日本的"新村建设"均推动了本国农村的进一步发展。韩国"新村运动"主要从外在条件的提升来带动农民自身积极性，从被动式的政府扶持进而转为主动自愿式的自发运动，实施内容上主要围绕基础设施、居住环境、经济水平、人才力量以及法律保障等多个方面，旨在提升居民的生活水平以及生活环境质量，同时通过人才建设提升农村的内在发展动力[3]。日本在促进农村发展时则始终注重生态农业的发展，通过对生态农户施行一系列的扶持和激励机制进而促进生态农业的可持续发展[4]，以农业现代化助推乡村振兴[5]。

---

[1] 刘玲玲.守护乡村独特价值（环球走笔）[EB/OL].http://paper.people.com.cn/rmrb/html/2021-03/18/nw.D110000renmrb_20210318_8-17.htm, 2021-03-18.
[2] 叶兴庆，程郁，于晓华.德国如何振兴乡村[J].农业工程技术,2019,39(21):49-52.
[3] 陈业宏，朱培源.从韩国"新村运动"解锁乡村振兴新思路[J].人民论坛,2020(02):72-73.
[4] 李思经，牛坤玉，钟钰.日本乡村振兴政策体系演变与借鉴[J].世界农业,2018(11):83-87.
[5] 郑兴明.乡村振兴的东亚经验及其对中国的启示——以日本韩国为例[J].兰州学刊,2019(11):200-208.

总体而言，20世纪70年代韩国开展的"新村运动"、20世纪50年代日本开展的"新村建设"、20世纪50年代德国的"乡村地区发展"、20世纪50年代以来英国的"乡村农业发展"、法国对自然景观的立法保护、基于可持续理念的美国乡村规划与建设等均表明发达国家为实现乡村宜居宜业积极制定和调整乡村发展战略，构建出农业和农村分而治之的管理体系和结构。与此同时，发达国家农村发展的历程也为中国生态宜居乡村建设的进一步发展提供了宝贵经验与参考，要正视中国目前的发展阶段，在推动农村发展的同时持续推进城镇化发展，进一步推动农业产业化和现代化，着眼于缩小城乡差距，实现基本公共服务均等化，进而提升乡村生产、生活的质量，满足区域民众生活的多样需求。

二、生态宜居乡村建设

生态宜居是重要的民生目标。后小康时代乡村居民的住有所居需求已经从"有住的"到"住得好"转变。一般而言，生态宜居建设是所有乡村都要开展的旨在减轻生态系统压力，增加生态系统服务能力，促进经济系统扩大再生产与生态系统扩大再生产相融合的各种活动[1]。关于生态宜居乡村建设，中央近年来已经出台了多个政策文件，提出了具体的目标和任务，各地积极探索实践，取得了重要进展，同时也面临一些不可回避的现实困境。

（一）生态宜居乡村建设的政策背景

2012年10月，党的十八大报告提出建设美丽中国的治国理念，2013年中央一号文件指出："加强农村生态建设、环境保护和综合整治，努力建设美丽乡村。"2015年中央一号文件指出："中国要美，农村必须美。""鼓励各地从实

---

[1] 李周. 乡村生态宜居水平提升策略研究 [J]. 学习与探索, 2019(07):115-120.

际出发开展美丽乡村创建示范。"2018年中央一号文件对乡村振兴战略的实施进行了全面部署,指出了三个阶段的目标任务,即:"到2020年,乡村振兴取得重要进展,制度框架和政策体系基本形成……农村基础设施建设深入推进,农村人居环境明显改善,美丽宜居乡村建设扎实推进……""到2035年,乡村振兴取得决定性进展,农业农村现代化基本实现……农村生态环境根本好转,美丽宜居乡村基本实现""到2050年,乡村全面振兴,农业强、农村美、农民富全面实现"。2021年4月,《中华人民共和国乡村振兴促进法》由十三届全国人大常委会第二十八次会议审议通过,其中第五章对生态保护做出了具体规定。表4-1梳理了近年来建设生态宜居美丽乡村的相关政策。

表 4-1 近年来有关乡村生态宜居方面的政策梳理

发布日期	文件名称	内容摘要
2012.11.08	《坚定不移沿着中国特色社会主义道路前进 为全面建成小康社会而奋斗》	大力推进生态文明建设,努力建设美丽中国,实现中华民族永续发展
2012.12.31	《中共中央 国务院关于加快发展现代农业进一步增强农村发展活力的若干意见》(中发〔2013〕1号)	推进农村生态文明建设。加强农村生态建设、环境保护和综合整治,努力建设美丽乡村
2015.02.01	《中共中央 国务院关于加大改革创新力度加快农业现代化建设的若干意见》	鼓励各地从实际出发,开展美丽乡村创建示范。有序推进村庄整治,切实防止违背农民意愿大规模撤并村庄、大拆大建
2017.02.21	《全国农村环境综合整治"十三五"规划》	着力解决群众反映强烈的农村突出环境问题,改善农村人居环境,提升农村生态文明建设水平

续表

发布日期	文件名称	内容摘要
2017.10.18	《决胜全面建成小康社会 夺取新时代中国特色社会主义伟大胜利》	必须树立和践行绿水青山就是金山银山的理念,坚持节约资源和保护环境的基本国策,像对待生命一样对待生态环境,统筹山水林田湖草系统治理,实行最严格的生态环境保护制度,形成绿色发展方式和生活方式,坚定走生产发展、生活富裕、生态良好的文明发展道路,建设美丽中国
2018.01.02	《中共中央 国务院关于实施乡村振兴战略的意见》	乡村振兴,生态宜居是关键。良好生态环境是农村最大优势和宝贵财富。必须尊重自然、顺应自然、保护自然,推动乡村自然资本加快增值,实现百姓富、生态美的统一
2018.02.05	《农村人居环境整治三年行动方案》	以建设美丽宜居村庄为导向,以农村垃圾、污水治理和村容村貌提升为主攻方向,动员各方力量,整合各种资源,强化各项举措,加快补齐农村人居环境突出短板
2018.06.15	《中央农办、农业农村部关于学习推广浙江"千村示范、万村整治"经验深入推进农村人居环境整治工作的通知》(中农办发〔2018〕2号)	学习推广浙江"千村示范、万村整治"经验,重点要学习推广浙江省坚持领导重视、统筹协调、因地制宜、精准施策,不搞政绩工程、形象工程,一件事情接着一件事情办,一年接着一年干

续表

发布日期	文件名称	内容摘要
2020.10.29	《中共中央关于制定国民经济和社会发展第十四个五年规划和二〇三五年远景目标的建议》	实施乡村建设行动。统筹县域城镇和村庄规划建设,保护传统村落和乡村风貌。完善乡村水、电、路、气、通信、广播电视、物流等基础设施,提升农房建设质量。因地制宜推进农村改厕、生活垃圾处理和污水治理,实施河湖水系综合整治,改善农村人居环境
2021.01.04	《中共中央 国务院关于全面推进乡村振兴加快农业农村现代化的意见》	大力实施乡村建设行动。加快推进村庄规划工作;加强乡村公共基础设施建设;实施农村人居环境整治提升五年行动;提升农村基本公共服务水平
2021.04.29	《中华人民共和国乡村振兴促进法》	因地制宜推广卫生厕所和简便易行的垃圾分类,治理农村垃圾和污水,加强乡村无障碍设施建设,鼓励和支持使用清洁能源、可再生能源,持续改善农村人居环境。国家建立健全农村住房建设质量安全管理制度和相关技术标准体系,建立农村低收入群体安全住房保障机制。引导农民建设功能现代、结构安全、成本经济、绿色环保、与乡村环境相协调的宜居住房

资料来源:根据中央一号文件及相关文件整理。

以《农村人居环境整治三年行动方案》为例,该方案提出,到2020年,农村人居环境明显改善,村庄环境基本干净整洁有序,村民环境与健康意识普遍增强。具体目标是:第一,东部地区农村生活垃圾处置体系全覆盖、户用厕所无害化改造和粪污资源化利用基本完成,生活污水治理率明显提高;中西部地区村庄生活垃圾治理率能达到90%,卫生厕所普及率能达到85%,生活污水排放得到管控；欠发达地区的人居环境达到干净整洁的基本要求。第二，开展河湖水系连通和农村河塘清淤整治，2018年6月底前全面建立河长制、湖长制。第三，开展国土绿化行动。2020年森林覆盖率达到23.04%、2035年达到26%、本世纪中叶达到世界平均水平。截至2020年底，三年行动方案目标任务基本完成，农村人居环境整治取得重大阶段性成效。

从2013年至今，全国改善农村人居环境工作会议分别在浙江杭州、广西恭城县、贵州遵义和浙江安吉县召开（如表4-2），为更好地贯彻中央有关改善农村人居环境的指示精神，总结宣传各地的经验做法发挥了重要作用。

表4-2 全国改善农村人居环境工作会议汇总表

时间	会议地点	内容摘要
2013.10.09	浙江杭州	要认真学习贯彻习近平总书记和李克强总理关于全面改善农村生产生活条件的重要批示精神，总结推广浙江省开展"千村示范、万村整治"工程的经验，加快推进农村人居环境综合整治
2015.11.05	广西恭城县	要认真贯彻十八届五中全会精神，全面落实党中央国务院的决策部署，按照全面建成小康社会的总体要求，扎实开展农村人居环境整治，加快改善农村生产生活条件，建设美丽宜居乡村，提高社会主义新农村建设水平
2017.09.15	贵州遵义	要深入贯彻习近平总书记关于改善农村人居环境的重要指示精神，坚持以人民为中心的发展思想，切实回应农民群众对良好生活条件的诉求和期盼，明确重点方向，聚焦突出问题，深入开展整治行动，不断提高农村人居环境建设水平
2018.04.26	浙江安吉县	要全面贯彻落实党的十九大精神，深入学习贯彻习近平总书记关于乡村振兴和改善农村人居环境的重要指示精神，认真落实李克强总理批示要求，进一步推广浙江"千村示范、万村整治"工程经验做法，全面部署改善农村人居环境各项任务

资料来源：根据全国改善农村人居环境工作会议相关报道整理。

（二）生态宜居乡村建设的实践经验

新中国成立70多年来，群众居住条件发生了翻天覆地的变化，从流离失所、世代蜗居逐步走向住有所居、住有宜居，人民群众自古就期望的"居者有其屋"成为现实，这是中国民生发展的伟大成就。特别是改革开放以后，党和政府更是通过建设廉租房和经济适用房、棚户区改造、贫困地区危旧房改造等举措千方百计解决居民住房难的问题，城乡居民居住条件明显改善。2018年农村居民人均住房建筑面积达到47.3平方米，比1978年增加39.2平方米，增长4.8倍。2018年，农村居民居住在钢筋混凝土或砖混材料结构住房的户比重为71.2%，比2013年提高了15.5个百分点[1]。不仅如此，农村居民的居住质量也在明显提升。2017年农村居民住宅外道路为水泥或柏油路面的住户比重为66.3%，有管道供水入户的住户比重为74.6%，使用本户独用厕所的住户比重为95.4%[2]。

全面打赢脱贫攻坚战后，中国农村居民的居住条件进一步走向舒适化。原国家贫困县中，通硬化路的行政村比重为99.6%，其中具备条件的行政村全部通硬化路；通动力电的行政村比重为99.3%，其中大电网覆盖范围内行政村全部通动力电；通信信号覆盖的行政村比重为99.9%；通宽带互联网的行政村比重为99.6%；广播电视信号覆盖的行政村比重为99.9%；有村级综合服务设施的行政村比重为99.0%；有电子商务配送站点的行政村比重为62.7%；全部实现集中供水的行政村比重为65.5%，部分实现集中供水的行政村比重为31.9%；全部实现垃圾集中处理或清运的行政村比重为89.9%，部分实现垃圾集中处理或清

---

[1] 国家统计局住户办. 人民生活实现历史性跨越 阔步迈向全面小康 [N]. 中国信息报，2019-08-12(001).
[2] 国家统计局：改革开放40年农村居民人均住房面积增加38.6平方米 [EB/OL]. https://house.focus.cn/zixun/9610aa8dcc34116b.html, 2018-09-03.

运的行政村比重为9.0%[①]。这些成绩的取得得益于各地始终坚持新发展理念，并真正将其转化为引领推动生态宜居乡村建设的具体实践。

1.以基础设施改善促进乡村生态宜居

各地在生态宜居乡村建设中，把基础设施改善作为一项重要的基础工程。基础设施的完善最大程度上改善了人们的生活环境，从而为生计水平的提升和生产活动的开展提供了基础条件。以贵州省务川县为例，脱贫攻坚之前，作为少数民族地区，由于历史、人文、自然等原因，该地区发展落后，贫困问题十分突出。当地所处的喀斯特地貌区山高坡陡，地质构造复杂，生态脆弱，以交通、水利为主的基础设施建设滞后，是全市唯一、全省少数无二级（包括国道）以上公路的县，公路密度仅为0.76，全市倒数第一。此外，人均通公路建设费用、通电建设费用、通水建设费用高，严重制约当地经济社会发展。脱贫攻坚以来，务川县协同推进生态宜居乡村建设，围绕"五化五通"标准，全力以赴补齐脱贫攻坚基础短板。务川县推进安全供水、供电、照明、路面硬化、通信网络等基础设施建设，基本实现硬化、绿化、亮化、净化、美化，通水、通电、通公路、通电视、通网络。累计投资112亿元，新建和改扩建公路3200余公里，高速公路、二级路"破零"，村组路、连户路直通家门口，实现了对外大联通、对内大循环；累计投入各类水利设施建设资金35.5亿元，开工建设茅天水库、岩溪水库等大批水利项目及1892个农村安全饮水点，率先建成全省喀斯特地貌"自然能提水"项目8个，彻底解决"人在山上旱、水在沟底看"的结构性缺水问题，农村集中供水率达到99.2%，农村自来水普及率达到100%，实现25万农村人口安全饮水全覆盖；累计投资18亿元架电网、修基站，供电可靠率达99.95%，县、乡、村宽带光纤化率均达100%，30户以上自然村组4G网络全覆盖。未来，务川县还将进一步打造"生态良好、卫生整洁、设施完备、绿色

[①] 国家脱贫攻坚普查公民报（第四号）——国家贫困县基本公共服务情况[J].中国统计，2021(02):10-11.

宜居"的美丽村庄，进一步完善基础设施。

2.以人居环境整治促进乡村生态宜居

各地因地制宜、因时制宜地实施人居环境整治，让农村面貌发生了较大改观，农民群众有了实实在在的获得感、幸福感。例如，务川县围绕人居环境整治大力实施三项建设行动。

一是大力实施"四在农家·美丽乡村"建设。即打造"四在农家·美丽乡村"省、市级精品型村庄16个、提升型村庄32个、普及型村庄160个。以"六大景区"为核心，村庄升级版为重点，全域推进"幸福仡佬·旅居农家"建设。二是大力实施"五改、五建、五通"①整治行动。农村人居环境综合整治工作以"五改、五建、五通"为主要内容，实现全县农村人居环境综合整治全覆盖。三是大力实施"治污治水·洁净家园"攻坚行动。突出重点、连线成片、示范带动，切实抓好农村垃圾处置、生活污水处置、饮用水源安全、面源污染防治、土壤重金属污染防治、生态环保监管体系建设、农民生态环保意识"七大攻坚"任务，扩大"治污治水·洁净家园"工程的建设面，构建"村村优美、家家创业、处处和谐、人人幸福"的农村生态环境体系，全面改善农村人居环境。

3.以生态环境改善促进乡村生态宜居

近年来，随着国家提出并强化实施"绿水青山就是金山银山"的生态文明理念、美丽乡村建设和乡村生态振兴等，各地愈加重视山、水、林、地、人"天人合一"的乡村生态环境建设。务川县按照"百姓富、生态美"的目标要求，有效保护麻阳河、马福林、马颈河三大自然保护区，建成了洪渡河国家级湿地公园，实施水土保持工程1.9万亩、土地整治工程7.85万亩、石漠化治理工程44.8万亩、中小河流治理26公里；完成退耕还林工程22.1万亩；完成公益林生

---

① "五改"：改"房、厨、厕、圈、院落"；"五建"：建"连户路（进寨路）、活动场所、污水处理、垃圾处理、自管委"；"五通"：通"水、电、路、信、网（广播电视）"。

态效益补偿210万亩；兑现天保护林员和生态护林员补助3144人次，实现脱贫攻坚与生态文明建设双赢。此外，务川县重视产业发展与生态保护相结合，发展生态农业，建设美丽乡村。务川县牢固树立和全面践行"绿水青山就是金山银山"的理念，坚持产业生态化、生态产业化，全力推进农业绿色发展，发展茶叶10万亩、精品水果13.14万亩、构树1.5万亩、核桃7.4万亩、中药材11.56万亩等绿色产业，产品走向全国，向着生态产业化、产业生态化迈出了坚实的步伐，为农户增收致富注入强劲的绿色能量。

4.以乡村旅游产业发展促进乡村生态宜居

各地充分重视生态保护与文旅的协调发展，根据区域内欠发达地区的现状，创新乡村旅游的组织模式，挖掘当地自然、历史、民俗等资源内涵，因地制宜发展旅游，通过发展生态休闲度假、旅游观光、康养、创意农业、农耕体验、乡村手工艺等田园综合体旅游项目，延长乡村旅游产业链，带动农牧产品加工、销售和农村、牧区商贸、餐饮服务等行业的发展。例如，脱贫攻坚期间，青海省涉藏州县利用生态环境特色，开发旅游文化扶贫。青海省涉藏州县按照"一村一品、一村一韵"的思路，集中力量打造40个具有示范带动作用的示范村；联合扶贫、农牧等部门，每年对50个重点村及其休闲观光农牧业基地开展旅游扶贫；打造以唐卡、泥塑、藏绣、堆绣、刺绣、藏毯、玉雕、石雕、手工艺品制作等为主体的文化、旅游产业集聚区，在产品研发、生产推广、经营销售等链条上，大量吸纳当地和周边群众就业，增加了农牧民收入。甘肃省涉藏州县推动生态保护携手全域旅游一体化发展。其中，甘南州旅游从单一景点景区建设管理向综合目的地统筹发展转变，从粗放低效旅游向精细高效旅游转变，从部门行为向党政统筹推进转变，最终实现从小旅游格局向大旅游格局的转变。云南省涉藏州县在脱贫攻坚中初步形成了以藏文化为主的多民族文化相互融合为特征的旅游开发框架，并已呈现出健康发展的良好态势。其中，维西县加快培育有机生态产品，不断做大冰酒、养蜂、藏红花等产业，做强热巴舞、手工艺等民族文化产业，做活本地菜、小吃等特色饮食，通过丰富亲子互动、农耕文化、生产劳作等旅游体验，努力实现把游客引进来、产品带出去、消费在当地，最终达到旅游带动产业发展，脱贫群众增收致富的目的。

（三）生态宜居乡村建设面临的现实挑战

在各级政府、农民个体、企业、社会组织等力量的共同努力下，中国生态宜居乡村建设取得了显著成效。农村人居环境得到改善，生态环境大为改观，基本公共服务设施逐步建立与完善，促进了农村经济的发展，农民精神文化水平也有较大提高。但与乡村振兴战略的要求相比，目前生态宜居乡村建设仍面临一些现实挑战。

1.对生态宜居乡村建设的认识和规划有待优化

首先，在生态宜居乡村建设的认知方面，无论是作为政策执行主体的政府工作人员，还是农民群体自身，都存在着认识不足的问题。目前，对于美丽乡村建设的认识仍停留在表面，或者将其与乡村自然生态等环境的改善等同，内涵与外延狭窄，与乡村振兴的战略高度不一致。乡村振兴中的生态宜居乡村建设，不仅包含农村精神文明建设、社会主义新农村建设等内容，还被赋予新的内涵与外延，如乡村基础设施、公共服务、产业发展等，都属于生态宜居乡村建设的重要内容。对美丽乡村建设认识不足，易导致政策僵化、执行教条化。

其次，目前生态宜居乡村建设合理规划方面需进一步完善。一是对生态宜居乡村建设规划功能的认识存在偏差，影响生态宜居乡村建设的效果和质量。片面强调规划的绝对性，规划对象选择不精准以及规划所造成的高成本，使资源浪费严重。二是存在规划脱离实际、起点不高或不够全面的问题。生态宜居乡村建设规划制定相对落后、仓促，规划人员责任意识缺失，对规划地域的实际状况缺乏深入了解与论证，对问题缺乏统筹考虑，相关参与人员缺乏专业素质或仅是应付工作而已，是导致这种状况的主要原因。此外，生态宜居乡村建设规划还存在"拿来主义"的弊端,许多乡村套用现有的生态宜居乡村建设模式,组织编制及设计过程中存在"复制"的现象,没有做到因地制宜、分类施策,使有些规划难以落地、实施,村庄规划呈现出相似度比较高的现象,不能发挥出村庄自身优势,不能挖掘人文历史特色和发展产业方面的自身特点,从而使美丽乡村建设偏离预期方向,难有预期成效。

2.农民的主体地位和作用还没有充分发挥

当前参与生态宜居乡村建设的主体仍比较单一,缺乏多元主体参与的协作机制。一方面,农民个体内生动力不足,缺乏参与的主动性与积极性。农民是乡村振兴以及美丽乡村建设的主体,农民群众在生态宜居乡村建设过程中既要承担主体性责任,又是生态宜居乡村建设的主要受益对象。然而,在政策执行过程中,某些地方农民对政策实施的关注度与主动性不足,有些地方基层干部和群众"等、靠、要"思想严重,成为乡村建设的局外人,他们的主体性地位与作用难以充分发挥,使得政府在生态宜居乡村建设中唱独角戏。究其原因,一是农民知识水平和认知层次有待提高,缺乏对生态宜居乡村建设的正确理解;二是政府的宣传解读不够,单纯依赖行政性指令或放弃向农民宣传解释,直接采取行动,造成农民对参与建设的排斥。在此情况下,生态宜居乡村建设必然缺乏群众力量支持、群众智慧贡献,导致内源性活力和动力不足,难以长久维持。另一方面,乡村基层组织参与相对不足,执行力仍有待加强。由农民自发成立的群众性自治组织,以为农民生产、生活服务为基本目的,其成员来源于农民,且更了解农民的自身需求,是生态宜居乡村建设的基层力量。然而,部分农村群众性自治组织责任担当意识薄弱,对村庄发展不关心、不作为,积极性不高、执行力不强,导致生态宜居乡村建设工作进展缓慢;还有部分农村群众性组织建设不规范、自治性约束不强,没有发挥应有的作用。

3.农村经济生态基础薄弱,自然生态改良困境重重

农村生态条件作为生态宜居乡村建设的重要依托,是生态宜居乡村建设与

发展的基础和条件。然而,目前农村生态条件并不乐观,主要体现在农村经济生态和农村自然生态两方面。

首先,农村经济生态基础薄弱。目前,受市场化、城镇化及工业化发展的长期影响与制约,农村经济发展缓慢,实力与后劲不足。由于长期的资源外流和土地制度变革,农村村集体经济衰退、农业边缘化、以土地流转为机制保障的农业规模化经营仍没有形成,以致农村经济形式仍然以传统种植业为主,现代农业发展缓慢。在此情况下,农村经济基础难以支撑生态宜居乡村建设。由于农村空心化、农民老龄化、城镇化水平低、城乡发展差距大、农村土地整理难与流转难、农业人才流失严重、老人农业生产率低等,很难为美丽乡村建设提供优质人才资源与产业发展支撑。与中国中东部的农村地区相比,地处西部的农村经济条件更为恶劣。由于西部地区自然条件差、生态经济发展基础薄弱,起点比较低,虽然近几年随着乡村振兴战略和扶贫攻坚工作的实施,西部生态经济建设的支撑条件得到较大改观,人才、资金、技术等突出问题得到很大改善,但有竞争力的生态经济产业链仍未形成。

其次,农村自然生态改良困境重重。一方面,农村的长远发展需要稳定的自然环境,而中国是世界上自然灾害发生率较高的国家,频发的自然灾害将对生态宜居乡村建设水平的提升产生不利影响;另一方面,受传统经济发展模式、资金条件的限制以及农民知识水平和认知层次的影响,农村地区的生态环境保护意识依然淡薄,经济发展与生态保护的矛盾仍然存在,自然生态状况不容乐观。点源污染与面源污染共存、生活污染与工业污染叠加、城市和工业污染加速向农村转移的现象在中国广大农村地区依然存在,农村生态环境保护基础薄弱。农村人居环境质量普遍较差,垃圾、污水处理问题亟待治理解决。由此可见,农村自然生态的不良发展是生态宜居乡村建设的阻碍因素之一。

4.传统文化开发存在盲目性,文化传承与保护未受到重视

在生态宜居乡村建设进程中,传统乡村文化的挖掘、保护与传承工作却

不容乐观。目前乡村本土文化挖掘不深、整理不够，缺乏品牌文化，产品雷同，开发程度不足，缺乏体验性。首先，在生态宜居乡村建设的整体规划中，对传统乡村文化的保护与传承缺乏整体性、系统性设计。在生态宜居乡村建设规划的制定过程中，对外在自然环境的整治与农村基础设施建设较为重视，而对地域文化的融合主观能动性不足，对本土独特的地域文化挖掘重视不够，使得农村文化资源中的许多特色和丰富的内涵未得到深入挖掘、整理、总结与发展，不仅未将充满地方特色的文化元素融入规划中，甚至对原有地域文化造成伤害。其次，在生态宜居乡村建设过程中，传统乡村文化正遭遇"建设性"破坏。一味追求乡村的"外在美观"，忽视了乡村建设的"宜居"本质，忽视原本具有的文化特征，使大量具有乡村特色、乡村气息的标志性古老建筑与历史遗留下来的文物遭到破坏；而这种外在层面的追求不仅是对古老村容村貌的破坏，导致文化的断层，而且源于其中利益因素的再分配而带来的淳朴乡风的改变，在更深层次上对源远流长的人文乡土情怀带来毁灭性打击[1]。

三、易地扶贫搬迁重建生态宜居家园

乡村生态宜居建设的主要工作是提升农村社区的生态宜居水平，但也包含了为破解"一方水土养不活一方人"发展困境、改善贫困群众生产生活条件而实施的易地扶贫搬迁工作和少量为了保护当地环境而进行的生态移民工作。事实上，易地扶贫搬迁是一个带领群众向更宜居的地方迁移，帮助他们重建生态宜居家园的过程。"十三五"时期的易地扶贫搬迁，是继土地改革、实行家庭联产承包责任制之后，在中国贫困地区农村发生的又一次伟大而深刻的历史性变革，堪称人类迁徙史和世界减贫史上的重大壮举，对于促进人口、资源、生态的协调发展具有重要意义。

---

[1] 鹿风芍,齐鹏.乡村振兴战略中美丽乡村建设优化策略研究[J].理论学刊,2020(06):141-150.

（一）易地扶贫搬迁的成就

易地扶贫搬迁是中国针对生活在"一方水土养不好一方人"地区贫困人口实施的专项扶贫工程。早在1983年，针对甘肃定西、河西和宁夏西海固地区的严重贫困状况，当地就探索"吊庄移民"，开启了扶贫搬迁的先河。之后，扶贫搬迁成为中国开发式扶贫的重要措施。2015年底以来，中国把易地扶贫搬迁作为精准扶贫的重要组成部分，展开了一场改变近千万人命运的"大迁徙"。

易地扶贫搬迁不仅是一项人口布局与资源要素配置、社会公共服务重新调整的系统工程，也是一项社区再造和城镇化提升工程；不仅涉及安置住房、基础设施和公共服务建设，也涉及搬迁群众就业、社区适应、文化传承等方面；同时对地方经济发展、新型城镇化、生态文明建设、人口布局等影响深远。据统计，"十三五"期间，易地扶贫搬迁直接投资6000多亿元，加上撬动的地方财政资金、东西部扶贫协作和社会帮扶等资金，总投资超过1万亿元，960多万建档立卡贫困群众通过易地扶贫搬迁改善了生产生活条件。960多万迁新居的建档立卡贫困群众中，在城镇安置的有500多万人，在农村安置的约460万人。全国易地扶贫搬迁建档立卡贫困户人均纯收入从2016年的4221元提高到2019年的9313元，年均增幅30.2%。建成集中安置区约3.5万个；建成安置住房266万余套，总建筑面积2.1亿平方米，户均住房面积80.6平方米；配套新建或改扩建中小学和幼儿园6100多所、医院和社区卫生服务中心1.2万多所、养老服务设施3400余个、文化活动场所4万余个。同时，易地扶贫搬迁有力拉动了贫困地区固定资产投资和相关产业发展。各地复垦复绿搬迁后的旧宅基地共100多万亩，推动迁出区生态环境明显改善。此外，易地扶贫搬迁为推进中国特色新型城镇化道路开辟了新空间。比如贵州的城镇化率因此提升5个百分点、陕西提升4.2个百分点、广西提升了3个百分点[1]。

---

[1] 安蓓. 5年、近千万人，这场"搬迁"影响深远[EB/OL]. http://www.gov.cn/xinwen/2020-12/03/content_5566898.htm, 2020-12-03.

通过实施易地扶贫搬迁工程，安置区基础设施不断完善，群众生活质量显著提高，致富能力逐步增强，生态环境开始良性发展。搬迁群众的生产生活方式和人居环境普遍发生了可喜变化，相当一部分安置区已经成为新农村建设的示范点。主要表现在：基础设施进一步改善，基本实现所有搬迁贫困户喝自来水、用动力电、走水泥路、住安全房的目标，一大批农村新型住宅已建成，搬迁群众的居住条件有显著改善；增收渠道进一步拓宽，易地扶贫搬迁与区域支柱产业开发相结合，不断增强搬迁群众的自我发展能力，已经探索形成了产业推动型、市场带动型、园区拉动型、循环发展型等多种类型的后续产业发展模式；公共服务进一步提升，基础设施和社会公共服务提质升级，有效缓解了群众就医难、上学难等问题；生活质量进一步提高，搬迁群众生产方式和生活方式发生了变化；生态环境进一步改善，宅基地复垦、退耕还林、土地整理、水土保持等项目推动整体生态恢复，农村环境综合治理项目使农村面貌焕然一新[①]。

（二）后续帮扶面临的主要挑战

易地扶贫搬迁作为一项复杂的系统性重大民生工程，不仅仅是搬迁群众能否"搬得出"的问题，更重要的是解决好搬迁后如何发展致富和可持续生计的问题。从当前的情况来看，后续帮扶至少还面临以下三个方面的挑战。

1.公共服务供给仍然存在短板

搬迁群众对安置区的整体满意度比较高，普遍认为在人居环境、公共服务、生产就业、社会地位上比搬迁前有明显的改善，并对后续发展充满信心。但是，部分安置区公共服务供给仍然存在短板，公共产品和服务的供给数量、质量、方式与搬迁群众对美好生活的需求相比还存在较大差距。相关诉求集中

---

① 武汉大学易地扶贫搬迁后续扶持研究课题组.易地扶贫搬迁的基本特征与后续扶持的路径选择[J].中国农村经济,2020(12):88-102.

在教育、医疗、信息等社会公共服务和养老、社保、救助等社会保障服务上。一些安置区的教育、医疗、文化、养老等保障服务体系尚不健全，有的安置点距离学校、医院较远，不能真正如群众所愿，就近上学、就近就医。对于搬迁户而言，享受更加便捷质优价廉的公共产品、公共服务、社会保障是其搬迁之后并能够稳定安居的重要因素。一旦公共服务保障不足，会导致一些安置区入住率低，存在搬迁群众回流的风险。

2.产业和就业后续帮扶遭遇难题

在产业发展方面，由于脱贫攻坚以消灭绝对贫困为目标，以2020年为终结点，因而在选择扶贫产业时，有些地区容易选择短期减贫效果明显的产业。这些产业社会发育程度相对较低，很多缺乏长期竞争力和抵御市场风险的能力，特别是后期形成的电商、物流商贸、休闲观光农业、乡村民宿等新产业、新业态以及新型的组织方式如"种养大户＋农户""开发建设集团＋农户"，整体上产业基础较弱，产业链延伸不足，产业化程度低，产业体系内部"一产不够强""二产不够优""三产不够活"，"产业融合遭遇瓶颈"问题突出。此外，由于政策性收入以及资产收益扶贫模式的比重较高，农民的主体性缺失，自身发展能力较弱，使得欠发达地区的一些搬迁户存在一定的返贫风险[1]。在就业促进方面，易地扶贫搬迁的关键是要通过改善就业基础条件，拓展贫困人口的就业机会和增收的多元化渠道，在人口迁移与就业转换良性互动的基础上实现"脱贫致富"目标。保障就业的可持续性是搬迁群众生存和发展的基础，是后续扶持的重中之重。然而，受能力素质偏低、外出务工意愿不高等因素的影响，部分安置区群众外出就业率低，而本地仅能够提供少量的公益性岗位。有的安置区虽设置了就业车间，但面向市场长期发展的运行机制不完善，吸纳搬迁群众就业不充分不牢靠。

---

[1] 黄云平,谭永生,吴学榕,等.我国易地扶贫搬迁及其后续扶持问题研究[J].经济问题探索,2020(10):27-33.

3.搬迁群众的社会融入问题亟待解决

易地扶贫搬迁人口的来源呈现多元化特征，集中安置社区往往集聚了非单一地域来源和文化背景的易地搬迁人口。迁出地与迁入地的人们在生产方式、生活方式、思维方式、文化素质、风俗习惯方面往往存在差异。易地扶贫搬迁群众面临全新的生存环境，其传统文化下的聚落形态随着迁移发生变化，对其自身和迁入地均将产生影响和冲击。由于生存空间环境（人文、自然）的变化，移民原有传统聚落形式赖以延续、传承的外部环境基础已经丧失，移民及其聚落必须适应新环境，以求生存与发展[①]。例如，湖北省十堰市郧阳区青龙泉社区、贵州省黔东南州凯里市清泉社区、广西壮族自治区河池市环江毛南族自治县城西社区的原住民占比皆达到50%以上。由于来源多样化以及文化和地域背景不同，易地搬迁贫困人口的社会融合不能一蹴而就，需要经历一个较长的过程。如何推动大型安置区搬迁群众逐步适应并融入城镇，是一个需要正确认识和把握的发展问题。

（三）后续帮扶政策优化

"十三五"末期，易地扶贫搬迁已全面转入以后续扶持为中心的新阶段。如何实现搬迁群众稳定脱贫、后续发展已成为当时易地扶贫搬迁工作的首要任务。"十四五"时期，各地应当结合推进乡村振兴和新型城镇化战略，坚持分区分类精准施策，进一步完善后续扶持政策体系，继续加大搬迁群众就业帮扶力度，提升完善安置区配套公共服务设施，加强社区管理，促进社会融入，持续巩固易地搬迁脱贫成果，实现搬迁群众稳得住、有就业、逐步能致富。

1.优化提升安置区公共服务供给水平

在教育服务方面，政府应大力发展移民安置区教育事业，根据需求合理

---

① 刘少杰.易地扶贫的空间失衡与精准施策[J].福建师范大学学报(哲学社会科学版),2020(06):45-50, 169.

布局幼儿教育，严格执行九年制义务教育，中招、高招录取时，给予移民学生适当照顾，并关注移民学生学习、生活状况，及时解决他们生活、学习中出现的问题，让学生进得来、留得住、学得好。在医疗卫生服务方面，要让易地扶贫搬迁人员获得更好的医疗条件，对易地扶贫搬迁对象的基本医疗保险报销政策、大病保险报销政策、"一站式"结报政策等，全面实行现参保地与原参保地对比就高原则，积极推进医疗救助扶贫，全面遏制和减少易地扶贫搬迁人员"因病致贫、因病返贫"。在文体服务方面，定期开展文化下乡、群众屋场会等群众喜闻乐见的农村文化活动和民俗活动，精准完善文化图书、体育场所、老幼妇便利设施等公共服务设施和服务，切实使搬迁移民真正享受到政府的文化惠民政策，以丰富移民安置点社区文化等。

2.推动后续产业发展实现由被动输血向主动造血的转变

脱贫攻坚时期，科学制定产业扶贫实施方案，将安置点产业发展与县域产业发展规划对接，做到产业发展落实到品种，生产基地布局到乡、村，主体明确到具体的龙头企业、合作社，龙头带动明确到村、户，因村设策、因户施策、一户一策。发展壮大扶贫特色产业，结合当地资源特点，引导搬迁户发展适合本地的生态复合型特色立体产业，帮助搬迁户遴选培育适宜的产业项目。完善产业帮扶利益联结机制，鼓励新型生产经营主体与搬迁人口实施"一对多"的产业发展精准帮扶，鼓励农业新型生产经营主体吸纳搬迁人口就业，鼓励按照资源变资产、资产变资本、资本变股本、农民变股民的思路，试点推进产业扶贫扶持资金折股量化帮扶。加大产业扶贫科技服务支持，以贫困地区的贫困村、扶贫点、产业园、新型经营主体为服务对象，开展定点定人、对口科技服务。充分利用东西部协作等机制，积极开展外出就业精准对接，拓宽就地就近就业渠道，支持搬迁群众自主创业，加强劳动力技能培训。要将易地扶贫搬迁安置点产业发展纳入脱贫地区"十四五"特色产业发展相关规划，注重发挥好消费帮扶政策作用，持续扩大安置点产品和服务消费规模。

3.多措并举促进大型安置区搬迁群众社会融入

根据安置区的特殊社会融入需要,加强相关人力、财力的投入,加强对现代社会生产方式和生活方式的宣传,创新社会管理方式,提高搬迁群众的适应能力。一是鼓励及时有效的社会支持,促进搬迁户社会网络重建。在对移民给予社会支持的同时,应重建与之适宜的社会网络,激发搬迁户和迁入地原居民的热情和共同体意识,建立起平等的人际网络,实现成员之间的资源互享互换、信息交流和互助,逐渐形成亲缘、地缘和非血缘并重的社会资源配置体系,使搬迁户通过社会网络获得一定的认同感进而达到融合的目的。二是以开放互信的村镇社区为平台,增进移民的社会融合度。要持续加强社区组织建设,在移民安置区完善移民群体的基层党组织,对社区移民生活中遇到的普遍问题及时与相关部门沟通,及时表达和维护移民利益;成立移民互帮互助组织,对个别移民生产和生活中遇到的困难给予帮助,减少移民社会适应的难度;加强社区移民之间的交流,可以考虑举行各种文化娱乐活动,增强社区移民之间的凝聚力。三是以搬迁户社会风险评估机制为途径,化解搬迁安置社会风险。加强对移民心态的调查研究,及时了解和掌握移民心态及其发展变化,建立搬迁户社会风险的评估机制,加强风险预警,把各种风险化解在社区。畅通利益诉求表达渠道,让不同利益相关者有机会把其真实的想法、真正的困难表达出来,把产生各种社会风险的因素消灭在萌芽状态。解决好安置区当地居民与搬迁户群体之间的利益协调,谨防搬迁户的抱团心理和当地群众的排外心理。

四、生态宜居乡村建设的发展方向

生态宜居美丽乡村建设是一项需要循序渐进、积小胜为大胜的系统工程。在实施的过程中应当分阶段、有计划地稳步推进,总结试点经验,积极推广成功模式和有效的管理体制机制,有序推动生态宜居美丽乡村建设,从而更好地促进农业全面升级、农村全面进步、农民全面发展。

(一)以人民为中心推动农村人居环境深层变革

新时期推动农村人居环境深层变革必须坚持以人民为中心的发展理念,坚守农民主体地位,尊重农民现实诉求,发挥农民能动作用。

第一,切实了解农民的需要和诉求,加快解决群众反映强烈的突出问题。在农村垃圾、污水治理、改水改厕等村庄环境综合整治过程中,要先行做好民意调查,主动问计于民,综合考量村民的生活生产习惯、卫生习惯、经济状况等因素,因地制宜、因户制宜地推动工作。同时要放眼长远,以系统思维协同施策,尽可能促进循环利用,把农村群众忧心的污水排放、二次污染等问题都解决好,免去他们的后顾之忧。

第二,发动并凝聚农民群众的参与热情,发挥农民的主体能动作用。一要主动争取支持与理解。要做好动员与宣传工作,通过政策讲解、意见征求、民主决策等形式让农民透彻理解环境整治与生产生活的紧密联系,真切感受到自身的主体地位,用真心实意来支持整治。二要引导农民主体参与共建。强烈的主体意识往往需要通过亲自出力、亲身实践才能建立。鼓励实践参与要分类进行,譬如,针对一些技术要求不高的整治任务,村委会要牵头组织队伍,优先发掘村域自身富余劳动力,充分利用他们的智慧与才干;而针对专业性强的任务,也要尽可能尝试半外包形式,多让学习与操作能力强的村民辅助参与。三要推进自我维护与监督。好环境重在维护与监督。要着力培育农民群众的环保意识和责任观念,建立村域环境自督自查自纠机制,聘用责任心强的群众进行专职维护,唯此才能促进农村人居环境整治常治长效。

第三,构建农村人居环境整治的可持续的保障机制。中央一号文件明确提出:"乡村建设是为农民而建,要因地制宜、稳扎稳打,不刮风搞运动。"要防止民生保障工程异化为短平快的"形象工程"。各地应当在农村人居环境整治实践探索的基础上，从整治后如何维护的视角，总结不同地方实践的整治理念、维护成本及发展模式；从不同主体间合作治理的视角，实现政府、市场、社会、村民等主体间的良性互动；从可持续发展视角，进一步探索农村人居环境整治后政策、资金、人才、服务等要素供给的持续性，构建成本—效益—发展之间的可持续的保障机制。

（二）推进生态环境改善同民生保障协同发展

乡村自然生态环境的改善与提升是美丽乡村建设的基础性工程，是乡村振兴的直接体现，不仅直接影响广大农民生活质量的提升，事关美丽乡村建设的成败，更是美丽乡村建设可持续发展的关键。

第一，继续将生态文明建设摆在突出位置，以国土空间规划为引领，科学编制"十四五"规划，推动生态环境保护规划与经济社会发展、城乡建设、土地利用等规划"多规合一"。严格落实主体功能区规划，统筹谋划未来人口分布、经济布局、国土利用和城镇化格局。设定并严守资源消耗上限、环境质量底线、生态保护红线，引导、规范和约束各类保护、开发、利用自然资源行为，将各类开发活动限制在资源环境承载能力之内。围绕推进低碳、绿色、循环发展，做好增强新动能加法和淘汰落后产能减法，开展清洁能源推广替代，构建绿色低碳产业体系，倡导绿色生活、推进绿色消费、支持绿色出行。

第二，加强自然资源的可持续利用管理。在保护的前提下，对资源进行合理开发，发挥环境优势，突出地域特色，打造山水景观，提升业态品质，营造和谐共生的山水林田湖草生命共同体；大力推广具有经济价值的生态农业产品，将自然生态优势转化为经济社会优势，推动乡村自然资本加快增值，实现生态综合效益。同时，必须坚守两山理论，重视生态保护，开展生物多样性治理，确保自然资源的可持续利用。要明确农村居民既是自然资源的利用者，更是自然资源保护的参与者和管理者，推广保护区和社区共管等各种形式的参与式管理,加强对农村居民在自然资源可持续利用方面的培训,促进区域生物多样性和资源利用的良性循环。在其他各类资源例如旅游资源和矿产开发利用中,加强管理,避免无序开发和耗竭式利用形成的资源魔咒,走好可持续利用之路。

第三,强化生态保护支持,改进生态补偿政策。牢固树立"绿水青山就是金山银山"的理念。在强化生态保护支持方面,加大对生态脆弱的欠发达地区的政策支持,延续退耕还林政策,将短期的"生态保护资金"转化为长期的"社会保护资金",让生态保护区在放弃破坏性开发、长期承担国家生态保护责任的同时,也对等地享受生态保护所带来的社会福利,弥补与非生态保护区的发展落差,确保低收入群众脱贫后不返贫。在改进生态补偿政策方面,一是拓宽资金来源,从单一的政府生态补偿拓展为多元化生态补偿;二是调整补偿对象,从瞄准地区,经由瞄准受影响资源转为瞄准贡献者;三是补偿与绩效挂钩,将基于土地面积的生态补偿转换为基于生态服务增量的生态补偿;四是改进生态服务定价方法,将行政性的生态补偿转换为市场化的生态补偿,推进生态资源有偿使用。

(三)系统科学编制生态宜居乡村建设规划

科学编制生态宜居乡村建设的规划,要坚持"创新、协调、绿色、开放、共享"的新发展理念,突出生态优先、绿色发展,着力在宜居、宜业、宜农、宜种、宜养、宜游等方面结合实际,因地、因时、因人统筹谋划、科学规划。

中国农村地域广阔,各地自然环境、人文历史差别很大,从而形成了各具特色的传统村落。传统村落的选址布局大多是遵循着山、水、林、地、人"天人合一"的原则,先民在建村伊始,充分考虑自然环境和生态资源条件,将村庄的选址布局与村域周边的山、水、林、地等自然生态环境融为一体,逐渐形成了与自然环境和生态资源相适宜的"一方水土养一方人"的乡村生产生活方式，从而营造了一个个适宜村民世代繁衍生息的聚落空间。在生态宜居乡村建设中，应充分吸收中国先人的规划智慧，因地制宜地把群众需求与项目设计、建设紧密结合起来，同时兼顾农村地区的经济发展、人口状况、公共服务等，以需求为导向，以实效为目标，设计体现区域特色的不同发展模式，突出特色，不能刻板模式化、千篇一律化，避免规划与模式的"拿来主义"。

具体而言，在政策执行之前，要对生态宜居乡村建设的目标任务、指标体系、整体进程等子要素进行科学、细致及合理的规划，强调整体理念和系统思维。从宏观角度，必须把生态宜居乡村建设置于农村经济社会发展的整体框架之中，坚持系统性思维和顶层设计理念，使生态宜居乡村建设与农村产业发展、文化建设、服务供给、生态维护等有机统一、浑然一体；在乡村振兴中规划、设计、推进生态宜居乡村建设，形成长期性、战略性框架，有计划、有步骤、分阶段稳步推进，同时也要看到其艰巨性，不可急躁冒进、跃进；要针对整个乡村复合生态系统的要素和行为在时间尺度和空间尺度上进行综合规划，坚持系统论观点及统筹兼顾的工作方法，对生态宜居乡村建设进行科学谋划、合理设计，设计一个完整的系统架构，再细化内部指标体系、理顺内部结构。做到渐进式推进生态宜居乡村建设，按照由点到线到面的逻辑顺序，在实践中切实打造"精品、品牌、力作"。

（四）以乡土文化传承与创新，促进农文旅高质量融合发展

乡村是传统文化传承的载体，乡土文化是乡村文化的核心，是乡村居民所具有的信仰、遵循的道德、保存的习俗、形成的品格等的集合体。生态宜居乡村建设过程中，要准确把握传统文化与现代文明的有机衔接、国家愿景与农民需求的上下对接、城市发展与乡村建设的融合联结。一方面，创新乡村旅游的组织模式，挖掘当地自然、历史、民俗等资源内涵，因地制宜发展旅游，通过发展生态休闲度假、旅游观光、康养、创意农业、农耕体验、乡村手工艺等田

园综合体旅游项目，延长乡村旅游产业链，带动农牧产品加工、销售和农牧区商贸、餐饮服务等行业的发展。另一方面，在生态宜居乡村建设过程中，要把改善农村人居环境与推动农村经济发展、传承传统文化、保护绿水青山有机统一起来，重视以历史文化名村和传统村落为主体的文化载体的发掘与保护，以农民精神文明新需求为导向，注入新内容，活化新载体。同时重视新乡贤群体对乡村文化建设的重要作用，培养一批乡村文化骨干，形成既有地方基础又有知识层次的文化组织，进而打造农文旅高质量融合发展的新格局。

（五）加快生态宜居乡村建设的技术创新和应用

在大数据时代，推进生态宜居乡村建设，应充分发挥技术创新和应用的支撑作用，增强生态宜居乡村建设的智能化和精细化水平。

第一，通过技术改造、更新与升级提升解决农村环境实际问题的能力。一是环境保护技术，从山水林田湖草沙系统治理角度推动"低影响提升"理念在国土空间层面落地，主要包括山林环境技术、水环境技术、土壤环境技术；二是绿色生产技术，从全产业链精准防控角度推动"低影响提升"理念在基础工程层面落地，主要包括高效生产技术、智慧管理技术、污废减量技术；三是可持续发展技术，从全生命周期管控角度推动"低影响提升"理念在运行管理层面落地，主要包括组织保障技术、人才保障技术、制度保障技术。

第二，推动技术下乡，为农村生态宜居乡村建设提供技术支持。长期以来，受城乡二元结构、城市化、国家政策等因素的影响，农村社会发展面临技术短缺和滞后问题，与城市之间存在巨大的技术鸿沟。因此，发挥技术在农村环境治理中的支撑作用，首先要推动技术从城市向农村转移，缩小城乡之间的技术差距，例如，加强农村互联网、移动通信等信息基础设施建设；按照城乡融合发展要求，破除城乡之间的政策阻碍，推动城乡技术发展与服务一体化；建立智能化的农村环境监测网络，实现农村环境的动态监测；鼓励社会力量推动农业农村信息化建设,发挥市场企业在农村环境技术发展中的主体性作用。

  第三,加强生态宜居乡村建设信息平台的建设和维护。农村环境保护和生态建设信息及时更新,是系统把握生态宜居乡村建设的基础性工作。一方面,定期开展生态宜居乡村建设信息采集,及时上传信息至生态宜居乡村建设信息平台。在信息采集过程中,坚持线上线下相结合,充分发挥政府网站的互动功能,不断拓展参与环境治理的途径和方式,提升信息的真实性和准确性。另一方面,通过建立农村环境数据保护体系等措施,科学防范技术治理的潜在风险,保障数据的安全性。

第五章

中国保障民生的乡村基本公共服务

基本公共服务属于公共产品的范畴，是公共服务的一种类型，具有收益的非排他性和消费的非竞争性。基本公共服务区别于一般性的公共服务，而是更多地和基本民生类保障紧密联系，是公共服务中最基础、最核心的部分，是最基本的民生需求，也是政府公共服务职能的"底线"，是一国全体公民都应当普遍、公平、均等享有的基础性、兜底性保障服务。民生保障制度作为中国特色社会主义制度建设的重要内容，是回应人民群众对现实美好生活需要的坚实保障，推进基本公共服务均等化关乎群众生存与发展的基本人权，也是保障和改善民生的有力抓手。国务院印发的《"十四五"推进农业农村现代化规划》中将基本公共服务向农村延伸覆盖作为农村现代化建设的重点任务。2021年中央经济工作会议要求"社会政策要兜住兜牢民生底线"，"健全常住地提供基本公共服务制度"与"统筹推进经济发展和民生保障"被并列提出。农村基本公共服务供给是乡村振兴的有力保障，农村基本公共服务标准和水平不仅关系到群众的幸福指数，还影响群众的获得感与安全感。本章主要分为三个部分：第一部分对农村基本公共服务的概念进行辨析，阐释了乡村基本公共服务的基本内涵及其重要作用；第二部分指出基本公共服务存在总量不足、质量不高和供需结构性矛盾等问题，针对农民、农业和农村发展的实际需要，提出构建以需求为导向的多样化、高质量基本公共服务体系；第三部分提出基于公平与协调原则推进基本公共服务均等化，通过推进教育文化体育事业、公共医疗卫生服务、人居环境改善与农业生产经营等民生领域建设全面提升民生保障水平，确保人民群众公平可及地获得大致均等的基本公共服务。

一、乡村基本公共服务及其重要作用

（一）基本公共服务与乡村基本公共服务

1.基本公共服务

享有基本公共服务是公民的一项基本权利，提供基本公共服务是政府的基本职责。尽管大家都在广泛地使用基本公共服务这一表述，学术界也有较多探讨，但基本公共服务的内涵和范围具体包括哪些内容，在不同的国家和国家发展的不同阶段以及国家财政保障能力和人民群众的生活需求等因素的影响下往往呈现出不完全相同的答案。这里，笔者主要采用陈海威（2007）对基本公共服务的学理性概念，认为基本公共服务是指一定经济社会条件下，为了保障全体公民最基本的人权，全体公民都应公平、平等、普遍享有的公共服务，是诸多公共服务中具有保障性质和平等色彩的服务类型，是以保障公民基本人权为基本目的、以均等化为主要特征、以公共资源为主要支撑的公共服务[1]。根据政府提供服务的性质和类型，陈海威进一步将基本公共服务划分为四大领域：底线生存服务，包括就业服务、社会保障、社会福利和社会求助；公众发展服务，包括义务教育、公共卫生和基本医疗、公共文化体育；基本环境服务，包括居住服务、公共交通、公共通信、公共设施和环境保护；公共安全服务，包括食品药物安全、消费安全、社会治安和国防安全等。

鉴于本书主要着眼于服务中国乡村振兴战略的深入推进研究，所以本章节更多地从政府政策的发展脉络和体系中寻找基于政策导向、问题导向和现

---

[1] 陈海威.中国基本公共服务体系研究[J].科学社会主义,2007(03): 98-100.

实需要导向的基本公共服务的概念表述。笔者在综合借鉴国家在"十二五""十三五""十四五"规划以及《国家基本公共服务标准（2021年版）》中对基本公共服务的相关表述的基础上，认为基本公共服务是指建立在一定社会共识的基础上，由政府主导提供的，与经济社会发展水平和阶段相适应，旨在保障全体公民生存和发展基本需求的公共服务[①]，并以实现幼有所育、学有所教、劳有所得、病有所医、老有所养、住有所居、弱有所扶以及优军优抚服务保障、文化体育服务保障等民生服务保障为出发点和落脚点。根据这一定义，可以看出，基本公共服务具有多个方面的基本特性。一是基本性，即我们所探讨的公共服务提供是保障民众最基本的公共服务需求，其水平和标准是适应中国发展阶段和生产力发展水平而确定的，仅仅满足公民基本的生存和发展的需要。二是公共性，即所提供的公共服务要满足公共需求。公共需要具有无差异的特征，不同地区、人群之间、城乡之间对这类公共服务的需求具有同质性和普遍性。三是基本公共服务体现了国家责任和政府职能，保障公民享有基本公共服务的基本权利。四是中国强调基本公共服务提供，主要针对当前社会发展中面临的主要问题和矛盾，目的在于缓解那些潜在和现实的社会问题[②]，提升民众的福祉。五是基本公共服务紧扣以人为本的核心价值取向，各类公共服务供给紧紧围绕着人的生存和发展全面展开。六是中国基本公共服务具有城乡分置的特征，在不断走向城乡基本公共服务均等化、一体化的同时也要注重基于农村农业农民特殊需要的基本公共服务的供给。

2. 乡村基本公共服务

由于历史和制度原因，中国长期形成了城乡分置的二元格局，城市和乡村

---

① 本书中对基本公共服务的政策性概念界定来自对2012年国务院出台的《国家基本公共服务体系"十二五"规划》、2017年国务院出台的《"十三五"推进基本公共服务均等化规划》、2020年党的十九届五中全会通过的《中华人民共和国国民经济和社会发展第十四个五年规划和2035年远景目标纲要》以及2021年国家发改委等部门出台的《国家基本公共服务标准(2021年版)》等综合概括总结。

② 鲍曙光.农村基本公共服务制度研究[D],财政部财政科学研究所,2014.

在经济、社会、文化、行政管理等方方面面存在较大差异。因此，城市和乡村在基本公共服务的制度设置、基本内容、运行逻辑等方面均有不同。

乡村地区的乡村基本公共服务，则是政府针对乡村发展自上而下地通过各种政策制定、制度设置和财政手段等方式方法，为在农村居住和生活的人们不断提高生产生活的便利性而提供的一系列基础性、兜底性民生保障服务，以解决农民最关心、最直接、最现实的公共利益问题和满足农民日益增长的美好生活需要。近年来，尽管农村基本公共服务取得了不少成绩，但相较于城市的基本公共服务制度体系和水平，农村基本公共服务供给仍然是当前国家基本公共服务供给的突出短板，实现城乡基本公共服务均等化、一体化发展是乡村振兴的迫切任务，既需要在增量上补齐公共服务短板、也需要在存量上不断优化提升农村基本公共服务标准和水平。

与此同时，我们要充分认识到农村基本公共服务制度供给具有自身的特征、难点与挑战。第一，农村相对于城市来讲，其居住相对分散且聚居人口有限，加之，农村生活和生产的交错分布格局更使得农村的居住格局呈现出碎片化和随意性的特征，这在客观上加大了农村基本公共服务供给的难度和成本。同样反映在农民一家一户分散性、细碎化的农业生产经营方面，基本公共服务供给同样受制于此。第二，农村基本公共服务具有比城市更广泛的多样化需求（但水平层次上可能没有城市要求那么高）和特殊的农业产业需要，涉及社会性、经济性、生产性等基本公共服务的需求，尤其是农村留守儿童和留守老人的关爱服务以及以农业生产经营为核心的各类公共服务供给。第三，中国农村实行村民自治制度，农村具有集体性质的村民委员会和村集体经济组织等群众性组织，能够为村民和村庄整体提供部分的基本公共服务，作为政府基本公共服务供给的补充，而城市的基本公共服务则具有较强的开放性和政府依赖性。除此之外，农村互助互惠的乡土文化传统也有助于形成非正式的互助性服务，这也从侧面反映了农村基本公共服务供给主体的多元性和多层次性，既离不开本土化的村社主体也离不开基层政府和中央政府的大力支持，尤其是农业生产和农村生态环境保护与全体公民息息相关，具有基础性地位。

党的十九大提出了实施乡村振兴战略的重大决策部署，乡村振兴是全面建设社会主义现代化国家的重大历史任务，是新时代"三农"工作的总抓手。乡村振兴目标的实现离不开农村基本公共服务的完善和优化，高质量的农村基本公共服务制度体系是实现农村美、农民富、农业强的条件保障。2018年中央一号文件《中共中央国务院关于实施乡村振兴战略的意见》提出，到2020年城乡基本公共服务均等化水平进一步提高，到2035年城乡基本公共服务均等化基本实现；2018年中共中央、国务院印发的《乡村振兴战略规划（2018—2022年）》则进一步提出要增加农村公共服务供给，继续把国家社会事业发展的重点放在农村，促进公共教育、医疗卫生、社会保障等资源向农村倾斜，逐步建立健全全民覆盖、普惠共享、城乡一体的基本公共服务体系，推进城乡基本公共服务均等化，着力聚焦于"优先发展农村教育事业、推进健康乡村建设、加强农村社会保障体系建设、提升农村养老服务能力、加强农村防灾减灾救灾能力建设"。

笔者基于对农村发展的长期研究和对国家乡村振兴战略的深入理解，进一步认为乡村基本公共服务应当包括基本公共服务制度、体系、机构以及相关的硬件类的基本公共服务基础设施建设，具体可以划分为三个维度：乡村社会性基本公共服务、经济性基本公共服务和生产性基本公共服务（见表5-1）。

表 5-1 乡村基本公共服务的分类

	供给侧	需求侧
社会性基本公共服务	基本公共教育	幼有所育 学有所教 劳有所得 病有所医 老有所养 住有所居 弱有所扶 文化体育服务保障 宜居宜业等
	城乡居民基本医疗保险	
	城乡居民基本养老保险	
	农村低保、特困人员救助供养制度等社会救助服务	
	残疾人基本公共服务	
	针对儿童、老人的社会福利服务	
	基本医疗卫生	
	基本住房保障	
	基本公共文化体育	
	乡村水电路气房网等民生类基础设施建设	
	村庄人居环境建设等	
经济性基本公共服务	基本劳动就业创业服务	
	区域性农产品交易市场培育、便民市场建设	
	乡村物流、电商等公共服务基础设施建设等	
生产性基本公共服务	农业技术推广服务	
	农业支持保护制度	
	农业生产服务（基本农田建设等）、农机补贴等	

（二）基本公共服务制度体系的政策演进与丰富内涵

提供基本公共服务是政府的一项基本职责，享有基本公共服务是公民的基本权利。国家历来都十分重视对民众基本公共服务的供给，但受制于经济发展水平的制约，基本公共服务的内容和水平都十分有限，而且城乡基本公共服务差距较大，农村基本公共服务长期处在短缺或低水平状态。随着国家经济社会整体水平的提升和发展阶段目标的更高设定，尤其是新世纪以来，国家逐步重视基本公共服务的制度供给，基本公共服务的内容也在随着中国经济社会的全面发展进步而不断完善和提升，特别是开始重视对农村基本公共服务制度体系的完善，补齐基本公共服务的短板，尤其是以农村社会保障制度体系和公共卫生为主要内容的基本公共服务供给不断完善。

2006年国家"十一五"规划中首次在国家战略中提出了基本公共服务，并首次划定了政府公共服务领域为"义务教育、公共卫生、社会保障、社会救助、促进就业、减少贫困、防灾减灾、公共安全、公共文化、基础科学与前沿技术以及社会公益性技术研究、国防等"，并提出"基本公共服务明显加强"的目标。2012年国务院出台了《国家基本公共服务体系"十二五"规划》，提出建立健全基本公共服务体系，促进基本公共服务均等化，是构建社会主义和谐社会、维护社会公平正义的迫切需要，是全面建设服务型政府的内在要求，对于推进以保障和改善民生为重点的社会建设，对于切实保障人民群众最关心、最直接、最现实的利益，对于加快经济发展方式转变、扩大内需特别是消费需求，都具有十分重要的意义。进一步提出基本公共服务的范围一般包括保障基本民生需求的教育、就业、社会保障、医疗卫生、计划生育、住房保障、文化体育等领域的公共服务，广义上还包括与人民生活环境紧密关联的交通、通信、公用设施、环境保护等领域的公共服务，以及保障安全需要的公共安全、消费安全和国防安全等领域的公共服务。具体则聚焦于公共教育、劳动就业服务、社会保障、基本社会服务、医疗卫生、人口计生、住房保障、公共文化、基础设施、环境保护等领域的基本公共服务。2017年国务院印发的《"十三五"推进基本公共服务均等化规划》则首次提出了国家基本公共服务的清单，确定了包括公共教育、劳动就业创业、社会保险、医疗卫生、社会服务、住房保障、公共文化体育、残疾人服务等八个领域的基本公共服务内涵，具体则包含了81个基本公共服务项目，作为政府履行职责和公民享有相应权利的范畴。国家基本公共服务制度紧扣以人为本，围绕从出生到死亡各个阶段和不同领域，以涵盖教育、劳动就业创业、社会保险、医疗卫生、社会服务、住房保障、文化体育等领域的基本公共服务清单为核心，以促进城乡、区域、人群基本公共服务均等化为主线，以各领域重点任务、保障措施为依托，以统筹协调、财力保障、人才建设、多元供给、监督评估等五大实施机制为支撑，是政府保障全民基本生存和发展需求的一项基础制度性安排。

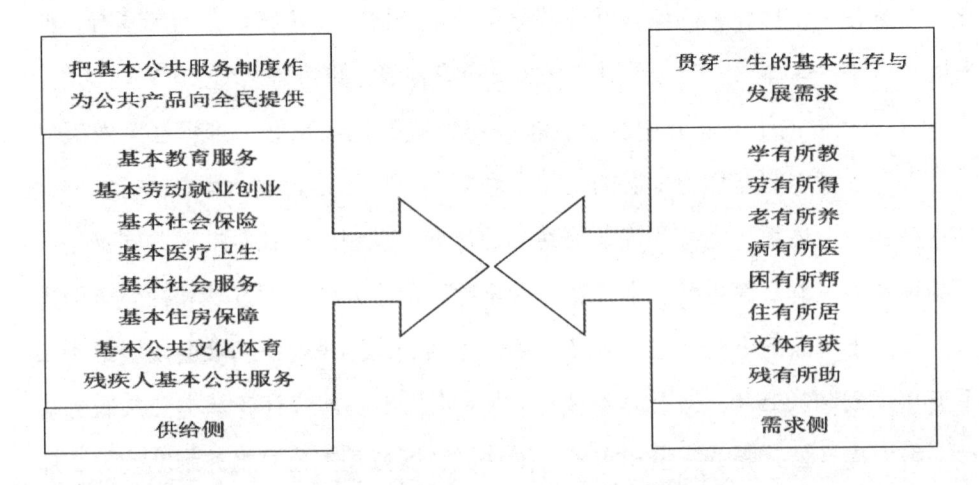

```
┌─────────────────────────┐              ┌─────────────────────────┐
│ 把基本公共服务制度作     │              │ 贯穿一生的基本生存与     │
│ 为公共产品向全民提供     │              │ 发展需求                 │
├─────────────────────────┤              ├─────────────────────────┤
│ 基本教育服务             │              │ 学有所教                 │
│ 基本劳动就业创业         │              │ 劳有所得                 │
│ 基本社会保险             │              │ 老有所养                 │
│ 基本医疗卫生             │   ▷◁         │ 病有所医                 │
│ 基本社会服务             │              │ 困有所帮                 │
│ 基本住房保障             │              │ 住有所居                 │
│ 基本公共文化体育         │              │ 文体有获                 │
│ 残疾人基本公共服务       │              │ 残有所助                 │
├─────────────────────────┤              ├─────────────────────────┤
│         供给侧           │              │         需求侧           │
└─────────────────────────┘              └─────────────────────────┘
```

图 5-1 《"十三五"推进基本公共服务均等化规划》中国家基本公共服务制度框架

资料来源：《"十三五"推进基本公共服务均等化规划》

2017年10月18日，习近平总书记在十九大报告中提出了"十四个坚持"来深入贯彻新时代中国特色社会主义思想，其中之一为"坚持在发展中保障和改善民生"，鲜明指出"增进民生福祉是发展的根本目的"，要多谋民生之利、多解民生之忧，在发展中补齐民生短板、促进社会公平正义，并在原有的五个"有所"的基础上提出了"幼有所育、学有所教、劳有所得、病有所医、老有所养、住有所居、弱有所扶"的七个"有所"，保证全体人民在共建共享发展中有更多获得感，不断促进人的全面发展、全体人民共同富裕。从幼有所育到弱有所扶的七个"有所",基本覆盖了每个人生命全周期的重要方面,进一步拓展了新时代民生保障基本公共服务的内涵和范围。

2018年中共中央办公厅、国务院办公厅印发了《关于建立健全基本公共服务标准体系的指导意见》,提出幼有所育、学有所教、劳有所得、病有所医、老有所养、住有所居、弱有所扶以及优军服务保障、文体服务保障等9个方面的具体保障范围和质量要求,以建立健全基本公共服务标准体系来明确中央与地方提供基本公共服务的质量水平和支出责任,以标准化促进基本公共服务均等化、普惠化、便捷化,确保基本公共服务覆盖全民、兜住底线、均等享有,使人民获得感、幸福感、安全感更加充实、更有保障、更可持续。

2020年党的十九届五中全会公报提出,坚持把实现好、维护好、发展好最广大人民根本利益作为发展的出发点和落脚点,尽力而为、量力而行,健全基本公共服务体系,完善共建共治共享的社会治理制度,扎实推动共同富裕,不断增强人民群众获得感、幸福感、安全感,促进人的全面发展和社会全面进步。党的十九届五中全会通过的《中华人民共和国国民经济和社会发展第十四个五年规划和2035年远景目标纲要》,进一步提出要加快补齐基本公共服务短板,努力提升公共服务质量和水平。推动城乡区域基本公共服务制度统一、质量水平有效衔接。围绕公共教育、就业创业、社会保险、医疗卫生、社会服务、住房保障、公共文化体育、优抚安置、残疾人服务等领域,建立健全基本公共服务标准体系,明确国家标准并建立动态调整机制,推动标准水平城乡区域间衔接平衡。按照常住人口规模和服务半径统筹基本公共服务设施布局和共建共享,促进基本公共服务资源向基层延伸、向农村覆盖、向边远地区和生活困难群众倾斜,提高基本公共服务均等化水平。突出政府在基本公共服务供给保障中的主体地位,在育幼、养老等供需矛盾突出的服务领域,支持社会力量扩大普惠性规范性服务供给,鼓励社会力量通过公建民营、政府购买服务、政府和社会资本合作等方式参与公共服务供给。优化财政支出结构,优先保障基本公共服务补短板,明确中央和地方在公共服务领域的事权和支出责任,加大中央和省级财政对基层政府提供基本公共服务的财力支持。2021年国家发展和改革委员会等21个部门出台了《国家基本公共服务标准（2021年版）》，从幼有所育、学有所教、劳有所得、病有所医、老有所养、住有所居、弱有所扶以及优军服务保障、文体服务保障等9个方面、22大类、80个服务项目进一步明确了新时代现阶段下国家基本公共服务的具体保障范围和质量要求，强调要强化供给能力建设，织密扎牢民生保障网，加快补齐基本公共服务短板，不断提高基本公共服务的可及性和便利性。

通过对中国基本公共服务政策的梳理可以发现，随着中国经济社会发展水平的不断提升和国家不同的阶段性发展目标的变化以及不同阶段下社会主要矛盾的变化，国家和政府在基本公共服务制度体系的供给上不断拓展其范围和提高公共服务质量和水平，尤其是作为短板的农村基本公共服务方面，随着脱贫攻坚战取得全面胜利和以"产业兴旺、生态宜居、乡风文明、治理有效、生活富裕"为总要求的乡村振兴战略的实施，会有更多的资源、项目、制度等进一步向乡村倾斜、输入，农村基本公共服务也必将迎来快速发展的阶段，早日实现城乡基本公共服务均等化的目标，使农村居民能够更好地共享国家发展成果和有更多的获得感、幸福感和安全感。

（三）乡村基本公共服务的重要作用

当前，中国已初步构建起了覆盖全民的国家基本公共服务制度体系，各级各类基本公共服务设施不断改善，保障能力和群众满意度进一步提升。但农村地区的基本公共服务制度供给仍然是国家基本公共服务的短板和薄弱环节，如何加大以需求为导向的基本公共服务供给、进一步提高乡村基本公共服务的保障能力和群众满意度、实现城乡基本公共服务均等化与一体化发展，仍然是摆在我们面前的迫切问题。

《2019年国民经济和社会发展统计公报》显示，截至2019年末，中国乡村人口为5.5亿，占全国人口的39.4%，农村人口的绝对数量依然较多。在日益互通互联和市场化程度不断提高的现代化社会中，同城市居民一样，农民的生产生活须臾离不开各种基本公共服务的供给。完善的乡村基本公共服务制度体系，普惠性、基础性、兜底性的民生建设，对于保障农民基本生活，满足人民日益增长的美好生活需要，促进社会公平正义，形成有效的基层社会治理、良好的社会秩序，缩小地区、城乡和收入差距，使人民的获得感、幸福感、安全感更加充实、更有保障、更可持续等具有重要作用。

在如期打赢脱贫攻坚战，全面建成小康社会，开启全面建设社会主义现代化国家新征程中，深入推进乡村振兴战略，要坚持农业农村优先发展的总方针，尤其要加快补齐农村公共服务短板，充分发挥基本公共服务在提高广大农民获得感、幸福感和安全感上的重要作用。

1.提升农民自身发展能力，缩小城乡收入差距

当前，农民的自身发展权益越来越集中体现在广大农民的发展能力与发展机会上，这与义务教育、公共卫生、基本医疗、基本社会保障、公共就业服务等基本公共服务直接相关。

农村地区基础教育的完善，尤其是保障农村幼儿园和小学的发展，以基本养老、基本医疗和各类社会救助为核心的农村社会保障制度的完善，以及农村医疗卫生环境的提升，农村就业技能的培训等，都在不断地通过提升农村人口的人力资本进而提升农民的自身发展能力，以此为农民的全面发展提供支持。另一方面，对农村老人、儿童等弱势群体的基本公共服务供给，能够提高他们的生活品质和尊严，使其能够解决后顾之忧和公平享受国家发展成果。同时，尤其是促进农业生产发展和农民技能获得的基本公共服务的供给，进一步提高了农民生产经营的积极性和生产效率，以及农民增收的机会和能力，这对于增加农户的家庭收入起了关键性作用，对于进一步缩小城乡居民收入差距具有重要作用。

2.为农业生产发展提供基础性保障

出行难、用电难、用水难、通信难,是长期以来制约农村地区发展的瓶颈。农村水、电、路等与农业生产息息相关的基础设施和基本公共服务的完善,可以极大地提高农业生产经营的效率。农村"四好公路"的建设帮助农村地区形成了外通内联、通村畅乡、客车到村、安全便捷的交通运输网络,有利于实现农业生产资源和产品的流通;农村地区水利基础设施条件的改善有利于提升农业用水的供水能力、增加农田有效灌溉面积,保障基本农田;农村电网改造升级等电网专项工程,把电网延伸到更多偏远农村,农村地区基本实现稳定可靠的供电服务全覆盖,供电能力和服务水平明显提升,大大改善农业生产用电水平。同时,国家通过农村高标准农田建设、农田整治、农田宜机化改造、农业技术推广等服务项目以及对农户的耕地地力保护补贴、政策性农业保险保费补贴、农机购置补贴等提高农户发展农业的积极性。此外,国家还在县域内积极建设专业化的农产品交易市场和物流基地或站点,在县乡村合理布局冷链物流设施、仓储设备、配送投递设施和农贸市场网络,畅通农产品进城和工业品入乡通道等,为农业生产、加工、贸易等全产业链发展提供了内外部的便利基础设施和公共服务。

上述这些生产性和经济性的公共服务及其相关设施建设,为持续推进乡村产业可持续发展和乡村产业振兴提供了基础性保障和开放有利的发展环境,降低了农业发展的成本和风险。

3.对乡村整体性治理能力、发展活力和人居环境改善具有重要作用

农村基本公共服务的有效供给能够大大弥补乡村公共服务供给能力和水平不足的现状,进一步理顺农村基本公共服务的制度、体系架构和机构关系,有助于提升村庄的整体性治理能力,形成多元化、多层次的农村基本公共服务供给格局和治理体制。同时,农村基本公共服务涉及农村的基本教育、医疗卫生、公共文化体育、社会保障、就业公共服务、公共安全、人居环境、水电路等民生类基础设施建设以及各类农业支持保护政策的供给等方方面面，既关系到农民个体全生命周期的服务保障，也关系到整个乡村生产、生活的内外部环境优化提升，对于提升农村的整体性发展活力具有重要的促进作用。

此外，随着在脱贫攻坚中乡村基本公共服务的不断完善，尤其是乡村振兴战略实施以来农村陆续开展的以农村"厕所革命"、农村生活垃圾处理、生活污水治理、村容村貌提升等为主要内容的乡村人居环境改善行动，扭转了农村长期存在的脏乱差局面，村容村貌明显改善，有力促进了人与自然和谐共生和美丽乡村建设。继2018年中共中央办公厅、国务院办公厅印发的《农村人居环境整治三年行动方案》、2019年中央农办、农业农村部等18部门印发的《农村人居环境整治村庄清洁行动方案》后，农业农村部从2021年开始启动实施农村人居环境整治提升五年行动，进一步为农村居民提供高质量的人居生活环境服务保障举措。

4.对实现基本公共服务均等化和城乡一体化融合发展具有促进作用

基本公共服务均等化，指全体公民都能公平可及地获得大致均等的基本公共服务，其核心是机会均等，而不是简单的平均化和无差异化。基本公共服务均等化强调了对作为公民成员的农民的基本国民待遇的尊重和赋予了农民平等、公平享有一定水平的基本公共服务的权利以及农民获取基本公共服务的自由选择权利，这既是作为社会主义国家民众的基本权利，也是国家和政府的基本职责和当然义务。不断加大对农村基本公共服务的制度供给，同时不断提高和优化农村现有的基本公共服务质量和水平，对于实现更加公平、更高质量和均等化的乡村基本公共服务至关重要。

此外，建立健全全民覆盖、普惠共享、城乡一体的均等化基本公共服务体系有利于进一步促进城乡一体化融合发展，尤其是县域内城乡融合发展。均等化的城乡基本公共服务有利于打破中国城乡二元户籍制度所带来的基本公共服务制度分置、差别对待的藩篱，为城乡之间人口的自由流动和生产生活提供基本保障，确保农村人口进城居住和城市人口回乡入村享有水平大致相同的、均等化的、可及性的基本公共服务，形成城乡动态化、常态化的双向互动流动格局，从而实现进一步促进城乡一体化融合发展的目标，实现更好的城市化和乡村振兴，实现民众福祉的提升。

（四）乡村基本公共服务促进农村发展与减贫的中国经验

新中国成立至全面建成小康社会，是中国消除农村地区绝对贫困的伟大历程同时也是农村地区基本公共服务不断完善的过程，充分体现了完善乡村基本公共服务供给在促进农村发展、农民生活水平提高、农业增效等多方面的重要作用。作为发展最落后的贫困地区，农村基本公共服务制度的完善和水平的不断提升，也大大提升了中国乡村整体性的基本公共服务制度供给和保障能力。

20世纪80年代至全面建成小康社会，党和国家正式启动了全国范围有计划、有组织、大规模的减贫政策行动，先后实施了《国家八七扶贫攻坚计划(1994—2000年)》、《中国农村扶贫开发纲要(2001—2010年)》和《中国农村扶贫开发纲要(2011—2020年)》。在不同的减贫阶段，中国政府始终坚持了开发式扶贫的基本方针，坚持对贫困农村的综合开发，通过加强贫困地区水利、交通等基础设施建设，促进科技、教育、卫生、文化事业的发展，提高贫困人口综合素质，实现贫困地区经济、社会协调发展和全面进步。在此过程中，农村基本公共服务整体水平的改善和贫困地区基本公共服务的定向提升，形成了基本公共服务减贫的合力[①]。党的十八大至全面建成小康社会实施的精准扶贫战略，以稳定实现农村贫困人口不愁吃、不愁穿，义务教育、基本医疗和住房安全有保障（即"两不愁三保障"）为脱贫目标，并明确提出实现贫困地区基本公共服务主要领域指标接近全国平均水平的要求。因此，新时期的脱贫攻坚

---

① 王瑜，汪三贵.基本公共服务减贫：理论概念、现实关切与评估建议[J].贵州社会科学,2018(09): 164-168.

战，更加注重了创新运用包括社会保障、农业支持保护、惠民信贷等在内的综合保障性的手段与传统的开发式扶贫举措共同致力于消除农村绝对贫困[①]，通过不断完善和提升农村的各类基本公共服务以及持续推进城乡基本公共服务均等化、一体化发展等，从更深层次和更高水平帮助贫困人口打破内、外困境，拓展贫困人口的可行能力，提升贫困人口的福祉水平，摆脱贫困之"困"的桎梏[②]。

表 5-2 2013—2019 年中国贫困地区农村基础设施和公共服务状况（单位：%）

年份	2013	2014	2015	2016	2017	2018	2019
所在自然村通公路的农户比重	97.8	99.1	99.7	99.8	99.9	100.0	100.0
所在自然村通电话的农户比重	98.3	99.2	99.7	99.9	99.8	99.9	100.0
所在自然村能接收有线电视信号的农户比重	79.6	88.7	92.2	94.2	96.9	98.3	99.1
所在自然村进村主干道路硬化的农户比重	88.9	90.8	94.1	96.0	97.6	98.3	99.5
所在自然村能便利乘坐公共汽车的农户比重	56.1	58.5	60.9	63.9	67.5	71.6	76.5
所在自然村通宽带的农户比重	—	—	71.8	79.8	87.4	94.4	97.3
所在自然村垃圾能集中处理的农户比重	29.9	35.2	43.3	50.9	61.4	78.9	86.4

---

① 左停，徐卫周.综合保障性扶贫：中国脱贫攻坚的新旨向与新探索[J].内蒙古社会科学（汉文版），2019, 40(03): 36-44, 213.
② 左停，徐加玉，李卓.摆脱贫困之"困"：深度贫困地区基本公共服务减贫路径[J].南京农业大学学报（社会科学版），2018, 18(02): 35-44, 158.

续表

年份	2013	2014	2015	2016	2017	2018	2019
所在自然村有卫生站的农户比重	84.4	86.8	90.4	91.4	92.2	93.2	96.1
所在自然村上幼儿园便利的农户比重	71.4	74.5	76.1	79.7	84.7	87.1	89.8
所在自然村上小学便利的农户比重	79.8	81.2	81.7	84.9	88.0	89.8	91.9
有文化活动室的行政村比重	74.5*	81.5	83.8	86.5	89.2	90.7	94.0
……							

资料来源：笔者根据2015—2020年《中国农村贫困监测报告》整理所得。

注：带*是2012年数据

全面建成小康社会前，贫困地区基础设施薄弱，公共服务匮乏，经济社会发展滞后。在实施精准扶贫建档立卡之初，在近亿人的贫困人口中，系统大数据显示，因病致贫的占比42%、因灾致贫的占比20%、因学致贫的占比10%、因劳动能力弱致贫的占比8%、其他原因致贫的占比20%[1]。在随后几年的脱贫攻坚建档立卡贫困户中，因病致贫返贫的比例依旧是最大的，可见作为与民生保障息息相关的农村医疗卫生、教育、劳动力就业服务等基本公共服务供给的严重不足和失衡是导致贫困人口致贫的主要原因，这些有益于增进贫困人口发展机会、发展能力、发展空间的基础环境类的结构性因素限制了农民的发展。

经过8年脱贫攻坚的持续奋斗，到2020年底，中国如期完成新时代脱贫攻坚目标任务，现行标准下9899万农村贫困人口全部脱贫，832个贫困县全部摘帽，12.8万个贫困村全部出列，区域性整体贫困得到解决，消除了绝对贫困。

---

[1] 新华社中国减贫学课题组. 中国减贫学—政治经济学视野下的中国减贫理论与实践[M]. 北京：人民出版社；北京：新华出版社，2021.

脱贫攻坚战对中国农村的改变是历史性的、全方位的，是中国农村的又一次伟大革命，深刻改变了贫困地区落后面貌，有力推动了中国农村整体发展，解决了农民的基本生存需要，也为后续发展奠定了坚实基础[1]。不断完善的乡村基本公共服务制度供给为乡村摆脱贫困、提高农民生活福祉、全面发展振兴提供了基础性要素条件保障。

1.贫困人口的基本教育、医疗、住房保障以及饮水安全得到有效保障

脱贫攻坚期间，贫困人口受教育的机会显著增多，2020年贫困县九年义务教育巩固率达到94.8%。县乡村三级医疗卫生服务体系持续完善，建立了基本医疗保险、大病保险、医疗救助等多层次医疗保障制度，实施大病集中救治、慢病签约管理、重病兜底保障等措施，99.9%以上的贫困人口参加基本医疗保险。对贫困人口家庭实施危房改造等，全面实现住房安全有保障，告别了破旧的泥草房、土坯房。累计解决了2889万贫困人口的饮水质量安全问题，3.82亿农村人口受益，贫困地区自来水普及率从2015年的70%提高到2020年的83%[2]。

2.贫困地区基础设施显著改善，拓展了乡村生产生活发展能力和空间

贫困农村长期受制于出行难、用电难、用水难、通信难等瓶颈问题。脱贫攻坚中，以"四好（建好、管好、护好、运营好）农村路"为牵引，积极推进贫困地区建设外通内联、通村畅乡、客车到村、安全便捷的交通运输网络。通过新增农田有效灌溉面积和提高供水能力，贫困地区水利基础设施条件大为改善。通过实施无电地区电力建设、农村电网改造升级、骨干电网和输电通道建设等电网专项工程，把电网延伸到更多偏远地区，供电能力和服务水平明显提

---

[1] 国务院新闻办公室.国务院新闻办公室举行《人类减贫的中国实践》白皮书新闻发布会[EB/OL].http://www.scio.gov.cn/xwfbh/xwbfbh/wqfbh/44687/45208/index.htm, 2021-04-06.
[2] 2020年至2021年，中国在中西部22个省份开展了国家脱贫攻坚普查，重点围绕脱贫结果的真实性和准确性，全面了解国家贫困县脱贫实现情况。普查内容包括建档立卡基本情况、"两不愁三保障"实现情况、获得帮扶和参与脱贫攻坚项目情况，以及县和行政村基本公共服务情况等。

升，而且贫困地区信息化建设实现跨越式发展，远程教育、远程医疗、电子商务覆盖所有贫困县，畅通了贫困地区与外界的人流、物流、知识流、信息流，为乡村享有便利的基本公共服务和地区发展提供了有力的硬件支撑。

3.贫困地区基本公共服务水平明显提升，农民的获得感幸福感安全感大大增强

2013年至全面建成小康社会累计改造贫困地区义务教育薄弱学校10.8万所，实现了贫困地区适龄儿童都能在所在村上幼儿园和小学。截至2020年底，中西部22个省份基层文化中心建设完成比例达到99.48%，基本实现村级文化设施全覆盖；通过文化下乡，贫困群众有了丰富多彩的文化娱乐生活。贫困地区消除了乡村两级医疗卫生机构和人员"空白点"，98%的贫困县至少有一所二级以上医院，贫困人口的常见病、慢性病基本能够就近获得及时诊治，越来越多的大病在县域内就可以得到有效救治。综合保障体系逐步健全，贫困县农村低保标准全部超过国家扶贫标准，城乡居民基本养老保险基本实现应保尽保[1]。

中国在脱贫攻坚过程中通过对乡村基本公共服务制度体系的不断完善，加大多层次、多元化的基本公共服务供给，提升了农村贫困人口基本公共服务的可及性和便利性，拓展了农民的发展机会，也使得乡村整体的发展能力进一步提升，这充分体现了乡村基本公共服务在保障基本民生中的重要作用，在解决农民生产生活的公共性需要的同时，也极大地改善了农民的内外部发展环境、农村的发展风貌和农业的综合生产效益。

---

[1] 国务院新闻办公室.《人类减贫的中国实践》白皮书发布[N].人民日报,2021-04-07(009).

二、需求导向的基本公共服务措施的多样化与优化

（一）当前乡村基本公共服务存在总量不足、质量不高和供需结构性矛盾的问题

从"十一五"规划中国首次在国家战略中提出基本公共服务，到2017年国务院印发《"十三五"推进基本公共服务均等化规划》首次确定了包括公共教育、劳动就业创业、社会保险、医疗卫生、社会服务、住房保障、公共文化体育、残疾人服务等8个领域81个基本公共服务项目的基本公共服务范围和内涵，再到党的十九大报告提出了"幼有所育、学有所教、劳有所得、病有所医、老有所养、住有所居、弱有所扶"七个方面的民生保障新要求。经过过去15年的连续发展，中国基本公共服务供给和制度建设全面进入快车道，在补齐短板的同时，也在着力提升基本公共服务的供给标准和质量水平，初步构建起了覆盖全民的基本公共服务体系，基本公共服务均等化水平稳步提高[①]。

但同时，由于中国长期以来的城乡二元分割体制和城市偏向型发展战略，形成了城乡分置的基本公共服务政策体系格局，而且是城市供给偏向型，以至于农村的基本公共服务供给长期处在缺位或者低水平状态。目前为止，中国农村基本公共服务仍然是国家基本公共服务的短板，城乡基本公共服务差距较大。根据林万龙（2018）的研究发现，1978-2003年间中国城乡居民人均纯收入的相对差距在拉大，而城乡基本公共服务的相对差距大体在缩小；而2003-2016年间，情况刚好相反，随着城乡居民人均纯收入相对差距的缩小，基本公共服务的相对差距则有拉大的趋势[②]。农村基本公共服务总体呈现出规模供给总量

---

① 国家发展和改革委员会党组理论学习中心组．"十三五"时期我国经济社会发展成就与经验启示 [N]. 人民日报，2020-09-22(009)．

② 林万龙．从城乡分割到城乡一体：中国农村基本公共服务政策变迁40年 [J]. 中国农业大学学报（社会科学版），2018,35(06): 24-33．

不足、质量不高和供需结构性失衡等突出问题,难以满足人民群众对日益增长的美好生活需求。

1.乡村基本公共服务规模供给总量不足和质量不高并存

近年来,尤其是党的十八大以来,随着农村精准扶贫战略的实施和乡村振兴战略的深入推进,农村的经济社会发展取得了前所未有的成绩,农村的落后面貌的刻板印象大为改善,农村整体的人居环境和现代化水平不断得到改善,初步建立起了包括基础教育、医疗卫生、社会保障、文化体育等在内的基本公共服务体系。然而,农村基本公共服务规模供给总量不足的局面却依然没有改变,而且水平普遍较低、城乡差距较大。与党的十九大提出的七个"有所"——"幼有所育、学有所教、劳有所得、病有所医、老有所养、住有所居、弱有所扶",以及乡村振兴战略的二十字方针——"产业兴旺、生态宜居、乡风文明、治理有效、生活富裕",还相去甚远。

(1)农村的医疗卫生和社会保障供给不足

在脱贫攻坚中,乡村两级医疗机构和人员"空白点"基本消除。但乡村卫生室普遍存在医疗人才缺乏、医疗设备不足的情况,而且医疗水平有限,不能够满足村民的医疗服务需要。同时,乡村卫生室作为农民健康守护的第一道防线,也是农民最为便利的就医看病场所,应当赋予其更多的公共卫生服务职能,加大对村民在疾病预防、计划生育、妇幼保健和健康知识宣传、健康档案管理等方面的服务供给,当然这需要国家更多的财政资金予以支持和吸纳更多的农村公共卫生人才。

对于农村社会保障方面而言,这些年中国逐步建立起了以基本养老保险、基本医疗保险和各类社会救助为核心的农村社会保障制度体系,而且在基本养老和医疗方面实现了城乡统筹一体化发展制度。但是农村社会保障仍存在着供给不足和保障水平低的状况。目前,农村基础养老金每月不足200元,不能保障老年农民体面的生活;农村老龄化程度较高但农村老年人口的养老照护服务供给明显不足；进城农民工的社会保险、基本福利依然缺失。

（2）农村的基础教育和公共文化体育服务供给不足

2020年《中国农村贫困监测报告》数据显示，截至2020年底，贫困县九年义务教育巩固率达到了94.8%、所在自然村上幼儿园便利的农户比重为89.8%、所在自然村上小学便利的农户比重为91.9%，尽管农村贫困人口受教育的机会显著增多、水平持续提高，但在服务的可及性和便利性上还存在差距，尤其由于农村教师数量和水平有限、现代化教育教学设备的不足导致农村教育质量与城市差距较大。

在公共文化体育服务方面，尽管每个行政村几乎都建立起了文化活动室和文化大舞台以及组建了各种文娱协会组织等，但实际的服务活动开展并不多，设施利用率较低，尤其在较大的行政村表现得更为明显。

（3）与农业生产相关的基本公共服务供给不足

中国农村实行的是家庭联产承包责任制，一家一户分散经营各自的承包地。但农业作为弱质产业，需要政府提供促进生产的各类基本公共服务。但目前来看，政府在农业产前产中产后的服务供给明显不足，主要体现在：农业水利灌溉系统供给不足，农业技术推广服务和农业市场信息发布不足，政策性农业保险保障品类少、水平低，农产品仓储保鲜冷链设施、配送投递设施和农贸市场网络建设不足以及农村金融服务供给能力不足等。与农业生产相关的基本公共服务供给关系到农业生产的成本降低和自然风险、市场风险的缓解，对于农民增收和农业产业竞争力提升、产品质量提高至关重要。

（4）乡村人居环境服务供给不足

2020年6月，由农业农村部、国家发改委会同规划实施协调推进机制27个成员单位编写的《乡村振兴战略规划实施报告（2018–2019年）》显示，宜居乡村建设取得了一定的积极进展，具备条件的建制村全部通硬化路，90%的村庄开展了清洁行动，生活垃圾收运处置体系覆盖了84%的行政村，但农村卫生厕所普及率仅为60%，农户生活污水垃圾处理占比不到30%。因此，可以看出在农村人居环境改善方面的基本公共服务供给缺口仍然较大，不能满足乡村生态宜居的目标要求和民众对美好生活品质的需要。

2.乡村基本公共服务存在突出的供需结构矛盾

经过40多年的改革发展，中国特色社会主义进入新时代，中国社会主要矛盾已经转化为人民日益增长的美好生活需要和不平衡不充分的发展之间的矛盾。随着农村精准扶贫战略下绝对贫困的彻底消除和全面小康的实现以及乡村振兴战略的实施，农村以解决温饱为主要任务的基本生存型需要在向以促进人的全面发展为目标的发展型需要转变，这必然需要加大力度提高对农村基本公共服务制度体系的供给规模和提升基本公共服务标准与质量水平，而实际上当前中国农村基本公共服务存在着突出的供需结构矛盾问题。

究其原因，长期以来，中国农村的基本公共服务供给都是政府自上而下的单向投入型模式，过多依赖投入任务指标、规模效应、责任考核等驱动各级政府部门履行供给责任，忽略了政策制定中的公众需求调查和政策执行中的公众需求回应，以及政策执行后的公众满意度分析等，从而因基本公共服务的供给缺乏民众的实际参与导致有些基本公共服务供给与公众需求错位，出现供需失衡的问题[1]。一项调查显示，农民最不满意的基本公共服务是农村劳动就业服务和便民服务[2]，这两个方面关系到农民非农收入的增加以及村民公共事务办理的可及性和便利程度，但实际上前者往往流于形式或者提供的就业信息或就业技能培训脱离实际导致农民不愿参与，而后者则往往由于乡村干部数量和能力的不足以及缺乏标准化服务而导致服务质量低和缺乏常态化制度化的便民服务供给。此外，随着一家一户的农业生产经营边际效益的不断递减，农业增收乏力，农民对各种农业保险、农机补贴、种粮补贴、农业市场信息获取、农贸市场网络建设以及农业生产经营的组织化、金融服务等公共服务需求在逐步

---

[1] 姜晓萍.基本公共服务应满足公众需求[N].人民日报,2015-08-30(007).
[2] 陈秋红.乡村振兴背景下农村基本公共服务的改善：基于农民需求的视角[J].改革,2019(06):92-101.

加大。

农村基本公共服务在供需上的不匹配和结构失衡,不但大大降低了基本公共服务的实际效用,而且不能切实满足农民的实际需要,农民的基本公共服务获得感和满足感较低,实际上给供给端和需求端都带来了负面效应。

(二)构建以需求为导向的多样化、高质量基本公共服务

党的十九大作出中国特色社会主义进入新时代的科学论断,提出实施乡村振兴战略的重大历史任务,坚持把解决好"三农"问题作为全党工作重中之重,坚持农业农村优先发展,按照"产业兴旺、生态宜居、乡风文明、治理有效、生活富裕"的总要求,建立健全城乡融合发展体制机制和政策体系,统筹推进农村经济建设、政治建设、文化建设、社会建设、生态文明建设和党的建设,加快推进乡村治理体系和治理能力现代化,加快推进农业农村现代化,走中国特色社会主义乡村振兴道路,让农业成为有奔头的产业,让农民成为有吸引力的职业,让农村成为安居乐业的美丽家园。因此,实现农村全面进步、农民全面发展和农业全面升级,离不开乡村基本公共服务的有效供给。

新时代乡村振兴背景下,构建以需求为导向的多样化、高质量基本公共服务体系迫在眉睫。以需求为导向的乡村基本公共服务供给能够进一步提高基本公共服务的实际效用和民众的满意度以及乡村治理现代化水平。

1.基于需求导向的乡村基本公共服务供给多样化

乡村基本公共服务是国家和政府为农村农民最关心、最直接、最现实的公共利益问题和满足农民日益增长的美好生活需要而提供的一项基本公共产品服务。简而言之,就是为更好促进农村发展、农民富裕和农业兴旺而采取的各种基础性、兜底性、普遍性和均等化的服务举措,进而增进农民的福祉,缓解中国的"三农"问题。因此,乡村基本公共服务的上述目标设定也就决定了乡村基本公共服务的供给必须要满足农民的切实需要和基本诉求,确保农民享有基

本公共服务的可及性、可获得性和便利性。笔者基于农村、农民、农业三个视角的需要导向对乡村基本公共服务供给的多样化予以阐述。

(1) 农村需要视角的乡村基本公共服务供给

农村需要视角的乡村基本公共服务供给主要体现在软硬两个方面。在硬件方面，主要是要不断完善适合农村需要的饮水、电力、交通、通信、能源等民生保障类基础设施，实现农村生态宜居的良好人居环境。同时要提高乡村在教育和医疗卫生方面的基础设施建设能力，缩小城乡差距，提高教育和医疗卫生服务的标准和均等化水平。

另一方面，乡村需要健全的便民服务体系。村民委员会作为村民自治组织而不是政府的行政机构，但村民有众多公共民生事务要办理，而作为基层乡镇人民政府又无法面对众多的农民开展具体业务，所以村民享有政府基本公共服务的可及性就大打折扣。因此，需要村一级承接部分行政性便民服务，打通服务群众的"最后一公里"。为此，需要健全乡村便民服务体系、完善村级综合服务设施和平台的标准化建设。在实际中，各地也开展了便民服务的各种做法，有的地方叫作党群服务中心，有的地方叫作便民服务中心（站）、有的地方则叫作农事村办服务站。以甘肃、广西实行的村级农事村办服务站为例，针对农民群众在生产服务、政策服务、社会保障服务、医疗卫生服务、教育助学服务、就业创业服务、法律服务、纠纷调解服务、文体服务、金融服务等方面的需求，做到一般"农事"不出村，实现"证照村里办、补贴村里发、小病村里看、矛盾村里调、信息村里问、农资村里买、书报村里读"等目标，为群众办事提供"一门式""一站式"便民服务，在具备条件的乡村推行"一窗受理、全科服务"，构建了以县政务服务中心为龙头、乡镇服务中心为后盾、村级服务站为窗口、屯级服务点和服务户为基础的五级联动网络，把党委政府服务窗口向农村扩展前移。此外，进一步积极推行代办、联办和网办服务方式，引入现代信息技术，实现"农事网办"，推进农村基层服务规范化标准化，逐步形成完善的乡村便民服务体系。

（2）农民需要视角的乡村基本公共服务供给

农民需要视角的乡村基本公共服务供给主要体现在促进农民增收、群众福祉提升和增强基本公共服务的获得感。

首先，要围绕农民增收提供相关的基本公共服务支持，在"开源"和"节流"两个方面供给服务。在"开源"路径上，需要盘活农民的资源性资产、提高农民的生产经营性收入和农户的非农收入。因此，需要通过建立健全农村集体资产资源交易平台、加大农业社会化服务体系的建设和健全城乡均等的公共就业创业服务制度，加大对农民的就业技能培训等来增加农民的收入水平。在"节流"路径上，要进一步提高农民的医疗报销水平和公共卫生健康保障水平，提高农民的基础养老金水平、尽快完善多层次多支柱的农村养老保障制度等。其次，要围绕群众的获得感供给相关基本公共服务，创新服务供给方式。全面推进乡村教育文化体育和社会保障事业，提高乡村医疗卫生服务的普惠性、可及性和质量标准以及建立健全农村留守群体协同关爱机制，以此不断增强人民群众获得感、幸福感、安全感。如河南省南阳市针对农村无自理能力或半自理能力人员、80岁以上独居分散特困供养人员、其他需要集中兜底人员等"三类"重点人员，聚焦特困供养人员、重度残疾人员、重症慢性病人员、失能半失能人员、孤儿、孤寡老人等"六种"情形，因人而异，在村、乡镇、县和市的四个层级，探索实施村级幸福大院集中托管、乡镇敬老院集中供养、社会福利机构集中托养、医疗机构"医养"结合集中康复等为主的"四集中"，从根本上解决了特殊困难群体面临的生活难、自理难、照料难、护理难、医疗难等问题。

表5-3 2019年城镇居民、农村居民人均消费支出（单位：元）

	食品烟酒	衣着	居住	生活用品及服务	交通通信	教育文化娱乐	医疗保健	其他用品及服务
城镇居民	7733	1832	6780	1689	3671	3328	2283	747
农村居民	3998	713	2871	764	1837	1482	1421	241
差距	3735	1119	3909	925	1834	1846	862	506

资料来源：2020年《中国统计年鉴》。

备注：这里主要选取了2019年的数据而非2020年的数据，主要是考虑到2020年因受新冠肺炎疫情的影响，扰乱了居民正常的消费支出情况。

（3）农业生产经营需要视角的乡村基本公共服务供给

《乡村振兴战略规划（2018—2022年）》中提出要加快农业现代化步伐，《中共中央关于制定国民经济和社会发展第十四个五年规划和二〇三五年远景目标的建议》中明确提出"提高农业质量效益和竞争力"的目标。因此，农业生产经营需要视角的乡村基本公共服务供给需要在促进农业生产基础能力、农产品竞争力和农产品加工流通销售领域以及农业的适度规模经营和组织化方面加大基本公共服务供给。

首先要加大农业水利、农业用电设施建设力度，实施高标准农田建设工程，强化农业科技和装备支撑，提高农业良种化水平，健全动物防疫和农作物病虫害防治体系等，夯实农业基础性生产能力。同时要形成对农业生产类基础设施的制度化维护和监督机制，切实保障服务供给的有效性和可持续性，确保农民的利益。其次，要做好生产经营环节的公共服务供给。在县乡村合理布局冷链物流设施、配送投递设施和农贸市场网络，畅通农产品进城和工业品入乡通道。加强农业信息化建设，积极推进信息进村入户，建立农业服务平台，加强农业信息监测预警和发布，提高农业综合信息服务水平。发展智慧气象，提升气象为农服务能力。同时，要为农业农村新产业新业态提供公共服务，建设具有广泛性的农村电子商务发展基础设施，加快建立电商村级服务点和县级电商公共服务中心。此外，要不断完善农业社会化服务体系，助力多种形式的农业适度规模经营和壮大农村集体经济，提高农业的集约化、专业化、组织化和社会化水平，带动小农户发展。

在政策类公共服务方面，要创新完善政策工具和手段。完善对农民直接补贴制度、农机购置补贴政策、农产品收储制度改革、农业保险政策体系等，加快建立新型农业支持保护政策体系。要构建中国农产品品牌保护体系，推进区域农产品公共品牌建设、加强农产品商标及地理标志商标的注册和保护。依托现代农业产业园、农业科技园、农产品加工园、农村产业融合发展示范园等，打造农村产业融合发展的平台载体，促进农业内部融合、延伸农业产业链、拓展农业多种功能、发展农业新型业态等多模式融合发展。

2.着力构建以需求为导向的乡村基本公共服务供给机制

满足群众需求是政府提升基本公共服务质量的关键。应当改变政府长期以来对农村地区"单向投入型"基本公共服务供给机制，构建以公众需求为导向的"双向互动型"供给机制，促进政府农村基本公共服务供给与农民需求有效耦合，保障基本公共服务供给的有效性、均等性和可及性[1]。

（1）坚持体现农户需求的政策制定原则。按照公共政策制定的程序，首先应当通过各种方式收集农民对乡村基本公共服务的需求，并通过需求信息分析研判变迁规律与趋势，为基本公共服务的政策议程与规划制定等提供信息参考，确保基本公共服务的供给能够体现民众的各类需求。

（2）建立有效的农户需求回应机制。农村基本公共服务的供给内容、标准、水平、方式等不是一成不变的，而是要随着农村经济社会发展水平和农民的需要变化而变化的。尤其是新时代社会主要矛盾的变化和乡村振兴战略的深

---

[1] 姜晓萍.基本公共服务应满足公众需求[N].人民日报，2015-08-30(007).

入推进，农村的基本公共服务供给范围在逐步扩大、水平也需要进一步提升，因此，建立有效的农户需求回应机制有利于在确保基本公共服务基本保障的同时，进一步提升农民的福利水平。

（3）建立农村公共服务的质量监测和绩效考核机制。农村公共服务不能仅仅停留在供给的层面，更要着眼于对基本公共服务在后续的质量标准的监督检查，加强对基本公共服务质量的自我评估和引入第三方评估机制，确保公共服务的群众满意度和可持续性。同时，要强化对农村公共服务绩效考核机制，将农民的满意度作为"一票否决"项纳入基层政府和村委会绩效考核中。

（4）创新农村基本公共服务多元供给机制。随着服务类市场主体和社会组织的不断成熟，政府应当创新农村基本公共服务的多元化供给机制，通过基本公共服务供给的社会化与市场化，满足群众的多样化服务需要、农民对公共服务的选择权。对于诸如乡村人居环境改善的服务项目、乡村文化体育活动以及部分针对老年人的服务等，政府可以通过公私合作的模式或购买服务的方式，鼓励市场主体和社会力量参与乡村基本公共服务的供给。同时，注重培育乡村本土化、在地化的组织化团体，加强农村社会工作人才队伍建设。

三、实现城乡基本公共服务均等化发展

（一）城乡基本公共服务均等化的提出及其重要意义

基本公共服务均等化是指全体公民不论其民族、性别、收入及地位差异如何，都能公平可及地获得与经济发展水平相适应的、大致均等的基本公共服务。其核心是促进机会均等，重点是保障人民群众得到基本公共服务的机会，而不是简单的平均化和无差异化。同时，基本公共服务均等化的范围和标准需要适应经济社会发展水平和公共财政承受能力，应当遵循由小及大（实现地域范围）、从低到高（实现水平）、先易后难（实现难易程度）的规律渐次推

进①。

　　基本公共服务均等化包括城乡之间和区域之间两个层面的均等化发展，其中城乡基本公共服务均等化是当前最为紧迫和基础性的任务，这也是实现区域基本公共服务均等化的前提条件。享有基本公共服务是一国公民的基本权利，而推进城乡基本公共服务均等化，能够进一步提升落后地区和农村群众享有基本公共服务的可及性和质量水平。实现城乡基本公共服务均等化既是对长期以来中国城乡基本公共服务非均等化现状的正视，更是回应农民切实需要的重大民生保障。实现城乡基本公共服务均等化，对于缩小城乡基本公共服务水平差距、改善保障和改善民生、增进人民福祉、增强农民在共建共享发展中的获得感幸福感、促进社会公平正义、推动全面建设社会主义现代化国家具有十分重要的意义。

　　党和政府历来都非常重视城乡基本公共服务均等化建设。早在"十一五"规划中，国家就首次提出了基本公共服务包含的主要内容和范围，在《国家基本公共服务体系"十二五"规划》中则进一步提出了基本公共服务均等化的概念，并就"促进城乡、区域基本公共服务均等化"做了主要规划部署。党的十八大以来更是把实现基本公共服务均等化作为现代化建设的主要任务之一，在2017年出台了《"十三五"推进基本公共服务均等化规划》，全面推进实现基本公共服务均等化发展目标任务，这不仅对中国城乡基本公共服务均等化发展提出了更高的要求，也为之后中国实现基本公共服务均等化指明了方向、画定了时间表。尤其是党的十九大以来和乡村振兴战略的实施，更加加快了城乡基本公共服务均等化的建设步伐。党的十九大报告明确提出到2035年"城乡区域发展差距和居民生活水平差距显著缩小，基本公共服务均等化基本实现"的最终目标；2018年的中央一号文件《关于实施乡村振兴战略的意见》再次重申，到2035年城乡基本公共服务均等化基本实现，城乡融合发展体制机制更加

---

① 黄云鹏."十二五"促进城乡基本公共服务均等化的对策建议[J].宏观经济研究，2010(07): 9-13, 41.

完善；2018年9月，中共中央、国务院印发的《乡村振兴战略规划（2018—2022年）》，进一步提出，要继续把国家社会事业发展的重点放在农村，促进公共教育、医疗卫生、社会保障等资源向农村倾斜，逐步建立健全全民覆盖、普惠共享、城乡一体的基本公共服务体系，推进城乡基本公共服务均等化。

"十三五"时期中国基本公共服务在健全制度体系、完善服务设施、稳固保障能力和区域城乡服务均衡等方面取得了重大成就，站在新的历史起点上，立足实现社会主义现代化强国的第二个百年奋斗目标新征程，党的十九届五中全会对推进基本公共服务均等化工作作出了新的部署，明确提出到"十四五"末基本公共服务均等化水平要明显提高，到2035年基本公共服务要实现均等化。要求进一步加快补齐基本公共服务短板，努力提升公共服务质量和水平，推动城乡区域基本公共服务制度统一、质量水平有效衔接。围绕公共教育、就业创业、社会保险、医疗卫生、社会服务、住房保障、公共文化体育、优抚安置、残疾人服务等领域，建立健全基本公共服务标准体系并推动标准水平城乡区域间衔接平衡。按照常住人口规模和服务半径统筹基本公共服务设施布局和共建共享，促进基本公共服务资源向基层延伸、向农村覆盖、向边远地区和生活困难群众倾斜，提高基本公共服务均等化水平。2021年国家发改委联合21个部门出台了《国家基本公共服务标准（2021年版）》，这是健全完善国家基本公共服务体系的基础性工作，更是中国保障和改善民生的一次重大制度创新，对于进一步保障和改善基本民生、推动发展成果全民共享、推进国家治理体系和治理能力现代化具有重大意义。该标准从幼有所育、学有所教、劳有所得、病有所医、老有所养、住有所居、弱有所扶以及优军服务保障、文体服务保障等9个方面进一步明确了新时代现阶段下国家基本公共服务的具体保障范围和质量要求，在补齐农村基本公共服务项目和提高针对农村的基本公共服务水平的同时，将众多基本公共服务项目的服务对象设定为城乡居民，大大提高了农民享有基本公共服务的可及性、便利性和均等化程度。

可见，实现城乡基本公共服务均等化不是一蹴而就的，需要依据国家经济社会发展水平的进步而不断完善，不断适应满足人民群众的民生需要。要打破中国长期以来的城乡二元发展格局带来的城乡基本公共服务差距较大的局面，需要在补齐短板的同时提高农村基本公共服务水平，最终实现城乡基本公共服务的均等化一体化融合发展。目前来看，实现城乡基本公共服务的均等化还有很长的路要走，需要在统筹规划、制度衔接、标准一致、水平均衡等方面持续推进。

（二）实现城乡基本公共服务均等化的路径探索

当前中国城乡之间不平衡最突出的表现就在于基本公共服务发展水平的非均等化和失衡，城乡基本公共服务在资源布局、能力提供和服务质量上存在较大差距[1]。要实现基本公共服务的共享发展和均等化，必须加快补齐农村基本公共服务短板，增加公共服务在乡村的供给，完善乡村基本公共服务机构建设和体系化建设，同时要增强基本公共服务在大城市、县城和乡村之间的同步性、统筹性和公平性。实现城乡基本公共服务均等化发展，可以从以下几个方面探索相关路径。

1.将以人民为中心的发展思想贯穿于实现城乡基本公共服务均等化的各个方面。基本公共服务在纵向上贯穿于每个公民从出生到死亡各个阶段，在横向上涉及民众生活的方方面面，关系到基本民生和广大人民群众的切身利益，要始终秉持"以人为本、人民至上"的理念。坚持以人民为中心的发展思想，不断完善乡村基本公共服务体系，以增强民众的获得感、幸福感、安全感为出发点和落脚点，并将提供城乡均等化的基本公共服务作为共享改革发展成果和实现共同富裕的重要途径。

---

[1] 发展改革委. 发展改革委举行建立健全城乡融合发展体制和政策《意见》发布会[EB/OL].http://www.scio.gov.cn/xwfbh/gbwxwfbh/xwfbh/fzggw/Document/16538171/1653817.htm, 2019-05-06.

2.将基本公共服务标准化理念融入政府公共服务行为供给之中。标准化是基本公共服务实施和实现城乡基本公共服务均等化的基础性工作，要将基本公共服务标准化理念融入政府公共服务行为之中，在制度建设、项目设置、责权划分和具体的实施手段等方面都要有标准化的规则，确保基本公共服务供给的有效性、提高政府的公共服务能力和效率以及群众的满意度和获得感，以"标准化"推动城乡基本公共服务水平差距不断缩小。

3.始终牢记政府在基本公共服务供给保障中的主体地位和兜底性职能，同时要将与乡村群众关系密切的基本公共服务经办下沉。健全农村基层服务体系，在行政村便民服务中心建立"一站式"服务窗口，真正实现基本公共服务的便利性和可及性。不但要在制度上实现有机衔接，也要在服务机构的体系化建设以及信息化应用共享上实现互联互通，推进"一站式"办理，逐步形成完善的乡村便民服务体系，提高基层经办机构标准化服务管理水平，推动群众便捷享有基本公共服务。

4.继续深化户籍制度改革，破除城乡基本公共服务分割的制度藩篱。深化户籍制度改革，加快农业转移人口市民化的配套服务，加强城乡基本公共服务规划一体化、标准化和均衡化，逐步将基本公共服务领域各项法律法规和政策与户口性质相剥离，保障符合条件的农村进城人口能够享有与城市户籍人口平等的教育、就业、卫生、社会保障等领域的基本公共服务。

5.借助乡村振兴战略实施乡村建设行动的契机，统筹县域城镇和村庄基本公共服务一体化规划建设。把乡村基本公共服务规划建设统筹纳入城镇基本公共服务体系之中，强化城乡基本公共服务的制度衔接，提高县城综合服务能力，把乡镇建成服务农民的区域中心，建立县、乡、村协同一体的基本公共服务机构和体系，理顺乡村基本公共服务供给的机构设置和制度体系建设，为城乡基本公共服务均等化建设提供组织上和制度上的保障，逐步实现城乡基本公共服务的标准统一、制度并轨。

6.建立自上而下的动态监管和自下而上的结果反馈机制。首先，要建立起城乡基本公共服务均等化评价指标体系，每年对各个地区各个领域的基本公共服务项目、制度体系等进行评价评比，实行动态监督监管。其次，要定期委托第三方评估机构对各地区各领域开展基本公共服务民众满意度调查，让民众对基本公共服务的享有感受和实际需要真实有序地得到反馈，以此及时妥善回应社会关切，自觉接受群众和社会监督，提高城乡基本公共服务均等化水平。

（三）乡村振兴下实现城乡基本公共服务均等化的五大着力点

实现城乡基本公共服务均等化，既是实现乡村振兴、农业农村现代化、城乡融合发展的重要方面，更是中国实现富强民主文明和谐美丽的社会主义现代化强国的重要组成部分。在新时期乡村振兴战略下，既要优先补齐乡村基本公共服务的短板，又要提高乡村基本公共服务的质量水平，更要补齐乡村基本公共服务供给上的体制机制、人才队伍等"软短板"[1]。此外，随着新型城镇化的不断推进、城乡之间的双向流动性增强以及农村居民对基本公共服务需求的多样性等，急需实现城乡基本公共服务均等化一体化融合发展。当前来看，乡村振兴下实现城乡基本公共服务均等化需要在以下五个方面加大力度。

1. 乡村教育文化体育事业

习近平总书记曾强调，教育公平是社会公平的重要基础，要不断促进教育发展成果更多更公平惠及全体人民，以教育公平促进社会公平正义。要优化教育资源配置，逐步缩小区域、城乡、校际差距。因此，应当促进各类教育资源向乡村倾斜，建立以城带乡、整体推进、城乡一体、均衡发展的义务教育发展机制，实现优质教育资源在城乡间共享。同时，要完善对乡村教师的激励制度建设，确保乡村教师队伍稳定。

要健全城乡公共文化体育服务体系，推动各类服务项目与群众的实际需求

---

[1] 邢伟. 聚焦兜底线保民生 以标准化高质量推进基本公共服务均等化 [EB/OL]. https://mp.weixin.qq.com/s/7S007Y5YTTY-ZFIucHgEHA, 2021-04-20.

有效对接。优质的公共文化和体育活动是提高城乡居民生活质量和精神文明水平的一个重要保障。要统筹城乡公共文化体育的设施布局、服务提供、队伍建设，推动相关资源重点向农村倾斜，提高服务的覆盖面和适用性，让农民群众能够享有更丰富、更适合自身特点的文化体育服务。

2. 乡村公共医疗卫生服务

要健全乡村公共医疗卫生服务体系，加大服务供给和人才培育。强化乡镇卫生院和村卫生室在疾病预防、基本医疗和健康保健方面的"守门人"角色，统筹加强乡村医疗卫生服务设施建设、设备更新和乡村医疗卫生人才供给，尤其是全科医生，并通过鼓励县医院和乡村的卫生院（室）建立医疗共同体，鼓励城市大医院对口帮扶或者发展远程医疗来缓解农村居民看病难的问题，实现优质医疗资源在城乡之间共享，提高群众享有均等化健康保障服务的水平。同时要规范家庭医生签约服务，加强对农村居民的健康管理服务，建立统一规范、互联互通的电子化居民健康档案，以便为群众提供疾病筛查、随访评估、分类干预、健康体检等服务。

3. 农村社会保障

近年来农村社会保障发展迅速，农村的养老保险、医疗保险基本实现了全覆盖，而且实现了城乡基本医疗保险和城乡居民基本养老保险的制度统一，这是城乡基本公共服务均等化的标志性体现。但农村社会保障制度仍然存在保障水平低、缺乏多层次保障机制和区域统筹、全国统筹的困境，尤其在农村老年服务和社会救助方面，需要进一步加大保障力度，在提高物质保障水平的同时，更要加大在照料照护、精神慰藉、医养结合等方面的服务供给，加强村级幸福院、养老院、日间照料中心等农村养老服务体系网络建设以及相关专业人才的培养，探索推动各地通过政府购买服务、设置基层公共管理和社会服务的岗位、引入社会工作专业人才和志愿者等方式，为农村留守儿童和妇女、老年人以及困境儿童、残疾人等提供关爱服务。

4.乡村人居环境改善

受制于多种因素影响，乡村人居环境治理一直是被忽视的领域，长久以来处在无人管护的放任状态，给农民的生产生活带来了诸多不便，尤其是对自然生态环境的破坏力度在加大。因此，在乡村振兴战略下，要着力改善乡村人居环境，加大相关服务的供给和城乡统筹规划。以建设美丽、生态、宜居、宜业的村庄为导向，以农村"厕所革命"、农村生活生产垃圾、污水治理、整体性村容村貌提升和传统村落保护等为重点方面加大乡村基本公共服务供给，全面提升农村人居环境质量。

5.农业生产经营服务供给

主要围绕降低农业生产成本与交易成本、降低农业的自然风险与市场风险以及提高农业质量与效益三个方面加大农业生产经营方面的基本公共服务供给力度。首先，要进一步完善农业水利和电力设施设备、加大推进基本农田建设，增强农业的基础生产能力。其次，要为农业生产、经营、储运、销售、初加工等全产业链提供一定的基础设施设备保障和必备的农业市场交易平台、市场信息发布平台以及相关物流和电商服务平台等，为其降低生产成本、交易成本和市场风险。最后，国家要不断完善和创新农业支持保护体系，采取财政投入、税收优惠、金融支持等多种手段，从资金投入、农业技术推广、能力培训、质量标准、检验检疫、农业保险以及农村农业防灾减灾救灾能力建设等方面加大公共服务供给，扶持农业生产。

第六章

中国乡村社区民生互助保障

在社会转型的背景下，伴随着人口老龄化、家庭结构小型化的结构性矛盾，传统家庭的经济资本、人力资本和社会资本在应对社会风险中的能力不足，其保障功能在逐渐弱化，已经不能满足个体的多样化和差异化的民生需求，现阶段农村总体的民生保障的水平不高，因此要重建适应新时代要求的农村社区互助体系。习近平总书记指出："守望相助、扶危济困是中华民族的传统美德。"培育新时代乡村文化，既要注重对传统文化的继承与发展，也要结合现代的经济、政治、文化等方面的价值诉求。随着城乡一体化进程的推进，中国农村社区具有大规模建立互助共同体的内在优势，建立基于情感和利益为基础的乡村社区互助共同体，对于保障农村老年人、留守儿童、经济发展、促进农村经济社会转型和提高乡村治理水平均具有积极作用。本章共有三个部分，第一部分阐释了文化与社会网络基本内涵及其在民生保障中发挥的重要作用；第二部分总结了现阶段传统家庭与集体经济在民生保障中各自发挥的作用；第三部分立足于农村民生保障体系整体性和系统性建设的视角，提出对标乡村振兴战略的总目标，要充分发挥以农村社区为依托的新型社会支持网络，建立新时代农村社区民生保障互助体系，通过重塑新时代守望相助的"新文化"来引导农民增加对互助共同体的文化认同，并以互助组织为载体来提升他们的自助能力，互助、助他的主动性和积极性，这样既可以弥补国家基本社会保障的短板，又可以推动社会化服务向家庭延伸，实现乡村振兴高质量发展成果为人民群众共享。

一、文化与社会网络对民生保障的重要性

（一）文化与社会网络

"民惟邦本，本固邦宁"体现了中国古代传统民生文化的题中应有之义。文化对民生保障的发展具有引领作用，社会网络作为作用于民生保障的媒介，其正式和非正式的社会网络在民生保障制度中发挥了重要的作用，主要包括以血缘、地缘关系为基础的家庭、邻里、农村社区的非正式网络，还有以团体、职业身份归属为基础的正式社会网络。社会资本作为镶嵌在社会网络的资源，与社会网络紧密相关。最早提出"社会资本"概念的是法国社会学家皮埃尔·布迪厄，他在《社会资本随笔》一文中，正式提出了"社会资本"这个概念，社会资本是实际的或潜在的资源的集合体，那些资源是同对某种持久的网络的占有密不可分的，这一网络是大家熟悉的，得到公认的，而且是一种体制化关系的网络[1]。布迪厄认为，社会资本就是常常建立在人与人的社会交往的基础上的一种社会关系网络，是一种通过制度化的关系网络来实现的现实或潜在的资源的集合。詹姆斯·科尔曼提供了对社会资本的更广泛的理解，在他的《社会理论的基础》一书中是从社会资本的功能来界定社会资本：社会资本是根据其功能定义的。它不是一个单一体，而是有许多种，彼此之间有两个共同之处：它们都包括社会结构的某些方面，而且有利于处于某一结构中的行动者——无论是个人还是集体行动者——的行动。和其他形式的资本一样，社会资本也是生产性的，能够使某些目的的实现成为可能，而在缺少它的时候，这些目的不会实现。与物质资本和人力资本一样，社会资本也不是某些活动的

---

[1] [法]布尔迪厄.《布尔迪厄访谈录——文化资本与社会炼金术》[M].包亚明,译.上海：上海人民出版社,1997:202.

完全替代物，而只是与某些活动具体联系在一起。有些具体的社会资本形式在促进某些活动的同时可能无用甚至有害于其他活动①。罗伯特·帕特南对于社会资本的研究引起了学界的广泛关注和重视，他的《使民主运转起来》《独自打保龄球：美国下降的社会资本》《繁荣的社群：社会资本和公共生活》等著作，使社会资本成为学术界讨论的热点。他把社会资本定义为社会组织的特征，例如信任、规范和网络，它们能够通过促进合作行动来提高社会效率并能解决集体行动的困境。美国社会学家弗朗西斯·福山在帕特南的基础上拓展了社会资本的概念，他认为社会资本以社会信任为基础。在《信任——社会美德与创造经济繁荣》中对社会资本作了如下界定：所谓社会资本，是在社会或其下特定的群体之中，成员之间的信任普及程度。它不仅体现在家庭这种最小的社会群体中，还体现在国家这个最大的群体中，或者其他居于两者之间的大大小小的群体中，……社会资本通常经由通过宗教、传统、历史习俗等文化机制所建立起来②。美国华裔学者林南在回顾了马克思的古典资本理论以及人力资本、文化资本的资本理论研究之后，将社会资本定义为期望在市场中获得回报的社会关系的投资——可以定义为在目的性行动中获取的，或被动员的、嵌入在社会结构中的资源③。林南把资源分为个人资源和社会资源，个人资源指个人拥有的财富、器具、自然禀赋、体魄、知识、地位等可以为个人支配的资源；社会资源指那些嵌入于个人社会关系网络中的资源，如权力、财富、声望等，这种资源存在于人与人之间的关系之中，必须与他人发生交往才能获得。他认为社会资源嵌入在这些社会网络中，强调人们通过社会关系进行社会资源的摄取。

从本质上来讲，他们都认为社会资本是人们在社会交往时产生的诸如相互

---

① [美]詹姆斯·S.科尔曼.社会理论的基础上[M].邓方，译.北京：社会科学文献出版社，1999：356.
② 燕继荣.社会资本与国家治理[M].北京：北京大学出版社，2015：2.
③ [美]林南.社会资本：关于社会结构与行动的理论[M].张磊，译.上海：上海人民出版社，2005：18.

信任、交往规范和社会网络等正外部性，这些外部性有利于社会安全性和运行效率的提高。强调在社会结构中个人所处的特定位置引起的对信任、财富、机会等资源的可获得性。社会网络类型包括功能性社会网络与构建性社会网络，一般指的是基于血缘联系、地缘联系及业缘联系的构建性社会网络[1]。民生保障制度彰显具有中国特色民生保障的文化特质，文化和社会网络是民生保障和社会发展总体情况的反映和表达，对社会稳定和谐有重要影响。

（二）文化与社会网络在民生保障中的作用

1.有利于激发并实现人民对美好生活向往的价值目标

民生是日常生活的集合概念，民生项目、功能、实践形态和蕴含的思想都可以清晰地折射出当地的文化结构与文化形式，民生文化也蕴含着人们理想的生活状态，寄托和承载着执政党的殷切期望和民众孜孜以求的社会发展图景。例如中国传统文化中的"大同社会"和"小康社会"的理想社会模式体现了人们对美好生活的向往，"使老有所终，壮有所用，幼有所长，鳏寡孤独废疾者皆有所养"[2]体现了民众期盼。民生体现了生存文化，反之生存文化有助于形成相对稳定的生活观念及生活态度[3]。治国有常，而利民为本，民本思想是中国古代政治思想文化中很长时期秉承的执政理念，在宽政惠民、厚生利民、除暴安民、济世为民的施政行为[4]中皆有体现。古代中国是以血缘为纽带、以地缘为基础、以家庭为单位的宗法社会，基于尊老爱幼、礼让邻里的传统文化建立起以仁爱、正义、信任为基础的自我保障、守望相助的社会支持网络，在灾荒救济中确保了人民的基本生活免受侵害和威胁。

文化建设亦能有效提高人们对民生幸福的不断追求。按照社会支持理论，

---

[1] 叶敬忠.农民发展创新中的社会网络 [J].农业经济问题,2004(09):37-43, 79.
[2] (元)陈澔,金晓东.礼记[M].上海：上海古籍出版社.2016: 248.
[3] 高和荣.民生的内涵及意蕴[J].厦门大学学报(哲学社会科学版),2019(04):96-103.
[4] 邓伟志,卜佳慧.民生论[J].上海大学学报(社会科学版),2008(04):5-15.

民生文化融入非正式社会网络和正式社会网络中,并为个人与他人、社会之间有规律的社会互动中所形成的家庭资源、社区资源和社会关系提供了诸多方面的社会支持,如物质保障、安全保障、精神保障以及社会尊重保障。中国共产党坚持以人民为中心的发展思想为指导,不断保障和改善民生,党的十九大报告提出中国社会的主要矛盾是"人民日益增长的美好生活需要和不平衡不充分的发展之间的矛盾"[①],以美好生活需要取代了物质文化需要,标志着中国民生需求层次的提高和升级,它追求的不仅是体面,更是权利、平等与尊严[②],体现了人民对更高层次的物质和精神文化需要的追求。党的十九届四中全会提出新时代的民生发展目标是满足人民日益增长的美好生活需要,这些需要不仅包括了以往追求的物质生活的升级,而且必然包含精神文化、公平正义、民主法治等内涵[③],具体表现为幼有所育、学有所教、劳有所得、病有所医、老有所养、住有所居、弱有所扶七个民生领域的基本目标。十三五期间全面建成小康社会目标下的民生幸福内涵,更多地体现出文化型消费、服务型消费、健康型消费等多方面的高层次满足[④]。与全国农村人均消费支出情况相比,脱贫攻坚期间贫困地区农村居民人均消费支出增速加快,消费结构不断优化升级,生活水平和质量都得到较大提升。2019年贫困地区农村居民的人均消费支出10011元,其增速高于同期全国农村人均消费支出增速1.9个百分点。在消费结构中,生存型消费中的食品烟酒支出的比重为31.2%(恩格尔系数),其增速较为平稳,接近于全国农村平均水平,医疗保健、教育文化娱乐等发展改善型消费支出增长较为迅速。随着人民生活水平的不断提高,社会支持网络的数量和质量

---

① 新华社.习近平:决胜全面建成小康社会 夺取新时代中国特色社会主义伟大胜利——在中国共产党第十九次全国代表大会上的报告 [EB/OL].http://www.gov.cn/xinwen/2017-10/27/content_5234876.htm, 2017-10-27.
② 郑功成.习近平民生重要论述中的两个关键概念—从"物质文化需要"到"美好生活需要" [J]. 人民论坛·学术前沿, 2018(18):64-74.
③ 郑功成.中国民生保障制度:实践路径与理论逻辑 [J]. 学术界, 2019(11):12-25.
④ 王刚,张文硕.全面建成小康社会目标中的民生幸福意蕴探析 [J]. 理论探讨, 2016(03):38-41.

的提升也有助于社会资本向社会资源转化，对保障民生需求、改善生活品质有积极的促进作用。

表 6-1　2019 年贫困地区与全国农村消费水平和结构对比

指标名称	贫困地区农村 水平（元）	贫困地区农村 结构（%）	贫困地区农村 名义增速（%）	全国农村 水平（元）	全国农村 结构（%）	全国农村 名义增速（%）
人均消费支出	10011	100.0	11.8	13328	100.0	9.9
食品烟酒	3121	31.2	11.2	3998	30.0	9.7
衣着	549	5.5	12.4	713	5.4	10.1
居住	2173	21.7	8.9	2871	21.5	7.9
生活用品及服务	585	5.8	9.0	764	5.7	6.0
交通通信	1200	12.0	14.8	1837	13.8	8.7
教育文化娱乐	1163	11.6	14.3	1482	11.1	13.8
医疗保健	1054	10.5	14.7	1421	10.2	14.6
其他用品和服务	166	1.7	12.9	241	1.8	10.6

数据来源：《中国农村贫困监测报告（2020 年）》。

2.有利于乡村文化教育素质与健康素质的发展提升

新时代实现农业农村现代化关键在于激发乡村内生活力，文化和民风建设以及社会网络的重构对调动农民积极性、提升农民素质有积极的作用，为农村各项事业的发展创造有利条件，也对农村社会保障体系的发展和全面建成小康社会前的减贫具有重要意义。脱贫攻坚战打响前，由于贫困群众的发展能力和内生脱贫动力不足，依靠外力为主的扶贫政策、资金和资源的投入仅能解决眼前的燃眉之急，从长远来看贫困地区的自身发展也难以为继。

在乐善好施、守望相助的优良传统文化的影响下，脱贫攻坚期间积极营造全党全社会关心贫困群众、支持贫困地区的良好氛围，激发了作为主体的贫困群众自身的主动性和积极性，为贫困地区实现可持续发展提供了强大的精神动力和智力支持，使得贫困地区和贫困群众的精神面貌焕然一新。文化和社会网络是积累人力资本的重要手段和载体，对人力资本的投资和建设即提升农户个体的心智和能力、坚持扶贫扶志扶智相结合有着积极作用。一方面，通过农村实用技术培训、劳动力转移培训和扶贫创业致富带头人培训等方式，知识、信息、技能的输入切实提高了贫困户自我发展能力。另一方面，通过开展习近平新时代中国特色社会主义思想、社会主义核心价值观主题教育、宣传解读脱贫攻坚大政方针，并运用群众身边的先进典型事例，帮助贫困户树立了"自力更生、勤劳致富"劳动观。贫困地区将脱贫攻坚与文明乡风建设有机结合，大力推行移风易俗活动，致力于引导群众改变婚丧大操大办、奢侈浪费、薄养厚葬、聚众赌博、懒惰散漫等陈规陋习和不良之风，使得贫困地区的因懒致贫、因赌致贫、因婚致贫等不良现象得到有效遏制，并引导贫困户养成良好的消费观念和消费习惯。在人居环境整治中，引导贫困户养成健康文明的生活习惯，培育了乡风文明和生态文明的理念，提升了贫困地区的乡风文明建设水平。

3.有利于维护社会稳定，减少社会排斥，增进社会和谐

中国语境下的民生不只是个体福利增进的范畴，而是包含着富民强国的治理目标[1]。虽然经济的发展与民生的改善息息相关，但要想理解民生建设事业同样离不开对作为关键决策者的国家及其民生建设过程的深刻把握[2]，民生蕴含的政治意义重大，习近平民生思想深受中国传统文化的熏陶[3]，始终把增进民生福祉作为发展的出发点和落脚点，以习近平同志为核心的党中央坚持人民性的文化底色，将民生事业作为社会治理中须臾不可分离的有机组成部分，通过完善民生保障项目、增加民生建设投入、优化民生服务，来更好地满足人

---

[1] 高和荣.民生的内涵及意蕴[J].厦门大学学报(哲学社会科学版)，2019(04):96-103.
[2] 高和荣.民生国家的出场：中国保障和改善民生的实践与逻辑[J].江海学刊，2019(03):94-100, 254-255.
[3] 郑功成.习近平民生思想：时代背景与理论特质[J].社会保障评论，2018, 2(03):3-21.

民在经济、政治、文化、社会、生态等方面日益增长的需要。中国政府历来把保障人民安全，特别是保障民众生产、生活、生命及财产安全当成社会建设与社会治理的目的，透过民生保障的项目解决生活问题、提高人民生活品质进而提高基层社会支持网络的凝聚力和黏合度，面向全民或面向特殊群体（老弱病残、鳏寡孤独等）的关爱与呵护，多元服务供给途径、发动社区主动接纳功能、优化文化教育资源配给等架构起立体网络，通过文化和社会网络来修复断裂的社会支持网络，减少弱能群体因住房、教育、医疗、社保等资源和能力剥夺而导致的社会排斥和不平等现象，有利于维护国家安全和社会稳定，让农民获得更加公平且稳定、更可持续的发展机会和发展权利。

通过农村社区文化的提升，实现村庄"孝道"和传统伦理道德的回归，从而极大地加强农村社会网络的作用[①]，是促进民生改善与社会和谐稳定的长久之计。在脱贫攻坚过程中发扬了各方参与、众志成城的帮扶精神，汇聚了专项扶贫、行业扶贫、社会扶贫等多方力量。在脱贫攻坚精神的感召下，大大激发了全社会的扶贫潜能、扶贫智慧和扶贫力量。为农户家庭生计发展提供资源和信息，有利于他们在经济、政治、文化、社会等方面的权益得到保障。文化和社会网络建设是社会认同的核心力量，坚持以人民为中心，把保障和改善民生放到重要位置是增加民众对社会的认同感、凝聚力，实现社会和谐的有力手段。

二、传统家庭与集体经济保障的作用

（一）传统家庭保障

1.传统家庭的保障作用

家庭是个人成长发展的基本空间和社会治理的政治单元。基于亲缘和地缘

[①] 王曙光，王丹莉. 中国农村社会保障的制度变迁与未来趋势[J]. 新疆师范大学学报(哲学社会科学版)，2020，41(04):80-87, 2.

建立起来的家庭网络关系，在家庭生活和社会参与中发挥了重要的作用。从家庭的功能来看，经济功能是家庭的基本功能，通过生产、分配、交换和消费等经济活动来为家庭提供基本的物质保障，并承担抚育和赡养的基本职责，为儿童和老人提供日常生活照料和情感支持。家庭网络的结构直接影响了家庭资源的获取能力和家庭风险的应对能力。庞大而稳定的支持网络为家庭成员提供坚实的物质保障和生活照料服务，使得家庭成员的安全感和归属感大大增强，有利于形成分工明确、责任共担的家庭共同体，为家庭的可持续发展创造便利的条件。

（1）家庭生计为家庭经济生活提供物质保障

家庭的物质保障是社会保障中最基础的内容，特别是对农村家庭而言，家庭生计是家庭经济生活的主要来源，是抵御生活风险的基本防线。表6-2反映了2016—2019年中国贫困地区农村居民的收入水平不断提高，2019年，中国贫困地区农民人均可支配收入11567元[①]，比2016年8452元增加了36.86%，年均增长率为9.7%。从收入结构来看，2019年贫困地区农村居民人均工资性收入4082元，人均转移净收入3163元，人均财产净收入159元，增长12.5%，增速比全国农村该项收入分别高出2.7个、3.4个和6.2个百分点。农村居民人均经营净收入4163元，同比增长为7.1%，增速比上年加快2.7个百分点，与全国农村平均收入水平的差距不断缩小。从增收贡献来看，2019年工资性收入对贫困地区农村居民增收的贡献率为38.0%，经营净收入的贡献率为23.0%。由此可以看出，与就业有关的工资性收入和经营净收入是贫困地区居民的主要收入来源，4年来两项收入所占的比重都在70%以上，家庭的劳动收入成为家庭保障不可缺少的组成部分。

---

① 人民网.2019年全国农村贫困人口减少1109万人［EB/OL］. https://baijiahao.baidu.com/s?id=1656566017529275153&wfr=spider&for=pc, 2020-01-24.

表 6-2　2016—2019 年中国贫困地区农村居民的收入情况

	2016 年		2017 年		2018 年		2019 年	
	水平（元）	构成	水平（元）	构成	水平（元）	构成	水平（元）	构成
人均可支配收入	8452	100%	9377	100%	10371	100%	11567	100%
工资性收入	2880	34.10%	3210	34.20%	3627	35.00%	4082	35.29%
经营净收入	3443	40.70%	3723	39.70%	3888	37.50%	4163	35.99%
转移净收入	2021	23.90%	2325	24.80%	2719	26.21%	3163	27.35%
财产净收入	108	1.30%	119	1.30%	137	1.30%	159	1.37%

数据来源：2017—2020 年《中国农村贫困监测报告》。

注：贫困地区包括集中连片特困地区和片区外的国家扶贫开发工作重点县。

（2）抚育和赡养是传统家庭的基本职责

传统家庭是以血缘和婚姻为纽带，形成的稳定的亲属关系，包括由生育带来的血亲群体和由婚配带来的姻亲群体[①]，主要是由包括配偶、子女、兄弟姐妹等亲属在内的支持网络来提供日常生活照料，其照料资源和服务主要是由父代向子代流动，子代向父代流动这两种形式。家庭的先赋关系自始就有生养送终的基本功能：生育、抚养年轻一代；照顾、赡养年老一代[②]。多代同堂的大家庭是中国传统家庭结构的典范[③]。传统家庭里代际之间的责任和义务关系表现为，先由上一代抚育下一代，再由下一代赡养上一代，这种模式被称为"反

---

① 郭于华.农村现代化过程中的传统亲缘关系 [J].社会学研究,1994(06):49-58.
② 叶金国,吕洁.社会转型视阈下农村家庭养老研究 [M].石家庄：河北人民出版社,2017:163.
③ 熊金才.家庭结构的变迁与家庭保障功能的弱化 [J].太平洋学报,2006(08):73-78.

馈模式"[1]，基于姻缘和血缘关系建立起来的家庭风险分担，赡养老人、抚育子女已然成为传统家庭日常的生活规范和秩序。抚育子女一般是由父辈或祖辈来承担，作为对父代抚育的回馈，子代承担了赡养父代的责任和义务，提供衣食住行和起居等方面的生活支出，以及家庭成员的必要支出如教育、健康、住房等，对生活不能自理的家庭成员，家属、监护人或亲友为其提供健康保健和照护服务，传统家庭保障关系均衡、所构成的支持网络结构稳定。

（3）传统家庭是个人获得情感支持的主要来源

家庭是人类最基本的社会群体单位和最重要的感情化生活场域[2]，家庭不仅是国家治理和社会生活的基本单位，也是个人生存和发展的基本保障，是人际关系和社会支持网络形成的基础。对个人而言，家庭不仅仅是提供基本物质生活的重要场所，同时也是获得情感支持的主要来源，即为人民提供富有弹性且无可替代的情感与服务保障[3]。家庭的情感支持满足家庭成员感情生活、心理支持的需求，有利于疏解个人的生活压力。古代的孝老精神推崇"孝子之养老也，乐其心，不违其志"[4]，强调的就是养老不仅仅是物质层面的供养，还有对家庭养老功能中老人的精神慰藉的重视，同样，来自家庭的亲情关爱和温暖也是儿童身心健康发展的重要保障，是儿童在成长过程中形成健康品格的关键因素，也是其他养老和抚育模式都难以替代的。

---

[1] 费孝通.家庭结构变动中的老年赡养问题——再论中国家庭结构的变动[J].北京大学学报(哲学社会科学版),1983(03):7-16.
[2] 岳经纶，张孟见.社会政策视域下的国家与家庭关系：一项实证分析[J].重庆社会科学,2019(03):51-63.
[3] 郑功成.中国民生保障制度：实践路径与理论逻辑[J].学术界，2019(11):12-25.
[4] 吕莹.中华圣贤经——国学里的大智慧[M].北京：台海出版社，2006: 53.

2.传统家庭养老面临的形势和挑战

(1) 人口老龄化和家庭结构小型化增加了传统家庭保障的负担

十四五时期中国人口老龄化面临的形势日趋严峻,第七次人口普查的结果显示:15—59岁人口为89438万人,占总人口的63.35%;60岁及以上人口为26402万人,占总人口的18.70%(其中,65岁及以上人口为19064万人,占总人口的13.50%)。与2010年相比,0—14岁、15—59岁、60岁及以上人口的比重分别上升1.35个百分点、下降6.79个百分点、上升5.44个百分点[①],农村老龄化相对城市较为严重,伴随着生育率的持续下降,家庭规模也呈现小型化趋势,如"4-2-1""6-2-1"的家庭结构不断增长,其中失独家庭数量、空巢老人和留守老人数量都在逐年上升。老龄化和家庭规模变小直接导致家庭的社会网络密度变小和网络结构的不稳定,从而使得每个家庭成员分担的责任和风险较大,以往依靠传统代际来解决的抚育、养老、生活照料、精神慰藉等方面的需要对家庭供养能力提出挑战。

(2) 社会转型使得生育观念和家庭观念发生变化

随着社会的发展和转型,现代家庭呈现出小型化、核心化的结构特征,使得核心成员的责任义务进一步加强,共同抵御家庭面临的风险。生育观念由"多子多福"转向"晚婚,晚育,少生,优生",这种核心家庭对孩子看得比任何关系都重要,并提供可供儿童发展的机会[②],因此,照料资源和服务由父代向子代流动较为常见,表现为很多身体自理能力强的老人和子女一起照顾孙辈,由子代向父代的流动相对较弱,市场经济中的个人主义、公民权益、消费主义等价值观念也正在改变人们对传统家庭的认知,代际间和小家庭间的凝聚力降低。

(3) 家庭保障的供养资源不足,面临的风险增加

---

① 宁吉喆.第七次全国人口普查主要数据情况,[J].中国统计,2021(05):4-5.
② 郭爱妹,张戌凡.城乡空巢老年人的生存状态与社会保障研究[M].广州:中山大学出版社,2011:40.

随着工业化、城镇化的速度加快，社会结构的现代化转型，传统家庭内部支持网络的平衡被打破，主要面临以生活照料资源匮乏为特征的养老风险，还包括自然灾害、经济波动和重大突发公共卫生安全事件等外部因素，当前农村老弱病残、边缘户等特殊群体的生计资本抗风险能力极其脆弱。风险—脆弱性的相互作用在一定程度上决定了家庭的生计资本（物质资本、人力资本、自然资本、社会资本和金融资本）的性质和存量。风险—脆弱性往往相伴而生、不是孤立存在的，二者的关系是相对的、动态的，并共同嵌入农户家庭的生计系统中。现代化对家庭结构和居住方式产生了影响，农村老人的生计资本较低，仅能从事低水平和低技能的简单劳作，家庭保障的可持续资源和能力减弱，尤其是经济供养和照护供养的能力不足，其保障功能需要在政府、社会提供保障资源、服务和政策的作用下得以加强。

3.当前增进传统家庭保障的主要举措

中国古代就有以社会化服务资源来加强家庭的福利保障的做法。周代开始实行鼓励养老减免徭役，先秦时期奉行孝道，对有老人的家庭减免徭役，设立"掌病之官"定期巡访看望老年人，"九十以上，日一问；八十以上，二日一问；七十以上，三日一问"[1]，尤其对生病的老人重点照顾。西汉推崇敬老、爱老的社会风气，实行"高年赐王杖[2]"的做法，赋予老人经济、政治、文化等方面的优待和礼遇。唐朝在保障家庭养老福利方面建立了"补给侍丁[3]"制度，即"凡庶人年八十及笃疾，给侍丁一人，九十给二人，百岁三人[4]"，这是中国实施发展型社会政策的发端。现代社会的民生保障政策注重家庭保障和个人保障并重，既保障特殊困难家庭和困难人员的基本生活免于风险和灾害的入侵，同时还通过增加普惠性公共服务，满足人民群众的多样化、差异化

---

[1] 耿振东.管子译注[M].上海：上海三联书店，2018: 273.
[2] 王杖：帝王赐老者之杖。杖首为鸠形，是西汉时期老年人的"优待证"。
[3] 唐朝60岁为老，为年满80岁及以上老人、未满80岁但身患重病的老人配备服侍人员。
[4] 王建钧.中国帝王孝纪[M].郑州：河南人民出版社，2018: 275.

需求。

(1) 对农村特殊困难家庭和人群的基本生活保障

在基本生活保障中，对共同生活的家庭成员人均收入低于当地最低生活保障标准且符合财产状况规定的家庭，给予最低生活保障。目前，对低收入家庭中的重病重残人员也参照最低生活保障标准给予保障。2020年，为了减少新冠肺炎疫情对生活的冲击，将符合条件的返乡人员也及时纳入低保的范畴。对于特殊困难群体，针对经济困难老年人建立了生活补贴和护理补贴制度，按照年龄和身体机能设置补贴标准；针对困难家庭中的残疾人群体建立了困难残疾人生活补贴和重度残疾人护理补贴，各地给予一定的辅助器具补贴。除此之外，还根据家庭以及成员可能遭遇的风险类型设立了医疗救助、教育救助、住房救助、就业救助等专项救助，还有一些地区根据当地群众的需求对困难家庭发放一次性冬季取暖补贴和进行水电气费减免等。遭遇突发性、紧迫性、临时性基本生活困难时可以申请临时救助，从多个方面不断完善对家庭保障的政策体系。

(2) 推进普惠性基础设施和公共服务体系建设

农村地区基础设施建设和公共服务供给水平的提高，为增强家庭保障功能提供有利的外部环境和条件。党的十八大以来，国家通过出台专项扶贫、行业扶贫政策，加大扶贫资金支持增加公共服务供给的力度，大力推进交通基础设施建设、水利基础设施建设、电力网络建设、信息基础设施建设以及教科文卫等方面的民生工程，为欠发达地区的发展提供了基本的民生保障。《"十三五"社会服务兜底工程实施方案》支持各地对农村特困人员供养服务机构、敬老院和光荣院的基础设施建设和改造，并注重对农村养老服务的投入。各地充分发挥农村基层党组织、村委会、老年协会等的作用，积极培育养老服务社会组织，以农村社区综合服务中心（站）、幸福大院等场所为载体，为农村老年人提供内容丰富的综合服务。在农村留守儿童教育和关爱方面，通过建设农村留守儿童之家、多形式组织留守儿童开展丰富多彩的活动，配备儿童督导员、村儿童主任来监护关爱留守儿童的成长。

(二)农村集体经济保障

农村集体经济是社会主义公有制经济在农村的一种特殊的表现形式,中国特殊历史背景下出现的农村集体经济组织长期承担着农民社会福利供给责任[1]。通过整合、经营、管理经济组织中成员拥有的土地经营权及其他资源要素,将农民利益与集体利益紧密联系在一起,由集体经济组织全体成员共同分享经济成果,使农民享有保障性、基础性的成员权利。集体经济运转的成效在一定程度上决定了农村集体资产的享有数量、农业现代化的发展程度以及农民生活水平和质量。

1.农村集体经济

2016年12月中共中央、国务院出台《关于稳步推进农村集体产权制度改革的意见》,把农村集体经济界定为"集体成员利用集体所有的资源要素,通过合作与联合实现共同发展的一种经济形态,是社会主义公有制经济的重要形式"。农村集体资产主要有三种,包括农民集体所有的土地、森林、山岭、草原、荒地、滩涂等资源性资产,用于经营的房屋、建筑物、机器设备、工具器具、农业基础设施、集体投资兴办的企业及其所持有的其他经济组织的资产份额、无形资产等,用于公共服务的教育、科技、文化、卫生、体育等方面的非经营性资产[2]。其中农村集体经济产生的经营性收入主要用于乡村的基础设施建设和公益事业项目,在集体经济组织发展较好的村庄,成员享受的福利项目和服务较为丰富,为增强家庭的可持续生计发挥了积极的作用。

---

[1] 左停,巨源远,徐小言.福利多元主义与我国农民的养老福利转换——重思"土地是农民最大的社会保障"[J].人文杂志,2015(08):114-121.
[2] 中共中央 国务院关于稳步推进农村集体产权制度的意见[J]中华人民共和国农业部公报,2017(01): 4-8.

2.农村集体经济的保障作用

新中国成立以来中国实行工业优先、城市优先发展的政策，形成了现如今的城乡二元结构体制，越来越多的农村剩余劳动力和资源转移到城市，农村的养老、教育、医疗、文化等公共产品和服务存在很大的缺口，发展壮大农村集体经济是提高农村公共产品和公共服务供给能力的重要举措。近年来逐渐形成了将国家功能与集体经济功能有机融合的新型农村社会保障体系，其中农村集体经济发挥了积极的作用，农村集体经济主要提供普惠性、可持续的风险保障和福利保障，弥补传统家庭保障功能日渐式微带来的问题，主要表现在促进农民增收、改善生产生活条件、树立文明乡风等方面。

（1）实现农民增收的重要渠道

党的十八大以来，各地就深化乡村集体产权制度改革，盘活乡村生产要素进行了实践探索。实行农村集体经济是以家庭联产承包责任制为基础，进行资源、土地、人力资本、资金等要素的整合，形成农村合作社、股份合作企业等集体经济实体，以家庭承包的土地经营权入股，统一生产经营，按土地股权分红和按投入的劳动分配收入的经济组织[①]。各地发展起以农村（社区）股份经济合作社为主的集体经济组织类型，合作社的收入主要来自经营性收入和资产等的租金收入，保障农民的个人利益和土地的基本权益，农村集体经济的实现形式呈现出多样化发展的势头，如"党支部+合作社+农户""村两委+合作社+农户""产业+农村集体经济组织+农民专业合作社+农户"等模式。既为农户提供了就业机会，也实现农户取得分红和就业的双重收益，不同主体之间建立的利益联结机制为集体经济提供保障和支持。农村中的老人、残疾人、失能半失能等弱劳动力和无劳动力群体也享受入股分红权益保障，例如贵州石阡县建立了村级集体经济助残合作社，探索了将残保金变股金、将爱心款变股金、将

---

① 张晖. 城乡一体化背景下农村集体经济的演进与反思 [J]. 中州学刊，2015(05):54-59.

扶持资金变股金的做法①，保障了残疾人家庭的可持续生计。

（2）提供专业救助和基本公共服务的主要力量

与其他农村专业合作组织的职能不同，收益较好的农村集体经济组织一般将产生的经营性收入用于本村的基础设施和公共服务支出，还能自主开展适合本村发展需要的基础公共设施建设。例如对村内的道路硬化、小型农田水利设施的修建、村内环卫配套设施的完善等，破除制约农业农村进一步发展的阻碍因素。像浙江等发达地区的村集体还为本村村民发放基本医疗和养老保险的缴费补贴，采用现金发放的方式提供住院费用二次报销；在教育保障方面，建立从幼儿园到大学全学段的教育补贴，形成了以现金给付为主、实物给付为辅的给付机制；在风险防控方面，为了减少各种意外事件对农户生计的影响，村庄的集体经济还统一为农村居民购买了包括火灾意外险、人身意外险和安康保险在内的商业保险②，还有的地区为村中的残疾人士提供针对性的就业机会和就业技能培训以保障其基本生活。

> **专栏1**
>
> **贺兰县推进农村集体经济红利与百姓共享**
>
> 贺兰县把发展村级集体经济作为基层党组织建设的重要工作，支持村党组织采取多种形式壮大集体经济产业规模，下大力气壮大村集体经济收入，逐步增强集体经济的实力，按照"发展为了人民，发展成果人民共享"的思路，把村级集体经济收入反哺于公共基础设施建设、环境卫生整治、慰问困难群众、资助大学生的公益事业，让群众共享集体经济的红利和成果。
>
> 集体经济的发展增强了村级自我保障能力和发展能力，群众反映的生产难题有了基本保障，涉及农业生产的生产道路、渠道修护、水利灌溉受益集体经济的保

---

① 余俊杰. "不让一个残疾人掉队"——贵州石阡探索"入股分红"模式精准助残脱贫[EB/OL]. http://www.gov.cn/xinwen/2018-02/02/content_5263183.htm, 2018-02-02.
② 唐丽霞. 乡村振兴背景下农村集体经济社会保障功能的实现——基于浙江省桐乡市的实地研究[J]. 贵州社会科学, 2020(04):143-150.

障，化解了群众灌溉不畅、道路不通、出行困难的烦心事和操心事，集体经济收入的增加，为村级党组织为民服务夯实了经济基础。据统计，2016年以来，贺兰县集体经济收入的40%用于农沟清淤、村庄道路修整、农田水利设施建设、硬化场地、整治村庄巷道等事业，实现了村村巷道硬化、农村水利设施完备、基础设备齐全，有效改善了村级公共基础服务水平。

为60岁以上的24位老年人购买保险2.88万元、慰问困难党员群众1394人次27.88万元、资助大学生55人次8.05万元、为党员群众购买意外伤害人身保险2532人次15.192万元……翻开每个村子集体经济的支出账本，详细记录着集体经济反哺民生公益事业的事项，每一笔支出都温暖着群众的心窝，每一个项目都让群众深感幸福，无论是帮助困难的孤寡老人，还是资助大学生，全县64个村每年把关爱困难群众作为一项基本的公益事业，以集体经济反哺村民，让村民直接共享红利，集体经济的收入让每个村民感受到了实实在在的温暖和幸福。

让群众生活在干净整洁的人居环境中是共享发展成果的充分体现，无论是集中开展危房拆迁、旧房改造、环境日常维护，还是清理杂草垃圾、路边植树、刷红涂白，完全依赖集体经济自身保障能力。习岗镇新胜村投入20万元铺设巷道两侧面包砖，划定停车位，方便群众出行；常信乡四十里店村投入100万元集中开展村庄环境整治和美化亮化工作；全县64个村把美丽乡村建设工作作为一项常态工作来抓，营造了群众舒适的生活环境，美丽乡村建设成了集体经济反哺的一项主要民生事业。

资料来源：贺兰县委组织部网站

（3）提高农村社区的凝聚力、推进乡风文明建设的重要抓手

发展农村集体经济不仅要满足农民物质利益需求，还要注重借助农民自办组织、农村群团组织等之手，切实关心、解决农民的教育、文化、医疗等民生利益问题，是实现社会保障社会公平正义的价值目标的直接表现。从农村集体经济的组织结构来看，是一种"风险共担、责任共负"的利益联结共同体，在参与经济活动中实现农民就近就地就业，不仅体现了农民个体的劳动价值，还有利于激发他们的内在动力，并增强对村庄集体组织的归属感和认同感。集体经济在为乡村和村民提供配套公共服务、社会救助和实施的福利项目中调动了

村民参与村庄公共事务治理的积极性，将以往原子化的个体重新组织起来，有利于重塑农村（社区）成员之间的社会支持和情感支持网络，进而增强农民对乡村社区的认同感和集体行动的凝聚力，同时也有利于吸引村外丰富的社会资本，如广东的农村通过成立乡贤理事会吸引外出经商回村的成功人士参与村庄治理[1]，在促进社会和谐、乡风文明方面起到了积极的作用。

我们已经注意到在新发展阶段，解决农村的民生保障问题不仅仅要着眼于弥补养老、教育、医疗等公共服务短板，还要立足于农村整体的民生保障体系建设和发展的视角，重新构建农村社区集体新的社会网络，一方面弥补人口流动造成的核心家庭社会资本不足，另一方面通过新型社会网络来激发村民参与村庄公共事务的积极性和主动性。集体经济发展的好坏直接关系到农村民生保障体系的建设水平，然而当前西部欠发达地区集体经济组织的经营水平、收入水平普遍较低，集体经济组织发育还处于初步的培育阶段，发展壮大村集体经济有利于促进农村社会民生事业的发展，也是实现乡村振兴目标的必由之路。

三、农村集体民生保障的新社会文化

（一）对中国农村民生保障模式的探讨与分析

随着经济的发展和社会转型，目前学界对家庭民生保障功能的弱化进行了相关的探索，并形成了三种基本观点。就对家庭养老保障的态度来看，一种观点认为家庭养老模式亟需转型为社会养老模式[2]，受工业化、现代化以及人口结构性矛盾的冲击，国家的责任边界不断扩张使得传统家庭的边界发生了变化，应该由现代社会代替传统家庭进行代际回报。另一种观点认为否认家庭养

---

[1] 杜园园. 社会经济：发展农村新集体经济的可能路径——兼论珠江三角洲地区的农村股份合作经济 [J]. 南京农业大学学报(社会科学版),2019,19(02):63-70, 157.
[2] 杨静慧. 互助式养老：转型中的理性选择 [J]. 兰州学刊，2014(09):137-141.

老与社会养老共存是形而上学的绝对化倾向[1]。虽然我们已经注意到当前以血缘纽带为基础的家庭保障功能弱化的事实,但这并不意味着就要对家庭保障全面否定,完全由国家、社会来替代和承担,养老的根基在家庭,家庭养老对分担国家的养老责任具有独特的优势,要以家庭为单位构建全方位的养老支持政策[2]。特别是在中国农村社会保障还不健全的情况下,家庭养老则是中国养老模式中不可或缺的养老方式,积极地肯定了家庭养老保障的重要地位。还有一种观点认为部分由家庭提供的养老保障功能是无法被国家与社会替代的[3],一些民生问题需要依靠传统的家庭、社区邻里和国家来协同解决,并不能对参与主体的责任进行互相转嫁,重点关注对参与主体进行责任分工时要理清家庭、政府与社会在不同民生领域中的责任边界。例如农村老年人的生活保障主要依靠传统家庭中家庭成员的支持,但在情感支持方面社会养老服务还不能完全取代家庭养老[4],一些留守老人、空巢老人、独居老人的生活照料、情感慰藉、文化娱乐等需求则需要社区承担更多职责,发挥农村社区公共服务的资源优势。在儿童照顾和教育方面,中国对0–3岁幼儿的照护主要强调早期教育,而家庭为儿童抚育提供的物质保障、情感需求、安全环境等支持起到了不可或缺的作用,当前中国农村学前教育公共服务的普惠性程度还不高,一些家庭还需向市场购买托幼服务。因此,既要考虑如何发挥好家庭在农村社会保障中的重要职能,避免家庭保障责任的过度社会化[5],也要思考如何发挥家庭基本保障功能的前提下最大限度发挥国家对家庭的责任支持,关注在不同的民生保障领域中参与主体保障功能如何进行延伸和拓展。

---

[1] 戴卫东. 家庭养老的可持续性分析 [J]. 现代经济探讨, 2010(02):22-26.
[2] 白维军,李辉. "老有所养"家庭支持政策体系的构建 [J]. 中州学刊, 2020(07):69-75.
[3] 贾玉娇,范家绪. 从断裂到弥合:时空视角下家庭养老保障功能的变迁与重塑 [J]. 社会科学战线, 2019(07):214-221.
[4] 侯慧丽. 社会养老服务类型化特征与福利提供者的责任定位 [J]. 中国人口科学, 2018(05):83-93, 128.
[5] 王军. 中国农村社会保障制度建设:成就与展望 [J]. 财政研究, 2010(08):2-13.

虽然中国农村的社会保障水平有了较大的提升，但现阶段还是低水平的，在短时间内对社会成员在教育、健康、就业、住房等方面的保障力度相对有限。随着人口老龄化和家庭结构日益小型化和多样化，家庭与国家在家庭政策体系中的责任分担逐渐失衡[1]，亟需构建农村社区集体新型社会网络，嵌入在社会网络上的社会资本是一种支持性的互惠网络资源，它对家庭成员个体的保护和支持起到积极的作用，要提倡将"家庭义务"扩大为面向社区的福利义务，即进行"福利权利"和"福利义务"相结合的福利文化建设[2]。营造新时代农村社区守望相助、邻里相帮的新时代文明乡风尤为重要。

（二）发挥以农村社区为依托的新型社会支持网络的作用

在"现代性"的裹挟和冲击下，农村"集体化"的社会保障形式被迫瓦解，家庭保障和土地保障的功能被削弱[3]。农村社区是农民对民生保障需求的有效表达单位，是地域性的，面向全体社区成员并向社区成员提供终生保障和适宜服务。像"撤村并居"和易地搬迁安置的新型农村社区兼有城市和农村的双重特征，虽然在一定程度上保持以亲缘和地缘为基础的关系网络，但存在公共性缺乏的普遍问题，社区自下而上的内在驱动和社会自觉不足，只有凝聚力量而不是孤立分离的社会支持网络才能在社会风险的冲击下经受住考验。要将互助理念融入农村民生保障体系之中，更多地强调从农村社区的特点出发，整合当地的人财物等资源，需要政府、社会、市场、社会组织等协调配合来构建和培育新型的社会支持网络和社会资本，在农村社区内部，可以通过因地制宜地建立正式互助组织、提供互助服务，保障、参与、发展各种类型的互助合

---

[1] 聂飞.家庭政策中的家国责任分担研究[J].中州学刊,2018(08):75-79.
[2] 罗红光."家庭福利"文化与中国福利制度建设[J].社会学研究,2013,28(03):145-161,244.
[3] 萧子扬.农村社会保障社区化：2020"后脱贫时代"我国乡村振兴的路径选择[J].现代经济探讨,2020(03):110-116.

作，增加乡村互助文化和互助氛围，逐步形成现实与情理上的互助共同体[①]，以实现农村社区的良性运转与发展。要在考虑农村现阶段经济社会发展和养老服务供需矛盾基础上，建立创新型的养老、托幼等服务模式。

1.构建农村社区互助养老社会支持网络

早在2008年，河北省邯郸市肥乡县就开始进行农村互助养老模式的实践探索，其他地区根据各自的资源情况也进行了推广和创新，但互助养老模式的可持续发展存在场所空置率高、服务水平低等问题，这也是近年来研究的重点。互助幸福院的资金来源主要依托村集体提供，其养老服务的水平主要取决于村集体经济的发展情况，所以在集体经济较弱的村庄，很多互助幸福院都面临可持续发展的困局。脱贫攻坚期间一些地区将互助养老与产业扶贫相结合，为互助幸福院的发展注入资金支持。互助养老模式的经营管理方面，在低龄老人帮助高龄老人、健康老人帮助弱能老人的实践中，探索建立了时间银行积分制度、设置兴趣小组、建立志愿者队伍、配备公益性岗位等常态化活动机制，充分发挥互助组织的凝聚力作用和低成本的特点，同时也引入并鼓励社会力量参与农村养老服务设施建设，致力于养老服务能力的提升，但并没有在家庭和机构之间起到很好的补充作用，离高质量的互助养老水平还存在一定的距离。农村发展互助养老的核心不在于技术，而在于必须要有村庄的信任、认同、预期和价值感、归属感，或者说关键在于培养村庄社会资本[②]，对互助养老的理解并不能局限于互助养老模式或者互助幸福院本身，要将互助养老置入农村社区中。要构建新时代的农村社区互助网络，需要大大激发农村社区养老的互助动力。

---

① 刘妮娜.从互助养老到互助共同体：现代乡村共同体建设的一种可行路径[J].云南民族大学学报(哲学社会科学版)，2021，38(02):109-117.
② 贺雪峰.互助养老：中国农村养老的出路[J].南京农业大学学报(社会科学版)，2020，20(05):1-8.

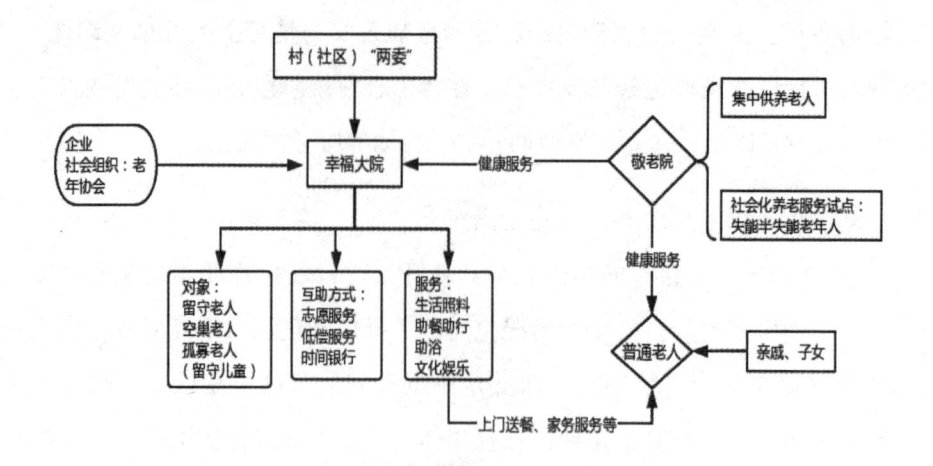

图 6-1　欠发达地区农村（社区）互助养老社会支持网络

针对现阶段农村老年人分散居住的现实困难和青壮年人口大量流出的现象，建立以农村社区为单位的农村互助养老社会支持网络（见图6-1），充分调动村支两委、老年人自组织、亲友邻里、乡镇敬老院、企业和社会组织的资源。如陕西、湖南、四川等地以农村社区的老年协会为依托，有些农村以村委会作为经营者和管理者，对村庄内部资源进行有机整合，例如闲置校舍、空闲住宅、废弃厂房等，并结合危房改造、易地扶贫搬迁等情况，统筹建设具备集中居住和公共服务功能的幸福大院等互助场所。根据农村社会邻里关系密切、彼此熟悉的特点，按照"就亲就近方便"的双向自愿原则，在互助幸福院内部积极组织低龄老人与高龄老人、健康老人与病弱困难老人帮扶结对，互助的内容和形式以老年人的实际需求为基点呈现多样化，提供生活照料、家政服务、康复护理、精神慰藉等服务，有效帮助这些老年人不离村、不离家安享晚年。北京市延庆区、杭州市萧山区等地有组织地发动邻里、志愿者等社会力量建立互助养老志愿服务小组，为农村居家的老年人提供上门送餐、家务等日常照料服务。依托农村特困人员供养服务机构（敬老院），发挥区域性养老服务中心的辐射效应，如山东、江苏等地已开展乡镇敬老院社会化服务试点，除了特困供养老人之外，优先集中收住失能半失能老人。有条件的地区也在加大对农村幸福院、日间照料中心、颐养院等建设项目的升级和改造，增加多种个性化、专业化的服务项目，满足不同农村老年人救助型和适度普惠型的养老需求，有的地区建设了包括留守老人和儿童的互助场所，进一步增进了代际之间的互动，营造了"家庭式"关爱的良好的生活环境，提升老年人的自我效能感，并有利于降低家庭养老功能弱化的风险。

2.构建农村社区留守儿童和留守妇女的社会支持网络

中国先后出台了《关于加强农村留守儿童关爱保护工作的意见》《关于进一步健全农村留守儿童和困境儿童关爱服务体系的意见》等制度文件，对留守儿童的关爱已从救助保护到重视关爱服务转变。四川、贵州、湖南等劳务输出大省的留守儿童的数量较多，多由祖父母或外祖父母照顾，留守儿童的"身""心""社""智"需要全方位的关爱，由于老人身体机能减退，监护的精力、监护知识和能力不足，需要求助农村的社会支持力量。不断完善留守儿童的基层治理体系，积极引导基层政府部门、村支两委、社区居民、社会组织等主体参与和配合，协助农村社区留守家庭建立互助型的家庭社群关系。如《巴中市关于建立城乡社区儿童福利督导制度的通知》，在乡镇（街道）成立儿童福利督导工作站、在村（社区）落实儿童福利督导员，全市共配备专（兼）职儿童福利督导员2649名。特别是巴州区在每个乡镇通过落实公益性岗位，至少配备1名儿童福利督导员，专门负责辖区内儿童关爱保护保障工作，构建起覆盖全市的三级儿童福利服务网络。儿童福利督导员作为留守儿童与家长之间联结的纽带可以对亲子关系的情感沟通进行引导，同时对留守儿童的困难和需求积极地督促落实。还有一些地区探索了村委会、家校协同、志愿者参与的留守儿童关爱保护模式，充分发挥村委会在引导留守儿童社区邻里互助中的引导作用，并引入专业化的社会工作机构、支援组织等，定期在社区开展有关儿童成长的主题活动，进一步促进儿童与家长、居民、社区的关系联结，构建全方位的农村社区留守儿童关爱体系。

> 专栏2

广西关爱孤弃、留守、困境儿童见闻①

儿童主任覆盖村（居），基层"事有人做、责有人负"

"我们村有4名留守儿童、8名困境儿童、4名残疾儿童，由村干部分片包户，都得到相应的救助和帮扶。"提及村里的儿童保护情况，环江毛南族自治县思恩镇清潭村委会副主任莫花婵"一口清"。莫花婵还有一个职务——村儿童主任。

环江县民政局相关负责人介绍，目前全县共有3036名留守儿童、73名事实无人抚养儿童，已在140个村全都配备了儿童主任，由县里统一指导开展情况排查、分类救助等。"儿童主任能及时发现这些儿童的家庭变化，也积极动员家长就地务工，不能将孩子放在家中无人照顾。"目前，该县的农村留守儿童数量从2017年的7350名减少到3036名。

自治区民政厅相关负责同志介绍，自2017年起，借助自治区"美丽广西·宜居乡村"服务惠民专项行动，广西为全区1.4万多个村配备了1.69万名儿童主任，落实服务费用，保证了基层儿童福利工作"事有人做、责有人负"。从留守儿童的监护、防辍学、户籍登记和免受侵害等问题入手，加强与农村留守儿童受委托监护人的联系。开展"合力监护，相伴成长"专项行动期间，全区2.4万多名无人监护或监护情况差的农村留守儿童监护责任得到有效落实，1499名农村留守儿童返校复学，1.6万多名无户籍农村留守儿童登记落户。

"社会工作者+志愿者"，儿童保护由送物资转向送服务

小广家住在环江县毛南家园城北社区，父母离异，父亲外出务工，平日他独自生活。广西汉达社会工作服务中心社会工作者入户摸排时，发现了小广的情况，遂将他列入重点关注对象，安排人员定期上门为他提供帮助。该中心主任黄敏告诉记者，工作人员每次入户时，都会教小广一些居家安全知识、生活常识，还安排大学生志愿者为他辅导作业。记者从小广家中张贴的独居儿童服务记录表上看到，志愿者谭荣恩和社会工作者每周至少要到小广家走访一次，了解他的生活学习情况，排查家中的安全隐患。起初小广还有些抵触，经过一段时间沟通，小广把社会工作者

---

① 张伟涛. 朵朵小花向阳开——广西关爱孤弃、留守、困境儿童见闻[EB/OL]. http://mzt.gxzf.gov.cn/mtgz/t9483979shtml, 2021-06-02.

当成可以信赖的人。2020年的一天，小广发烧了，他主动打电话联系社会工作者，社工立即将他送往医院治疗，并一直陪护着他。

自治区民政厅相关负责人表示，广西探索形成"专业社工+儿童主任+志愿者"的服务模式，发挥专业社工的独特作用，形成与儿童主任的有力互补。2016年、2017年，自治区政府先后印发了《关于加强农村留守儿童关爱保护工作的实施意见》《关于加强困境儿童保障工作的实施意见》，鼓励社会力量参与承接政府购买儿童关爱服务。同时，调整修订《政府购买服务指导性目录》，将农村留守儿童关爱保护、困境儿童保障、"三留守"关爱帮扶队伍建设、未成年人保护社工服务纳入该目录。

近年来，广西累计投入约7000余万元，引导社工机构和社工人才深入城乡社区、学校和家庭开展儿童关爱服务。专业社工的加入，为农村留守儿童和困境儿童心理辅导、安全教育、自我认知和亲情培养等提供了更精细的帮助。

留守妇女日常承担照顾孩子、赡养老人的义务，一般就近就地工作来维持家庭生计，所承担的生活压力较大，由此引起的婚姻等社会问题引起关注。通过加强以留守妇女为主体的同伴互助体系，为留守妇女提供必要的生产生活支持[①]，可以引入企业、合作社、社会组织等多元主体的力量，积极开展适合留守妇女发展的增能类、互助类、康乐类等项目，巩固和增强留守妇女的农村社区支持系统。在技能提升方面，留守妇女群体大都是中年劳动力大都从事低技能的工作，还有很大的提升和发展的空间，可以通过发展互助合作经济组织，提高留守妇女的抗风险能力和自我发展能力，成员之间互助劳动、互通信息、互助守望、互相学习农业生产实用技能、互助教育等，不仅有助于留守妇女之间交流，缓解心理压力，而且有助于保护留守妇女生命财产安全，促进农村经济社会健康发展。结合农村社区最大的养老服务需求，可以就地组织留守妇女有偿为邻里照顾老人、托管幼小，不仅可减轻政府的社会公共服务压力，促进

---

① 廖全明.转型期农村留守妇女发展问题的困境与突破[J].重庆大学学报(社会科学版)，2015，21(05):51-56.

农村社会服务体系逐渐形成，也能有效提高留守妇女的社会服务和社会活动能力。

（三）重塑新时代守望相助的"新文化"

农村公共精神缺失会显著抑制农民经济互助的发展空间和互助精神的发扬光大[①]。在快速的工业化、市场化、城镇化、信息化和全球化过程中，中国农村文化正发生深刻的变化，农村社区正逐步打破传统封闭式的发展模式，日趋开放的社区环境使农村社区文化的多元化、现代性转变成为一种必然趋势，传统文化与市场经济下的秩序和规范相结合。

1.传承与发展守望相助，培养新时代农村互助精神

"乡田同井、出入相友、守望相助、疾病相扶持，则百姓亲睦"体现了中国古代互助精神的内涵和精髓，依然要继续发挥传统文化对村民日常行为的指导和约束作用，而且要适应中国传统文化的发展，培育适应市场体制下的新道德观念。农民社会保障体系的建立不仅需要物质资金的保障，而且要利用农民社会的互助传统，树立团结、信任、合作的伦理价值理念，体现了自主性互助对自发性互助的超越发展[②]，进而提高农村社区的凝聚力。将传统社会中以家族为单位的"守望相助、邻里相帮"文化拓展到农村社区的公共生活空间，公共文化具有广泛的约束力和号召力，通过构建公共文化不仅能够丰富农村居民的精神文化生活，而且可以让农村居民积极参与到集体事务中来，培育集体意识和集体观念[③]。乡村振兴背景下，既要积极传承发展中国优秀的传统文化，又要挖掘与社会主义核心价值观相契合的文化价值，并推进乡村文化与城乡融

---

① 吴春梅，靳雯.利益与情感共同体建设：农民经济互助的中国方略[J].理论探讨，2021(01):46-53.
② 吴春梅.新时代农民守望相助的存续[J].武汉大学学报(哲学社会科学版),2019,72(06):180-186.
③ 朱志平，朱慧劼.乡村文化振兴与乡村共同体的再造[J].江苏社会科学,2020(06):62-69.

合发展，亟需构建新时代农村新文化。教育引导和法律强制性要求相结合，完善老年人维权机制，加强家庭建设，自觉承担家庭责任，树立良好家风[①]，同时打通互助文化在私人空间向公共空间传播的渠道，把大力弘扬优秀传统文化与开展社会主义精神文明教育结合起来，引导农村居民崇德向善，培养良好家风、社风、民风，通过把农村新文化嵌入到农村社区网络中来涵养农村社区互助精神，为形成新时代农村社区的互助精神创造有利的外部条件。

专栏3

开办道德银行 德治"教化一方"[②]

新河镇作为高效青岛建设攻势诚信政府建设试点镇，不等不靠、先行先试，以村级诚信体系建设为抓手，制定农村居民道德管理实施办法，开办道德银行，坚持让善行"量化入账"、用德治"教化一方"，初步构建起"人人共建、人人共治、人人共享"的村级治理良性格局，为促进社会治理能力现代化提供了有益参考。

积极学习借鉴，筑牢思想基础。经综合分析研判，该镇确定了20个试点村庄，并积极"走出去"，由镇党委书记带领相关村庄支部书记前往浙江义乌等地，学习当地先进经验，确保学有所获、取得"真经"。在外出学习借鉴基础上，以《新河镇农村居民信用管理实施办法（试行）》为依托，研究制定《新河镇"道德银行"建设管理办法》，成立道德银行建设工作领导小组，实行"镇级总行、村级支行"两级组织运行体系。建立村民个人道德档案，召开村民大会，对《新河镇"道德银行"建设管理办法》进行集中学习，详细解读道德积分加减分细则，让广大村民听得懂、能入心、会执行。

强化平台建设，完善软硬设施。该镇积极对接平度市建设银行，达成合作意向，联合开发新河镇"道德银行"信用管理平台，对村民道德情况进行线上登记、动态管理、实时监控，定时发送积分信息，让每个老百姓通过手机就能随时掌握自

---

① 黄石松，纪竞．深化新时代我国养老服务供给侧结构性改革的十条建议[J]．中国社会工作，2019(20):24-25.
② 平度市信用办开办．道德银行 德治"教化一方"——平度市新河镇诚信政府建设试点工作取得初步成效[EB/OL].http://credit.shandong.gov.cn/89/102859.html, 2020-06-03.

己道德积分情况，了解自己得失分的原因。在20个试点村庄建立道德银行村级支行，设立道德银行积分兑换清单，组织村中有威望的群众成立道德评价委员会，对村民的道德表现进行加减分。

细化考评标准，严格兑现奖惩。成立村级道德评价委员会，由各村根据自己实际情况，从家庭道德、村庄风尚、环卫整治、移风易俗、公益奉献、遵纪守法、积极影响等七大方面、29项优劣德行信息，科学确定道德加减分内容，并按照"联户党员—村道德银行评价委员会—村民代表、党员联席会议—村'两委'、道德银行管理委员会—新村党委会议—全民公示"的"六级审核机制"，综合评定村民道德积分。每个试点村均设有道德超市，村民以积分兑换"道德币"，然后用"道德币"换取相应商品作为奖励。用村里老百姓的话讲："现在人品也能当钱花了。"在强化正向激励的同时，道德评分低的村民将受到相关惩戒限制，通过正面激励与反面惩戒同步发力，该镇20个试点村的农村居民诚信意识和道德水平在短期内得到较快提升，取得了明显效果。

2. 规范互助网络机制，加强农村乡风文明建设

乡风文明水平的提升，是一个渐进式、系统性的实践工程。为了进一步推进新时代农村互助精神可持续，将个人和信用体系的建设进一步拓展至农村社区的公共空间，农村公共领域和公私混合领域的不同类型自组织是聚合互助精神的载体，成员共同遵循的互助理念的建立基础是对组织的认同，因此需要建立相应的内在行为规范和奖惩机制，规范组织成员日常的互助行为，不仅享受合作互助带来的互利共赢成果，也要避免出现在集体行动逻辑中"搭便车"的现象，并营造成员经常参与互助活动的良好氛围，形成互利共赢、规范有序、团结和谐的新时代文明乡风。各地探索创新了讲习所、积分制、红黑榜等措施，建构具有农村社区集体约束力和认同感的社会规范，发挥正向的激励作用。如脱贫攻坚期间，山西阳曲县搭建"周末学堂"、贵州毕节设立"新时代农民（市民）讲习所"、陕西宝鸡开办"脱贫攻坚夜校"、四川自贡开展感恩教育主题活动等，以脱贫攻坚精神引领群众的脱贫自信，切实提高了对贫困户思想引导和技能培训的针对性和有效性。此外，一些地区也通过设立村庄"爱心超市"，实行积分制管理方式，即通过遵纪守法、孝老爱幼、诚实守信、学习政策、公益劳动等获得积分来兑换物品，激发了农户参与劳动的积极性和主动性。

专栏4

赤峰市宁城县农村信用体系建设[①]

赤峰市按照政府主导、部门参与、金融行业配合、多方支持、农村各界广泛参与的原则，创新探索以诚信体系、道德体系和乡风文明为主的综合信用评价体系建设。将农村居民的道德文明、精神文明、社会文明、生态文明、法治文明、行为文明等情况全部置于监测评价范围。

宁城县根据"整体构架体系化、功能设计模块化、运用功能多元化、评价模型标准化、运用平台系统化、作用目标长远化"的创新思路，一是构建体系化构架。构建了指标体系、调查体系、评价体系、应用体系四大体系，分别开展建设、试验、研究；二是采用模块化设计。根据不同运用功能，分别设定需要的指标，对同类指标进行合并，分门别类，形成固有模块。依据功能需要设计了基础信息、能力水平、信用实力、诚信状况、道德风尚、精神楷模、社会典范、守法依规、风险影响等9大模块共计185项基础指标，针对农户家庭基本情况、家庭人口状况、非共同生活的赡养义务关系人口情况、家庭财产情况、家庭生产经营情况、家庭收支情况、家庭诚信行为情况等内容，确立了入户调查、民主评议调查和社会调查3种调查方式，进行全面调查；三是开发多元化功能。通过不同模块组合，形成横向不同功能的运用体系，如金融信用评价体系、综合诚信评价体系、致贫返贫预警体系、基本信息查询体系等，还可以根据需要，开发和拓展运用功能，实现运用功能多元化；四是创建标准化模型。按照不同模块的运用功能，开展评价等级模型设计，如金融信用评价等级模型、综合诚信评价等级模型、致贫返贫风险等级模型、相对贫困人口评价模型、低保对象评价模型等。

[①] 资料来源：根据赤峰市乡村振兴局提供的资料整理。

在村级实践层面，宁城县小城子镇宁南村和汐子镇齐家营子村积极响应综合信用体系建设，根据各村实际制定试点方案并分阶段有序实施。以宁南村为例，首先，联合当地金融部门共建共享村民诚信档案；通过诚信积分高低来辅助或限制相关村民的金融贷款支持；其次，通过草原书屋、道德讲堂来传播诚信为本等优良传统文化和思想；再次，利用重大节日表彰相关积极向上的优秀个人，树立诚信典型；最后，利用爱心超市体系，对该村每个积极参与精神文明建设和具有无私奉献、乐于助人等优良品质的村民进行积分奖励，村民可以利用爱心积分在指定爱心超市兑换日常生活必需品。

宁城县农村综合信用体系的突出创新点在于，依据功能需要设计了9大基础模块，不同模块组合，会发挥不同的作用，实现不同的应用功能，构成不同的应用体系。例如，由能力水平、信用实力、诚信状况、信贷风险4个评价模块组合，构成金融信用评价体系，实现金融信用评价功能；由诚信状况、道德风尚、精神楷模、社会典范、守法依规5个评价模块组合，构成综合诚信评价体系，实现综合诚信评价功能；由致贫风险1个评价模块，构成致贫风险评价体系，实现致贫风险评价功能等。

第七章

民生保障：中国乡村振兴战略的出发点和落脚点

乡村振兴战略的制定和实施体现了国家对于三农问题的重视，该战略为在农村发展的新阶段中如何实现农业农村农民的全面发展提供了高层次的方向指引。如同已经完成的农村脱贫攻坚一样，乡村振兴在本质上同样是为了实现人的全面发展、促进人的生活幸福。而要提升农村居民的获得感、幸福感和安全感，完善农村地区民生保障制度体系是必经之路。党的二十大报告中明确提出，健全覆盖全民、统筹城乡、公平统一、安全规范、可持续的多层次社会保障体系。这对进一步织密民生保障安全网提出了明确的要求，首先充分发挥民生保障的底线性保障作用，进而通过不断提高覆盖面缩小城乡差距，并通过结构调整进一步促进社会发展成果由全民共享。为了更好地应对未来乡村地区民生建设的新问题和新挑战，需要探索建立分层分类、多元共治的民生保障新格局。全面推进乡村振兴实现共同富裕是我国社会主义的本质要求，也是中国式现代化的重要特征，保障与改善民生则是新时代解决社会主要矛盾的重要抓手，农村地区社会进步和现代化水平的提升最终是为了实现全体人民的共同富裕，为此，应当在继承以往公共治理成功经验的基础上尊重三农问题中的差异性特征，以使得制度供给适应农村社会整体上的个体化和高流动性的发展趋势。

一、始终将民生保障置于乡村振兴战略的核心

乡村振兴战略作为国家发展新时期的乡村统筹性战略,一方面继承了前一阶段农村脱贫攻坚所取得的成果和收益,另一方面也对农业农村农民的发展提出了新的目标、指明了新的前进道路。习近平总书记在党的十九大报告中提出,"不断满足人民日益增长的美好生活需要……使人民获得感、幸福感、安全感更加充实、更有保障、更可持续",其中"获得感""幸福感"和"安全感"之间既相互独立,又彼此影响[1],三者共同阐释了中国共产党如何将"以人为本"的发展理念贯彻于乡村建设当中。遵循"以人为本"的核心理念,既是过往农村公共政策实践的成功经验,也是未来公共治理迎接新挑战的必然要求,而以人为本的重要政策即体现为不断建设完善农村地区的民生保障体系。

(一)在乡村振兴中重视民生保障制度建设的重要性

中国共产党的十九大报告明确指出"农业农村农民问题是关系国计民生的根本性问题,必须始终把解决好'三农'问题作为全党工作重中之重",而乡村振兴战略正是破解中国"三农"问题的关键所在。中国乡村振兴战略的提出旨在促进农业全面升级、农村全面进步、农民全面发展,实现农业农村现代化,实现农业强、农村美、农民富。中国乡村振兴战略实施计划分三个阶段:2020年乡村振兴取得重要进展,制度框架和政策体系基本形成;2035年乡村振兴取得决定性进展,农业农村现代化基本实现;2050年乡村全面振兴,农业强、农村美、农民富全面实现。中国乡村振兴战略,无论是以产业兴旺为重点、生态宜居为关键、乡风文明为保障、治理有效为基础、生活富裕为根本的总要求,还是产业振兴、人才振兴、文化振兴、生态振兴、组织振兴的总目标,究其根本,都应该为了实现"人"的全面发展,是以人民为中心、为人民谋福利的现

---

[1] 马振清,刘隆. 获得感、幸福感、安全感的深层逻辑联系[J]. 国家治理,2017(44):45-48.

代化，是全体人民共同富裕的现代化，因而，民生保障是乡村振兴的出发点与落脚点。

作为与农村扶贫事业一脉相承的、农村地区统筹性的发展战略，乡村振兴战略以全面推进农村地区现代化发展为路径，本质上是为了实现乡村地区内的"人"的发展。在推进民生保障制度建设过程中，"人的发展"体现在两个方面：其一是"人民"的发展。实现人的全面发展是马克思主义的崇高理想，也是社会发展的出发点和最终归宿[①]。中国是一个社会主义国家，人民是国家的主人，因此国家与社会的最终发展目标也同样是全体人民实现全面发展。习近平总书记在中国共产党第十九次全国代表大会的报告中指出，"中国共产党人的初心和使命，就是为中国人民谋幸福，为中华民族谋复兴"，而人民的幸福则需要通过其生活质量和水平的提高来实现，因此，发展民生保障政策体系必不可少。

其二是"人"的个体的发展。个体的发展极大地依赖于其所能获得的各种资源的丰富程度，而乡村振兴战略的实施从客观结果来看必然会极大地提升生活在乡村中的人所能够获得的资源的丰富程度。而在乡村振兴的各类政策体系中，民生保障政策是最直接与个体发生联结的一类。不论公共政策的目标单元是区域、家庭还是个体，政策所创造的实惠最终都会降落至单元中的个体之上，例如，发展教育提升的是人的知识水平，发展医疗提升的是人的健康水平，发展产业最终提升的是人的收入水平。反过来说，"民生保障"首先要实现的是社会中的每一个个体能够不必为自己的基本生存所担忧，由此才能进一步不断追求收入进步、能力增长、家庭幸福。因此，要实现人的发展、增强乡村振兴战略的现实效果，落实各项民生保障政策必不可少。

---

① 文丰安,段光鹏.中国共产党发展理论的百年探索与实践经验[J].经济与管理研究,2021,42(04):3-17.

（二）民生保障建设始终是落实"以人民为中心"发展理念的政策路径

从过去的农村政策发展路径来看，在"以人民为中心"发展理念的指导下建设完善民生保障体系，一直是中国共产党和政府所坚持的政策路径。2017年党的十九大报告中提出，新时代中国特色社会主义思想的精神实质和丰富内涵中包括了"坚持在发展中保障和改善民生"，具体来说是"在幼有所育、学有所教、劳有所得、病有所医、老有所养、住有所居、弱有所扶上不断取得新进展"，这7个"有所"道出了中国建设民生保障制度体系的具体施力方向。2018年中央一号文件《中共中央 国务院关于实施乡村振兴战略的意见》中，从教育、就业、基础设施、社会保障体系、健康和人居环境6个方面阐释了"提高农村民生保障水平"的具体要求[①]，可以发现，这6个方面对于满足农村居民的基本需求均起到了至关重要的作用，同时也是当前农村民生保障体系正在搭建的底层制度模块。

2020年10月，党的十九届五中全会通过的《中共中央关于制定国民经济和社会发展第十四个五年规划和二〇三五年远景目标的建议》明确了到2035年要实现的九方面远景目标，其中将"民生福祉达到新水平，居民收入增长和经济增长基本同步"作为"十四五"中国经济社会发展的六个主要目标之一[②]，由此也体现出了中国在国家发展新阶段中将实现民生福祉置于了更为重要的目标层次，这有利于将过去在乡村民生保障建设中取得的成就推上新台阶、使得"基本民生"的内涵与社会发展阶段相适应。同年12月，国务院印发了《关于实现巩固拓展脱贫攻坚成果同乡村振兴有效衔接的意见》，将"保持主要帮扶政策总体稳定……落实好教育、医疗、住房、饮水等民生保障普惠性政策，并根据脱贫人口实际困难给予适度倾斜"作为建立健全巩固脱贫攻坚成果长效机

---

① 中华人民共和国农业农村部. 中共中央 国务院关于实施乡村振兴战略的意见 [EB/OL]. http://www.moa.gov.cn/ztzl/yhwj2018/zxgz/201802/t20180205_6136444.htm, 2018-01-02.
② 新华社. 规划《建议》用"六个新"提出"十四五"中国经济社会发展主要目标 [EB/OL]. http://www.xinhuanet.com/politics/2020-10/30/c_1126677771.htm, 2020-10-30.

制的具体路径之一①。

通过以上重要政策法规中对于民生保障的强调可知，一直以来，乡村民生保障制度建设都旨在全面提升与人的发展紧密相关的各项要素的软硬件设施设备水平，这充分体现了乡村公共治理中一以贯之的"从'人本'出发，到'人本'实现"的治理理念。尤其是通过那些落实制度衔接、保障农村低收入人口权益稳定性的政策法规可以看出，以教育、医疗和住房保障等为具体形式的民生保障政策对于保护社会弱势群体有着基础性和长期性的作用，也体现出要实现"人的全面发展"乃至全社会的共同富裕，民生保障制度体系的基础性地位不可动摇。与此同时，明确尊重人民主体地位，明晰个人权利和义务，避免出现福利依赖的情况。个人拥有良好的民生保障福利是社会成员享有社会权和发展权、国家尊重人民主体地位的体现，与此同时，中国在进行民生保障建设时，应避免民生保障为"福利病"提供生存土壤、滋生依赖和懒惰心理、劳动者就业积极性不高、甚至产生自动失业等问题，可以通过明晰个人责任，激发个人的主动性，既保证其民生诉求，又激发其就业意愿，避免民生保障安全网演变为"吊床"。

（三）不断改善民生保障也是应对乡村未来挑战的需要

之所以说在未来一段时间需要通过重视发展民生保障来实现"以人为本"的公共治理理念，是因为随着社会转型的推进，城镇化、信息化、工业化等现代化的实现，一方面使得农村地区现代化水平极大提升、物质条件极大丰富，另一方面也给农村居民带来了更多的新型发展风险，这些风险的暴露可能会导致农村家庭的稳定性受到冲击，进而使得家庭收入骤降、支出骤增；尤其对于农村低收入群体和弱势群体来说，这种波动很可能会引发新的贫困问题，从而

---

① 新华社.中共中央 国务院关于实现巩固拓展脱贫攻坚成果同乡村振兴有效衔接的意见[EB/OL].http://www.gov.cn/zhengce/2021-03/22/content_5594969.htm, 2021-03-22.

影响到农村脱贫成果的稳定性。

农村家庭所面临的新增的发展风险蕴含在家庭生产生活新变化的方方面面。从家庭生计结构来看，农户的收入来源中"工资性收入"占比持续上升，据统计，2013—2019年间，中国农村居民可支配收入结构中，工资性收入占比由2013年的38.73%逐步上升至2019年的41.09%，而经营净收入则呈持续下降的趋势，即由2013年的41.73%下降至2017年的35.97%[1]。收入主要来源的改变说明了农村劳动人口就业模式的转变，其背后所连带的劳动伤害和疾病风险、失业风险乃至老年风险等的发生频率、损失大小和风险的具体表现都正在变得越来越多元，仅仅依靠旧有的风险保障制度难以将这些风险问题充分化解。

而从家庭支出的变化来看，由于农村社会现代化市场化水平的不断提升，过去可以依靠农户自给自足的许多事物，如今都必须依靠市场交易才可实现，由此也带来了农村家庭消费支出的大幅增长。如果考察城乡居民的收支增长率可以发现，2014—2019年间，农村居民的人均收入增长率始终高于城市居民的人均收入增长率[2]；但与此同时，农村居民的人均收支增长率差值却始终低于城市居民，即在6年间仅有2年的收入增长速度快于支出增长速度。

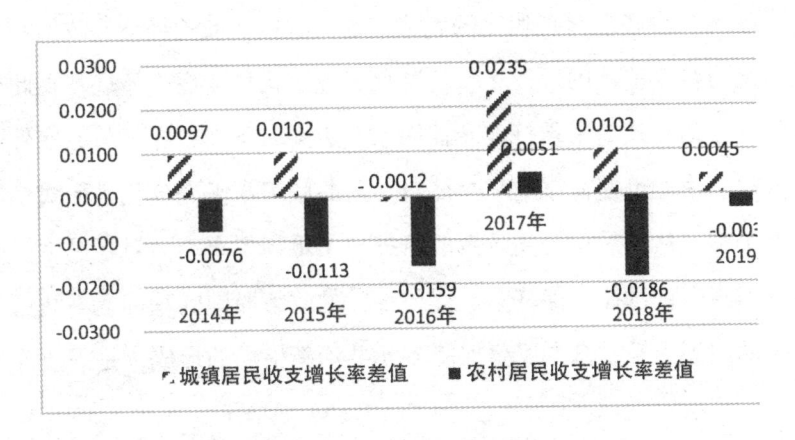

图 7-1　2014—2019 年城乡居民人均收支增长率差值对比

---

[1] 数据来源：中国统计年鉴 2020，表 6-11.
[2] 数据来源：中国统计年鉴 2020，表 6-6、表 6-11.

注：1. 居民人均收支增长率差值＝当年居民人均收入增长率－当年居民人均支出增长率

2. 数据来源：城乡居民人均可支配收入和消费支出数据分别来源于 2020 年中国统计年鉴表 6-23、表 6-29 与表 6-25、表 6-31，居民人均收支增长率差值为笔者根据城乡居民收支数值计算。

农村家庭生计结构的变化以及消费支出的增多表明了农村居民相比于城市居民来说，尽管收入增长速度快，但支出的增长速度更快，因此相比于过去更难以通过储蓄的方式留存足够的应对风险的保障资产；而对于农村低收入人口来说，也更容易因为家庭的灾难性支出而落入生活困境。以人为本的治理理念的贯彻必然要求公共政策能够给予被保障的个体和家庭更加安全、更加稳定的生存环境，因此，未来迫切需要提高家庭外部保障水平，即完善民生保障政策体系、织牢农村社会安全网，从而使得公共治理主体和农村家庭都能够更从容地应对风险的冲击。

二、构建分类分层次多元民生发展保障格局

从农村社会转型与现代化的趋势来看，农村区域的经济、政治和文化水平的提升使得社会整体的现代化、信息化和数字化特征逐步显现，在此期间，农村居民的生活模式越来越打破既往的家户边界、越来越寻求与家庭外部主体的合作共赢。由此也使得家庭和个体对于公共政策水平充分化、形式多样化的需求不断上涨，从而对于公共政策改革提出了更高要求。而对于民生保障领域来说，如何在保证过往"保基本、促公平"的政策原则的基础上不断更新"基本民生"的内涵、推动基本民生保障多元共治新格局的形成，是需要深入思考的议题。

（一）形成民生保障多样化供给新格局，满足乡村居民多样化需求

随着农村社会发展水平的不断提高，生活在乡村之中的家庭的生活模式、生计结构和发展目标也正在变得越来越多样化，由此也使得其对于农村公共政策的需求变得越来越具有多样性，并且这种多样性带有鲜明的乡土特色。

农村地区家庭相比于城市来说，其特殊性体现在：由于社会转型以及个体高度流动性所带来的同一家庭内部不同家庭成员之间的收支水平和价值观念的较大"断裂"。这种断裂性是中国这样一个有着悠久历史的农业大国在推进全面现代化的过程中所必然出现的特征。在现代化理论中，由社会向前发展所带来的现代性的增长本身就带有了"断裂性"的属性[1]。在中国，由于社会转型推进十分迅速，这种由社会的现代化所带来的新旧生活模式的断裂性就更为明显。而具体到农村地区来说，由城镇化的快速推进和大规模的劳动力外出务工所带来的人口的大量迁徙和流动引发了"农村居民"群体对于民生保障公共政策需求的多样化。

对于大量的迁出人口和外地务工人口来说，他们一方面难以放弃原居住乡村的房屋、土地等资产，另一方面却又难以以"本地人"的政策身份享受到新居住地的社会保障待遇，异地就医的费用报销问题、养老金水平累积不足问题以及农民工的劳动软报酬缺失问题，其背后折射出的实质性问题都可以归结为政策的属地管理原则与当前社会日益增加的个体化、流动性趋势之间存在着冲突，以及信息化发展不足所导致的制度统筹不畅，由此使得这部分农村居民的民生保障需求还未得到充分满足。

而对于那些仍旧生活在乡村之中的农村居民来说，他们对于民生保障政策需求的特殊性体现在如何在家户单元的农业生产活动的基础上不断实现生活的现代化和便利化。以教育、医疗和住房领域为例加以分析：农村地区的教育保障政策的完善不仅要考虑到那些从小接受了九年义务教育的群体，还需要着

---

[1] [英]安东尼·吉登斯. 现代性的后果[M]. 田禾，译. 南京：译林出版社，2011：4.

重考虑以发展实用性职业技术（包括农业技术）为主要形式的职业教育体系，这是推进农业农村现代化的路径和根本目的所在，即实现"农民的发展"。由于农村居民相比于城市居民来说居住更分散，因此在建设医疗保障体系时也更需要注重对于基层医疗网络的合理布局，从而提高农村居民对于初级医疗资源的可获得性。而在住房领域，农村住房保障相比于城市住房保障来说在住房面积、人口需求、住房安全等多方面更具有特殊性，在现实中往往面临着政策一体化目标与城乡二元性现实之间的冲突[①]，因此政府在提供住房保障时也需要注重乡村地区住房需求的特殊性。

基于上述的这些断裂性和特殊性的具体体现，各级政府在建设农村地区民生保障新格局时，也必须勇于尝试创新，探索发展包含更多供给主体和更多供给途径的、多元多层次的民生保障新格局。

（二）丰富与扩展基本民生保障公共政策内涵

中国民生保障政策体系是随着社会不断变化而被逐步建立起来的，其在不同发展阶段都始终瞄准于社会主要矛盾在该阶段内的热点性表现。民生作为动态权利与静态权利的有机结合，也是一个动态变化与持续发展的概念，过去谈及民生多以"衣食住行"涵盖，现在论及民生则包括物质需要、精神追求、政治诉求等多方面内容，其内涵与外延不断拓展。党的十八大报告提出保障和改善民生，满足人民日益增长的美好生活需要，强调政府对保障人民生计负有责任担当与道义承诺；党的十九大报告提出坚持在发展中保障和改善民生，在发展中补齐民生短板、促进社会公平正义，在幼有所育、学有所教、劳有所得、病有所医、老有所养、住有所居、弱有所扶上不断取得新进展；党的十九届四中全会首次提出"民生保障制度"并将其上升为国家制度，强调坚持和完

---

① 刘亚娟.基本公共服务均等目标下的农村住房保障制度设计[J].江西社会科学,2018,38(01):246-253.

善统筹城乡的民生保障制度，健全国家基本公共服务制度体系，并在就业促进、教育体系构建、社会保障体系完善、健康制度保障等方面进行具体部署，使改革发展成果更多更公平惠及全体人民。党的十九届五中全会进一步提出了"十四五"时期民生福祉达到新水平的目标。党的十九届六中全会强调坚持以人为本、全面协调可持续发展，着力保障和改善民生，促进社会公平正义。总体来看，中国民生领域的公共政策数量逐步增加、保障维度愈发全面、保障形式愈发多样，农村民生政策体系基本形成，目前仍处于规模化发展阶段[①]。

具体来说，在政策类别上，农村地区民生保障型公共政策首先聚焦于教育、医疗和住房这些与人民基本需求息息相关的政策类别，这与民生保障力求"以人为本"的基本原理相契合；在人群方面，则首先致力于解决最需要帮助的社会弱势群体和困难家庭的实际问题，其次统筹兼顾其他社会群体的实际需求；在政策层次上，农村地区民生保障类公共政策体系大体上遵循着因地制宜—先行先试—经验推广—全国统筹的"由非正式制度向正式制度转化"的政策上升层次，这既是由中国幅员辽阔、各地情况不一而足的现实条件决定的，也是由中国特色社会主义理论体系当中对于将治国理政理念与中国具体实际相结合的道路经验所决定的。中国分别于2010年和2014年颁布了《中华人民共和国社会保险法》（主席令第三十五号）、《社会救助暂行办法》（国务院令第649号），又于2020年8月由中共中央办公厅、国务院办公厅印发了《关于改革完善社会救助制度的意见》，明确将"健全分层分类、城乡统筹的中国特色社会救助体系"作为今后2年内的总体发展目标[②]，为农村民生保障的核心性制度——社会保障制度的规范化发展提供了较高层次的法律依据，由此也体现了国家对于完善农村民生制度体系的重视和决心。

---

① 魏丽莉，张晶.改革开放40年中国农村民生政策的演进与展望——基于中央一号文件的政策文本量化分析[J].兰州大学学报（社会科学版），2018，46(05):91-101.
② 中共中央办公厅 国务院办公厅印发《关于改革完善社会救助制度的意见》[J].中华人民共和国国务院公报，2020(25): 18-23.

可以看出，随着中国民生保障政策体系的不断充实，政策体系"分类分层次"的特点正在显现。而由于民生保障涵盖范围极广，因此对于如何分类分层次，以及不同层次所包含的具体的民生保障政策则很难做出统一划分。"民生"的内涵包含了民众的生计状态、发展的能力和机会以及社会的福利状态等，基于这种理解，"基本民生"可以被理解为人民的基本生计，包括民众基本生计状态的底线，以及民众基本的发展机会和发展能力等内容[①]。相对应的，民生保障项目就可以被划分为托底型、基本型、改进型和富裕型四个逐步递进的层次，其中基本型民生保障由于着眼于满足社会民生需求的最大公约数，从而在整个民生保障体系中处于主体地位[②]。由此可见，在民生制度体系的建设中，基本保障不仅应当被置于制度建设的主体地位，还应当注重保障形式的多样化，以适应"民生"内涵本身的丰富性。

基本民生保障的完善不仅体现在横向的覆盖面之上，从发展的时间维度来说，基本民生保障中的"基本"也是一个随着时代发展而不断被重新定义的概念，其与"改进型民生"或者说"发展型民生"政策之间的界限是动态的、较为模糊。例如，从教育保障的发展历史来看，国家从改革开放后首先以"九年义务教育"制度作为最基本的教育保障[③]，而对于义务教育之后的教育阶段的帮扶措施十分有限，此时教育领域的"基本民生保障"仅意味着"保障九年义务教育"；而经过多年发展后，中国已经逐步建立起了从幼儿园到高等教育、从学生到学校的全周期、多主体、多层次的教育保障制度体系，并且在"十四五"规划中也明确提出了包括建设基本公共教育、职业技术教育和高等教育在内的多层次的教育提质扩容工程发展目标[④]；此时，教育领域的"基本

---

① 龚维斌,李志明.民生与基本民生有什么区别[N].北京日报,2013-07-22(018).
② 高和荣.论基本型民生[J].中国高校社会科学,2021(02):68-75,158.
③ 刘奉越,张天添.中国共产党百年乡村教育发展历程、成就与展望[J].河北大学学报(哲学社会科学版),2021,46(04):47-54.
④ 新华社.中华人民共和国国民经济和社会发展第十四个五年规划和2035年远景目标纲要[EB/OL]. http://www.gov.cn/xinwen/2021-03/13/content_5592681,htm.2021-03-13.

民生保障"的内涵就远超出了"九年义务教育"这一底层内涵。这种"基本保障"内涵的成长性在医疗、养老、住房等多个领域均有所体现。而从农村发展的纲领性规划的目标延续性上来看，农村脱贫攻坚的胜利为今后乡村振兴中民生保障体系"提标扩面"、将过去作为"更高水平"和"更高层次需求"的民生保障政策逐步向底层沉淀、转化为更具有"基础性"属性、更多获益人口的"基本"民生保障政策提供了坚实的物质基础。

目前中国还处于社会主义社会的初级阶段，加快实现现代化是第一要务，在进行民生保障顶层设计时，注意民生保障水平和保障范围应与经济基础和经济发展程度相匹配，应以民生保障配合经济发展，逐步推动其发展。不应盲目地追求高水平的普遍福利，政府过高的福利支出将降低投资可用财富比例，挤压政府刺激经济的空间，致使微观经济活力不足[①]，严重阻碍国家经济发展，民生保障也就成了无本之木、无源之水。

（三）优化政府主导下的供给主体的多元协同

由于中国社会转型十分迅速，期间必然会由于变动而产生不稳定因素，因此对于通过政府的主导力量来遏制社会动荡、保障社会和谐稳定的需求较高，长久以来中国的民生保障制度建设实际上遵循以政府为主导、企业和社会组织共同参与的发展路径，这种政府主导的路径从历年中央一号文件中主要政策工具类别的变化能够得到证实[②]。实践证明，这种发展路径对于维护社会公平、促进全社会成员共享发展成果是有效的。因此在未来，这种"一专多元"的供给主体框架可能会得以延续，正如中国的基本经济制度为"公有制为主体、多种所有制共同发展"一样，民生领域的多元共治格局的搭建，关键在于如何充

[①] 李炜.瑞典福利模式的改革及启示[J].河南师范大学学报(哲学社会科学版),2009,36(02):60-63.

[②] 魏丽莉,张晶.改革开放40年中国农村民生政策的演进与展望——基于中央一号文件的政策文本量化分析[J].兰州大学学报(社会科学版),2018,46(05):91-101.

分发挥好各个主体的独特作用。

在民生保障领域，不同的主体在充分发挥各自作用时，需要充分考虑到各自的优势所在。在此期间，政府的优势在于强大的统筹协调能力以及为其他公共治理主体赋权赋能的天然合法性地位，市场的优势在于交易机制可以最大限度地激发社会成员的动能和创新能力，而社会组织的优势则在于其能够独立于政府与市场之外充分调动社会成员参与公共事务的热情，从而更好地服务于公益目的。基本民生保障领域的多元共治改革已在地方实践中逐步铺开，例如，浙江织里镇政府近年来大力鼓励社会团体参与社会治理，涌现出的各类社会组织在居民纠纷调解、火灾防范管理和基层宣讲等多个民生保障领域充分调动起了民众参与基层治理的热情，从而有力推动了民生保障政策的落实和普及[①]。在新时代公共治理改革中，农村地区的"政府+市场"和"政府+社会组织"多元协同模式较好地解决了民生领域内过去单纯依靠政府力量效果难以维系的难题，该种模式在地方探索实践中展现出了强大的创新力和制度生命力。

把握好国家导向与多元主体参与的关键平衡。政府在进行民生保障制度设计时，应注重平衡民生制度的刚性和韧性。通过制度刚性确保国家主导民生福利供给的集体主义价值观、社会保障安全的福利底线和价值公平，避免将适合集体抵御的社会性风险汇聚于微观个体，加重弱势群体的生存压力；通过制度韧性吸纳市场、家庭和社会等多元力量的积极参与、激发多元主体活力和福利效率，共同促进社会正义的实现。从多地的民生保障格局构建的探索实践来看，在多元共治体系中，政府仍旧处于主导地位，这种主导一方面体现在形成"政府+市场+社会组织"多元共治格局过程中政府所扮演的主要推动角色，另一方面也体现在其可以通过国家宏观调控手段来实现各类资源的跨区域调配，这对于维护社会公平、实现发展成果由全社会共享起到了不可替代的作用；在此主导力量下，市场机制和非政府组织均拥有着发挥公共事务治理功能的巨大

---

① 方曲韵，严红枫. 浙江织里：聚焦基层治理 着力民生福祉 [N]. 光明日报, 2018-09-13(003).

潜力。因此，在今后的乡村振兴战略实施过程中，"让合适的主体做合适的事"是构建起分类分层次、多元共治民生保障新格局的核心理念。

三、国家现代化新征程与共同富裕愿景下的民生保障

国家现代化不仅仅意味着城市扩张、技术进步、基础设施的完善，也意味着社会稳定、家庭和谐、人民安居乐业。中国作为一个社会主义国家，社会发展的最终目标是实现全体人民的共同富裕。在追求共同富裕的道路上，需要继往开来、勇于创新政策实施路径，并且尊重农村地区对于民生保障需求的实际变化，以差异化的制度供给应对差异化的制度需求。

（一）共同富裕理念的赓续传承

共同富裕是中国人千百年来致力于实现的共同愿景。《礼记·大同篇》中有云："是故谋闭而不兴，盗窃乱贼而不作，故外户而不闭。是谓大同。"这里所描绘的理想社会（"大同"）即为平稳安宁、百姓安居乐业、社会弱势群体的基本生存需求得到满足，这种愿景也道出了"共同富裕"的本质。习近平总书记在十八届中共中央政治局第一次集体学习时讲话强调："共同富裕是中国特色社会主义的根本原则，所以必须使发展成果更多更公平惠及全体人民，朝着共同富裕方向稳步前进[①]"。2020年党的十九届五中全会通过的规划《建议》中，首次把实现全体人民共同富裕取得更为明显的实质性进展作为远景目标提出来。由此可见，实现共同富裕是党和国家一直以来的目标和使命。

要实现共同富裕并非易事，需要全国人民上下一心、付出艰苦卓绝的努力，也需要公共治理主体统筹安排，分阶段、分目标地逐步前进。在过去数十

---

① 新华社. 习近平在十八届中共中央政治局第一次集体学习时讲话 [EB/OL].http://www.gov.cn/ldhd/2012-11/19/content_2269332.htm, 2012-11-19.

年间，在党和政府的领导下，中国在2020年实现了现行标准下农村绝对贫困问题的消除，这对于实现共同富裕目标来说无疑起到了夯实发展基础的重要作用。"十四五"规划中明确提出了将"人的全面发展、全体人民共同富裕取得更为明显的实质性进展"作为2035年远景目标之一，同时在"'十四五'时期经济社会发展主要目标"中进一步明确"民生福祉达到新水平……全体人民共同富裕迈出坚实步伐"，这不仅表明"十四五"阶段国家发展仍旧以实现共同富裕为目标，也为在乡村振兴中着力发展民生保障体系提供了高层次国家战略依据。

一方面国家将共同富裕目标写进统筹规划之中，另一方面也在有条件的地区积极探索今后切实可行的共同富裕之路。"十四五"规划中提出"支持深圳建设中国特色社会主义先行示范区、浦东打造社会主义现代化建设引领区、浙江高质量发展建设共同富裕示范区"，以此为共同富裕示范区的建设提供高层次、统筹性的政策依据。2021年6月，国务院发布了《关于支持浙江高质量发展建设共同富裕示范区的意见》[①]，以期通过改革在浙江率先形成促进共同富裕的目标体系、工作体系、政策体系、评价体系，能够为今后全国其他地区的共同富裕目标的实现率先探索路径、总结经验、提供示范[②]。

（二）共同富裕目标对民生保障提出新的要求

时代在进步，乡村在发展。随着现代化进程的不断向前推进，处于不同发展阶段的乡村地区有着不同的发展诉求。在过去极端贫困问题突出的年代，从国家层面上来看，不同地区的发展诉求具有较高的同质性，即对于"社会稳定

---

① 新华社.中共中央 国务院关于支持浙江高质量发展建设共同富裕示范区的意见 [EB/OL]. http://www.gov.cn/zhengce/2021-06/10/content_5616833.htm.2021-06-10.
② 安蓓，谢希瑶.为促进全体人民共同富裕探索路径——就支持浙江高质量发展建设共同富裕示范区访国家发展改革委有关负责人 [EB/OL].http://www.xinhuanet.com/politics/2021-06/10/c_1127551881.htm, 2021-06-10.

与基本生存"的迫切需求。而在新的历史阶段，站在已取得的发展成果的基础上，民生保障体系建设过程中的"原则统一、实践多元"的差异化建设方式应当被更多地重视。

　　尊重差异化的政策理念的正确性已经获得过去农村公共政策实践的证实，并且也是国家未来发展规划的理念之一。在"十四五"规划中对于建立健全巩固拓展脱贫攻坚成果长效机制的具体做法中明确要求"对易返贫致贫人口实施常态化监测，……分层分类及时纳入帮扶政策范围"，由此体现了对于既往脱贫攻坚中"分类帮扶、应纳尽纳"成功经验的继承和延续；2021年4月，第十三届全国人民代表大会常务委员会第二十八次会议通过了《中华人民共和国乡村振兴促进法》，其中第四条第一款明确规定："坚持因地制宜、规划先行、循序渐进，顺应村庄发展规律，根据乡村的历史文化、发展现状、区位条件、资源禀赋、产业基础分类推进"[①]，此为在遵循差异化需求的基础上推进乡村振兴战略实施提供了高层次法律依据。

　　民生保障体系建设的差异化主要体现在两个方面：不同地区对于公共政策发展需求的差异化，以及不同人群对于公共政策发展需求的差异化。就区域层面来说，民生保障建设的差异化意味着不同地区以及城乡之间民生保障政策既需要高层次的制度统筹设计（例如社会救助、社会保险的立法），也需要充分尊重地方实际发展水平和发展需求。例如在东部较为发达地区，民生建设的水平和发展基础条件都较好，因此也可以充分利用起软硬件设备快速推进民生保障的现代化，乃至与国际先进水平接轨；而在那些区位条件较差（例如自然环境恶劣或多山少耕地）以及刚刚摆脱绝对贫困问题的地区，仍旧需要以保证制度的稳定运行和满足基本生存需求为民生建设的主要原则，而不能盲目追求发展的速度和现代化水平。就人群差异来说，由于前文中提到的农村地区对于民生保障政策需求的特殊性，一方面需要重视不同的公共治理主体充分发挥作

---

① 中华人民共和国农业农村部.中华人民共和国乡村振兴促进法[EB/OL].http://www.moa.gov.cn/gk/zcfg/fl/202105/t20210507_6367254.htm, 2021-05-07.

用、产生协同效应，另一方面公共政策本身也应当更多地降低基于固定性要素（例如基于户籍属性或者家庭登记人口构成情况）实施政策、增加基于居住实情和个体特征而设计和推行政策。例如一方面在中央层次加强社会保险基金的跨区域调配，另一方面简化外出务工人员社会保障身份的跨区域转移手续，适度允许农民工在常住地享受本地居民的福利待遇；重视乡村地区老人独自生活（包含仅有两位老人共同居住的情况）的农户的基本生活需求的满足，以减轻外出务工子女的赡养压力；等等。只有不断调整公共政策设计的指导思想、尊重农村社会个体化、高流动性的实际情况，才能使得政策供给的差异化落到实处。

随着中国特色社会主义进入新时代，社会主要矛盾转化为人民日益增长的美好生活需要和不平衡不充分的发展之间的矛盾，从而将民生保障提升至前所未有的战略高度。在此背景下，民生保障制度的提出是对社会主要矛盾转变和国家治理体系与治理能力现代化推进的积极回应，其内容不仅包括可以被量化的经济收入等硬需求，还包括基于体面、平等、安全、尊严、权利等民生发展以及由此衍生的获得感、幸福感与安全感等难以被量化的主观"软需求"[①]。

共同富裕视域下对民生保障的政策定位由之前仅仅看成一种"社会保护"，转变为更多地看成一种能够促进发展的"社会投资"。基于社会投资理念的民生保障政策重点通过人力资本投资、提高个人的生存发展能力来应对多变的外部风险，国家福利支出的方向偏重对教育、培训、就业的支出和投入，同时强调对国家福利结构进行调整，提倡除了国家之外，企业、社会和个人等多元主体共同承担社会福利责任，并将人力资本投资的收益范围从社会底层群众扩展到处于风险边缘的对象，充分提升个体的发展能力、改变落后消极的发展观念、提高个体的综合素质，从而实现社会福利和经济效率的双重发展。

无论是当前，还是长远，就业是最大的民生，在促进农村人口转移就业过

---

① 郑功成.习近平关于民生系列重要论述的思想内涵与外延[J].国家行政学院学报,2018(05):4-10, 187.

程中需要发挥好"有效市场"和"有为政府"两个方面的作用。在推进乡村振兴和城乡融合发展过程中，要强化就业优先政策，健全就业促进机制，促进高质量充分就业。要健全终身职业技能培训制度，推动解决结构性就业矛盾，提升农民工的就业质量。完善促进创业带动就业的保障制度，支持和规范发展新就业形态。要健全就业公共服务体系，通过扶贫车间、公益性岗位设置和以工代赈等措施，完善重点群体就业支持体系，加强困难群体就业兜底帮扶。统筹城乡就业政策体系，健全劳动法律法规，完善劳动关系协商协调机制，完善劳动者权益保障制度，破除妨碍劳动力、人才流动的体制和政策弊端，消除影响平等就业的不合理限制和就业歧视，加强城乡灵活就业和新就业形态劳动者权益保障，探索农业劳动的职业化，使人人都有通过勤奋劳动实现自身发展的机会和回报。

后　记

应湖南人民出版社之邀，我们组织编写了本书。增进民生福祉是渗透在乡村振兴战略、内容、路径等诸多要素之中的一个重要的价值取向，是全面推进乡村振兴工作的落脚点和出发点。基本民生保障是乡村振兴生态宜居、生活富裕等目标的直接体现，对其他目标的实现也有重要的关联效应。党的二十大把增进民生福祉工作提到了一个历史新高度，要求必须坚持在发展中保障和改善民生，鼓励共同奋斗创造美好生活，不断实现人民对美好生活的向往。党的二十大的精神为本书的编写指明了方向。

本书编写团队近期一直从事反贫困、社会保障等民生领域的研究，本书的许多内容是与相关课题研究的积累密不可分的，包括研究阐释党的十九届五中全会精神国家社科基金重大项目"实现巩固拓展脱贫攻坚成果同乡村振兴有效衔接研究"（21AZD038）、国家社科基金重大项目"建立和完善农村低收入人口常态化帮扶机制"（21&ZD177）等课题和民政部政策中心"托底性民生保障政策支持系统建设项目"提供的有关数据支持。本书酝酿于2020年、主要内容成稿于2021年，2020年也是我们国家决胜脱贫攻坚、全面建成小康社会之年，书中的统计数据资料、政策信息等一般截止到2020年，而没有进行更新，这样的处理我们认为较好地反映了社会经济发展的客观现实。

本书是集体研究的成果，主要著作人左停负责本书编写团队的组建、全书框架策划，各章节提纲的制定、部分章节的撰写、全书的统稿、定稿；华南农业大学的赵梦媛博士、西北师范大学徐卫周博士、中国农业大学刘文婧博士、中国农业大学博士研究生李世雄、李颖和苏青松分别承担了本书第七章、第五章、第三章和第六章、第二章、第四章的基础写作工作,刘文婧博士和中国农业大学博士研究生刘路平协助对全书进行了统稿。

本书在形成过程中得到湖南人民出版社的支持和指导,丛书选题的确立反映了出版社领导的高瞻远瞩,出版社领导还专门邀请编写团队赴长沙参加提纲讨论会,具体编务人员与编写团队无数次地交流编写意见。本书的出版也凝聚了出版社编写人员的心血。

本书的编写过程,恰逢巩固拓展脱贫攻坚成果与全面推进乡村振兴的衔接过渡期,围绕乡村振兴、共同富裕和农业农村现代化的制度框架和政策体系都在快速发展变化,编写团队水平有限,难免存在学习领会不到位等问题,希望读者不吝赐教,以便我们进一步改进提升。

左 停